本成果受以下基金项目资助：
教师队伍建设——北京市教学名师
项目编号：PXM2015_014221_000019

中国文化创意产业发展与产品内外需求

Cultural creative industry development and products inside and outside

白远　著

经济管理出版社
ECONOMY & MANAGEMENT PUBLISHING HOUSE

图书在版编目（CIP）数据

中国文化创意产业发展与产品内外需求/白远著．—北京：经济管理出版社，2016.9
ISBN 978－7－5096－4624－3

Ⅰ．①中…　Ⅱ．①白…　Ⅲ．①文化产业—产业发展—研究—中国 ②文化产品—产品需求—研究—中国　Ⅳ．①G124

中国版本图书馆 CIP 数据核字（2016）第 222385 号

组稿编辑：王光艳
责任编辑：王光艳
责任印制：司东翔
责任校对：张　青

出版发行：经济管理出版社
（北京市海淀区北蜂窝 8 号中雅大厦 A 座 11 层 100038）
网　　址：www. E－mp. com. cn
电　　话：（010）51915602
印　　刷：北京晨旭印刷厂
经　　销：新华书店
开　　本：720mm×1000mm/16
印　　张：13.75
字　　数：262 千字
版　　次：2016 年 9 月第 1 版　　2016 年 9 月第 1 次印刷
书　　号：ISBN 978－7－5096－4624－3
定　　价：68.00 元

前　言

后工业化时期国际上需求结构的一个重大变化就是从物质消费向精神消费的转变。随着知识经济的到来，创意已经成为经济增长的内生动力。创意产业积聚了高技术产业、服务业和制造业的众多门类，具有高整合性、低能耗的产业性质，其对于提升和优化产业结构与消费结构，发展低碳经济具有决定性的作用，是未来各国经济发展的先导性产业。有鉴于此，发达国家纷纷将发展本国的创意产业作为国家未来是否能领先世界之林的重要战略来考虑。我国虽然仍处于工业化发展进程中，然而从20世纪90年代中期开始就已历史性地超越了“短缺”经济时代，特别是在城镇地区文化消费已经成长为新的经济增长点。这一变化趋势将我国的创意产业推向了与发达国家竞争的舞台，因而研究创意产业的发展以及与产业发展息息相关的内外消费的理论与实践已经成为一个重要议题。

对于文化创意产业的深度研究西方国家始于20世纪90年代，而我国则始于20世纪90年代末期。我从2000年初开始关注文化创意产业和产品贸易的发展与研究，当时是受民建中央主席成思危先生的一篇文章的影响，它让我认识到文化创意产业未来巨大的发展空间以及国内研究领域的滞后。受此启发，2003年我申请并承担了本校的重点科研课题——文化创意产业的国际比较研究，并完成研究报告一部。此后文化创意产业与产品贸易就成为我的第二个主要的科研研究领域（另外一个科研领域是中国企业对外直接投资），研究主要从文化创意产业的发展和内、外需角度展开。

从2003年至今，我在国内外著名期刊如《财贸经济》、《国际贸易》、《文化研究》、《国际贸易研究》等和国际会议上发表论文20余篇，发表了专著《文化创意产业发展比较研究——理论与产品的国际贸易》（2009年）和《中国文化创意产业研究——总论与行业分析》（2012年），研究成果在国内形成了重要的影响。由于文化创意产业是北京市重点发展的支柱性产业，与文化创意产业相关的研究成果受到了政府部门的重视。本人作为民建北京市经济专委会委员和朝阳区人大代表，将自己的研究成果与参政议政相结合，所提出的议案和建议得到民建中央领导和北京市最高领导层的批示和采纳。作为教师，我也希望有更多的学生了解和学习文化创意产业的发展，使更多有为的年轻人进入这个领域。因此，我在学校开设了研究生公选课——文化创意产业与产品贸易课程，编撰了教材《文化创意产业与产品贸易》（2016 年），这本教材第一次使用翔实可靠的数据全面分析了世界发达国家、发展中国家和中国在文化创意产业和产品贸易领域的理论与实践发展，为促进文化创意产业的理论研究、政策研究和知识普及做出了自己的贡献。

我为了完整呈现在文化创意产业与产品贸易领域的研究思路和成果，在此回顾并整理了过去十几年的研究经历，按照成果的主题分为了三大部分，即文化创意产业研究、文化创意产品内需与外需的研究以及与文化创意产业研究相关的参政议政成果和与教学相关的教研成果。

在对文化创意产业相关课题的研究过程中，我的研究生积极参与了一些课题的研究，对研究成果做出了自己的贡献，这些学生有关越、王小溪、薄倩、王维俊、李铮、刘雯等，在此表示感谢！

我在教学与科研生涯中的坚持和努力得益于父母的谆谆教诲和严格要求。他们教导我要正直诚恳做人，认真负责做事，热爱自己的事业，热爱自己的国家，使我受益终身。我愿借此机会表达对我父母最深深的爱和感激！

作者　白远

2016 年 8 月 1 日

目　录

上篇　中国文化创意产业研究

文化创意产业释义与产业发展条件 …… 3
一、文化创意产业的理论界定 …… 3
二、文化创意产业形成的条件 …… 4
论文化创意产业投资的行业界定和发展条件 …… 6
一、文化创意产业的行业界定 …… 6
二、文化创意产业形成的条件 …… 8
三、中国目前应有条件地在经济发达地区发展文化创意产业 …… 11
文化创意产业价值核心的经济学与案例分析 …… 13
一、边际收益递减与边际收益递增 …… 13
二、文化创意产品的价值链 …… 15
三、文化创意产业价值链的实例分析 …… 16
从知识产权贸易竞争力的国际比较看我国的创新能力 …… 19
一、知识产权贸易竞争力的国际比较 …… 20
二、我国创新能力的国际比较及发展 …… 26

以北京为代表的我国艺术品三级市场发展现状与建议研究 ……

一、艺术品市场结构 ……

二、我国艺术品市场发展现状分析 ……

三、我国艺术品市场发展的对策建议 …… 40

旅游业带动文化创意产品贸易发展研究 …… 43

一、旅游业与文化创意产业之间的内在联系 …… 43

二、旅游带动文化消费的三种新模式 …… 45

三、旅游带动文化创意产品消费的分析 …… 47

四、旅游带动创意产品消费的国际对比分析 …… 50

五、以旅游促进创意产品消费的思考 …… 51

中篇　中国文化创意产品内外需研究

从国内消费需求现状与变化论我国文化创意产业发展路径 …… 57

一、导言 …… 57

二、国内外研究现状分析及存在问题 …… 58

三、基于文化创意产品需求现状与变化的分析 …… 60

四、对我国居民文化创意产品消费意愿的实证研究——以大学生为样本 …… 66

五、确立文化创意产业发展路径 …… 70

从文化创意产品的国际贸易看我国文化创意产品的消费市场 …… 72

一、我国文化创意产品国际贸易规模与比较 …… 72

二、我国文化创意产业的市场规模和消费需求分析 …………………… 76

文化创意产品贸易依存度的国际比较研究 ………………………………… 79

一、中华文化“走出去”与文化创意产品贸易依存度 ……………… 79

二、研究方法与数据选取 ………………………………………………… 81

三、文化创意产品贸易依存度——发达国家与发展
中国家的比较 ……………………………………………………… 82

四、结论 …………………………………………………………………… 92

中国——文化创意产品的出口大国 VS 消费小国 ……………………… 94

一、导言 …………………………………………………………………… 94

二、需要澄清的几个流行观点 …………………………………………… 95

三、全球文化创意产品贸易出口格局与趋势分析
——中国与世界的比较 ………………………………………………… 97

四、全球文化创意产品贸易进口格局与趋势分析
——中国与世界的比较 ……………………………………………… 101

五、对促进我国文化创意产业发展的几点思考 ………………………… 105

中国文化创意产品进口低下之原因分析
——基于贸易开放度与居民消费的国际比较研究 ……………… 108

一、研究意义与方法 ……………………………………………………… 108

二、贸易开放度的国际比较 ……………………………………………… 110

三、对国外文化创意产品的需求：基于居民消费倾向变化的
比较研究 …………………………………………………………… 118

四、结论 ………………………………………………………………… 124

A Study on Trade Reliance of Creative Products: China as Compared with Developed and Developing Economies ……………………………… 126

一、Introduction ………………………………………………………… 126

二、Research Approach and Data Selection …… 128
三、Trade Reliance of Creative Products …… 130
四、Conclusions …… 139

A Comparative Study on the Causes of Low Importation of China's Creative Products …… 142

一、Introduction …… 142
二、International Comparison on Trade Openness …… 143
三、Conclusions …… 158

下篇　与文化创意产业研究相关的参政议政与教研成果

京津冀晋蒙区域合作发展文化创意产业的思考 …… 163

一、问题的提出 …… 163
二、京津冀晋蒙地区文化创意产业发展规划及其分析 …… 164
三、本地区文化创意产业发展存在的问题 …… 165
四、对本地区文化创意产业发展路径的建议 …… 166

北京市文化创意产业的可持续发展与经验借鉴 …… 168

一、北京市文化创意产业可持续发展面临的考验 …… 168
二、可以借鉴的成功经验 …… 169
三、对北京市文化创意产业发展的建议 …… 171

北京市旅游业带动文化创意产业融合发展的研究与建议
——以朝阳区为例 …… 173

一、旅游业与文化创意产品消费的关联度分析 …… 173

二、对北京中外游客文化创意产品消费变化趋势的分析 …… 177
三、结论分析 …… 178
四、政策建议与措施 …… 179

旅游结合文化创意产品设计带动北京市“老字号”的发展调研与建议 …… 181

一、北京市现存“老字号” …… 182
二、“老字号”工业旅游的现状及问题 …… 186
三、借鉴与建议 …… 187

国际贸易专业学生跨文化商务操作能力与能力测定研究 …… 189

一、问题的提出 …… 189
二、研究培养跨文化商务操作能力人才的重要意义 …… 190
三、跨文化商务操作能力模型的建立 …… 191
四、跨文化商务操作能力评价模型的应用 …… 193

国际贸易专业学生跨文化认知现状实证研究与结果分析 …… 198

一、引言 …… 198
二、国际贸易专业学生跨文化操作能力的认知状况 …… 199
三、国际贸易专业学生文化价值观倾向性调查 …… 200

参考文献 …… 206

上　篇

中国文化创意产业研究

文化创意产业是一个既古老又新兴的产业群。2000 年初期，对于该产业和产品贸易的发展情况在国际上还没有一致的统计口径，不仅如此，对于什么是文化创意产业，它的产业范围与产品范围也都处于争论之中，因此对文化创意产业的研究成果多以定性研究为主，而定量研究一般仅限于单个产业。笔者对文化创意产业初期阶段的研究也以定性研究为主，当然这个阶段的成果中有个别结论随着数据的不断充实也在修正，这恰恰说明了研究的价值和意义所在。对文化创意产业的研究，笔者的代表性成果包括《文化创意产业释义及发展条件》（中国经济时报，2007）、《论文化创意产业投资的行业界定和发展条件》（国际贸易，2007）、《文化创意产业价值核心的经济学与案例研究》（黑龙江对外经贸，2009）等。这些研究成果对于界定文化创意产业内涵，论证中国发展文化创意产业的条件等在国内产生了广泛的影响，如《论文化创意产业投资的行业界定和发展条件》被人大书报资料中心转载于《文化研究》专集、山东大学转载于《中国文化产业学术年鉴》(2009) 等。另外世界发明、人民网、南方网、国研网、阿里巴巴、文化发展论坛等一批知名网站和文化产业研究专业网站也转载了笔者的研究成果。

文化创意产业由于它的高度融合性，不仅自身包括多个产业，而且还涉及一些其他相关产业，其中联系最为直接和紧密的产业如知识产权业、旅游业等，它们彼此影响，相互带动，形成了融合发展之势。在笔者随后对文化创意产业的研究中也涉及了产业的融合发展，代表性成果有《从知识产权贸易竞争力的国际比较看我国的创新能力》(2009) 和《旅游业带动文化创意产品贸易的研究》(2015) 等。

文化创意产业释义与产业发展条件

[内容摘要] 本文主要界定了文化创意产业的含义，并简要论述了发展文化创意产业的五个条件，指出由于中国经济发展的不平衡性，发展文化创意产业应当在中国的发达地区有条件地开展，并且让市场起主导作用。

[关 键 词] 文化创意产业释义；产业发展条件

近几年来文化创意产业已经成为最有人气的产业，仅以规划中的文化创意产业园区为例，粗略统计就有24个省和直辖市将文化创意产业纳入本地区“十一五”规划中，北京市有的仅在一个区内就规划了十几个文化创意产业园，上海规划的文化创意园也高达85家之多。国内涌动的对文化创意产业的投资热潮已经形成“潮涌现象”，成为一种会导致产能严重过剩进而引发经济动荡的投资行为。然而在文化创意产业如火如荼开展之际，对该产业的一些基本概念还有待进一步界定，特别是还需论证我国是否已经具备了全面发展该产业的条件。

一、文化创意产业的理论界定

对文化创意产业进行界定首先要区分存在的几个混淆，即文化创意产业与文化产业的混淆、文化创意产业与其他创意产业的混淆、文化创意产业的行业和归属，即属于服务业还是制造业。目前国内对文化创意产业的定义几乎都来自英国，即“源于个人创造力、能力及才华，通过知识产权的开发和利用，具有创造财富和就业潜力的产业”。这一定义虽然揭示了创意与产业的含义和关系，但并未阐述它们与文化之间的关系，因为创意和创新普遍存在于各个生产领域，它们并非都与文化相关。奥地利经济学家熊彼特被公认为是建立创意理论的鼻祖，他在著名的《经济发展理论》一书中提出，现代经济发展的根本动力不是资本和劳动力而是创新，其所指的创新并不特指某一个产业的创新，而是具有普遍意义。

文化创意产业就其名称本身就包含了三个内容，分别代表了文化创意产业既有区别又相互关联的三个阶段，三位一体，共同构成了文化创意产业的内涵。因此文化创意产业应当定义为源于文化元素的创意和创新经过高科技和艺术的加工形成的具有规模化生产市场潜力的产业。文化创意产业中的创意必须来源于文化元素或包含文化要素。第一，这里所指的文化元素可以是中国的，也可以是外国的。第二，这些文化元素必须通过高科技手段和高艺术形式的加工赋予其增值的潜力，成为高附加值的产品。第三，文化创意产业应当具有大规模市场化的潜力，它可以通过产业链的形成和延伸创造巨大的市场价值。

二、文化创意产业形成的条件

文化创意产业首先是在发达国家发展起来的，例如，英国、美国、日本等。该产业之所以在这些国家率先发展起来绝非偶然，也不是靠政府的政策推动。纵观发达国家文化创意产业发展的历程，可以总结出文化创意产业发展的一些必备条件。

1. 国家的整体经济实力，而非悠久的文化历史是发展文化创意产业的基础

文化历史≠文化创意产业。世界上拥有最长文明历史的国家都不是文化创意产业发达的国家。在欧洲，是英国而不是意大利和希腊成为文化创意产品最大的出口国。文化资源贫乏的美国却是世界上最具影响力的文化产品输出国。可见文化创意产业发展的最根本要素是经济实力和科学技术实力，因为文化遗产具有世界性，而科学技术却具有垄断性。

2. 较高的科学技术水平是支撑要素

科学技术水平，特别是电脑、数字通信技术是文化创意产业发展的支撑要素。

3. 文化创意产业聚集和融合产生的规模经济效应是增强企业竞争力的途径

目前世界上最著名的文化创意产品都出自文化创意产业聚集地和跨国公司，如美国迪斯尼的动漫、法国米兰的时装设计和印度宝莱坞的电影等。

4. 健全的知识产权保护是文化创意产业发展的保障

一项创意从构思、开发、制作、销售到最终被消费者接受，整个过程的各个阶段都涉及相关知识产权的运用。在知识产权法律保障不健全的地区，很难确保

文化创意产业的可持续性发展。

5. 本国居民对文化产品的消费需求是文化创意产业发展的经济基础

文化产品属于高收入弹性的消费品，因此一个国家居民的收入水平和消费偏好决定了一项文化产品是否具有市场潜力。联合国教科文的数据显示，国民收入与文化产品的消费量有密切的正相关关系，与国家的文化产业竞争力也是正相关关系。

中国还不具备全面发展文化创意产业的条件，但在经济发达地区可有条件开展。中国虽然拥有5000年文明历史，但是发展文化创意产业的基础却十分薄弱。这主要体现在与经济总体实力相一致的科技发展水平依然落后、企业规模化生产程度不高、缺乏知名的文化产品品牌、知识产权保护薄弱、消费者对文化产品的需求还有待提高。

在中国这样一个经济发展极不平衡的国家，产业的发展应当视各地区的情况而定，因为文化创意产业并非如一些人所认为的那样属于高利润、低成本、低风险的产业。特别是在中国的文化消费市场存在着极大的不确定性的情况下，在全国范围内大力开展文化创意产业存在着巨大的风险。政府在推动文化创意产业发展时更应当认真论证发展该产业应具备的条件，以防止“潮涌现象”所带来的低水平重复生产。文化创意产业在中国的发达地区可以有条件地开展，但应当让市场起主导作用。每个地区根据当地所具有的优势集中力量发展一两个有特色的行业，形成产业集群并注意培养知名的文化品牌。在此过程中政府应当做的是建立文化创意产业发展的法治环境和加强知识产权保护，使文化创意产业在良好的法治环境中健康发展。

本文发表在《中国经济时报》2007年2月2日。

论文化创意产业投资的行业界定和发展条件

[内容摘要] 近几年在发达国家兴起的文化创意产业具有巨大的增值前景。发展文化创意产业符合转变目前中国经济增长方式的思路。然而文化创意产业的发展由于政府的推动，已经出现了“潮涌现象”。为了理智地发展文化创意产业，本文首先界定了文化创意产业的行业区别以及该产业的部门归属，并在此基础上论证了发展文化创意产业的条件。

[关 键 词] 文化创意产业；产业界定发展条件

文化创意产业是20世纪90年代末以来国际上最有人气的产业。在我国，文化创意产业也成为最受追捧的产业，特别是在现阶段强调产业结构升级，提升服务业对经济增长的贡献，减少能源消耗之际，文化创意产业所具有的低能耗高效益的产业性质以及我国文明古国的悠久历史背景使其成为各地方政府未来经济发展规划中不约而同的选择。然而我国文化创意产业究竟有多大的发展潜力，它在国际上的竞争地位如何，我国发展文化创意产业的条件是否具备等是需要认真论证的问题。本文首先就文化创意产业的产品范畴进行论证，并在此基础上将我国的文化创意产品的竞争力与国际上文化创意产业大国进行比较，并根据结果论证文化创意产业的发展条件，为我国文化创意产业的发展提供参考。

一、文化创意产业的行业界定

目前国内存在对文化创意产业的行业概念的混淆，即文化创意产业与文化产业的混淆以及文化创意产业的行业覆盖面和归属，即属于服务业还是制造业。澄清这些概念不仅是纸上谈兵，而是为了更好地确定文化创意产业的范畴，以便更好地对它进行量化研究并客观地评价其对经济增长的贡献。

文化创意产业的产品和行业应如何确定是国内争论不休的问题。国内不少人认为文化产品就是文化创意产品，文化创意产业属于服务业范畴。对于文化创意产业和文化产业概念的区分其实是一个逐渐发展的过程。早期（20 世纪 90 年代末）联合国教科文组织（UNESCO）将文化产业基本视同于文化创意产业，但是在 2006 年其发表的一份名为《文化产品与服务的国际流动（1994～2003）》报告中，联合国教科文组织对文化产品、文化创意产业和文化服务做了如下的区别：

文化产品指的是能够传达思想、形象和生活方式的产品。这些产品拥有丰富的文化内涵，因此属于“核心”文化产品。联合国教科文组织将 7 个行业 16 种产品确定为核心文化产品，这 7 个行业包括文化遗产（收藏品、100 年以上的古玩等）、书籍、报纸与杂志、其他印刷品、（有录制内容的）多媒体产品（唱片、磁带录音等）、视觉艺术品（绘画、雕塑等）、视听产品（电子游戏、摄影和影视制作等）。另有一些产品并不具有鲜明的文化内涵，但却对文化的传播起着重要的作用，如空的 CD 盘或 CD 播放机、乐器、电视、收音机、录音机等，此类产品属于“相关文化产品”。文化产品包括有形产品和服务两部分，核心文化服务有视听服务和相关的服务、知识产权和许可证费用等。相关文化服务包括信息服务、新闻中介服务、广告与建筑服务、其他个人文化和休闲服务。文化创意产业由于包含了创意的过程，它所涵盖的内容超出了传统意义上的核心文化产品的范畴，因此也涵盖了一些其他行业，例如，软件、广告、建筑、商业情报服务等。

英国著名经济学家，被誉为创意产业之父的约翰·霍金斯将与知识产权（版权、专利、商标和设计）相关联的产业称为创意产业。他认为，“所谓创意产品就是创造性的、具有经济价值的商品或服务项目。总的来说，创意产品最起码享有知识产权中的一种主要形式（专利、版权、设计和商标）。创意经济是创意产品之间的交易。每次交易或许都有两个相互补充的价值：无形的知识产权价值和有形载体或物品的价值。创意经济（CE）等于创意产品的价值（CP）与交易次数（T）的乘积，即 $CE = CP \times T$”。

参照联合国教科文组织对文化产品的分类以及霍金斯对创意产业的定义，本文认为文化创意产业应当由两部分组成：第一部分由核心文化产品构成，它是文化创意产业的源头；第二部分由其他文化创意产业部门构成。文化创意产业既包括有形的产品，又包括服务，因此在大的产业分类上，如同文化产业一样即有属于制造业的部分，又有属于服务业的部分。按照上述理解，文化创意产业与文化产业既有区别又有重合的部分，这是符合文化创意产业发展逻辑的。概括来说，文化创意产业覆盖的行业范围应当包括核心文化行业：文化遗产、视觉艺术品、出版、音乐、多媒体产品、影视制作、视听产品软件；其他文化创意产品：广告、建筑、软件等。文化创意服务有商业情报服务、版权贸易、广告服务、建筑与服装设计及服务、表演艺术和文艺交易、其他文化娱乐休闲服务等。为了更好地表示文化创意产业与文化产业、有形产品和服务业之间的关系，下面用图1－1做一说明。

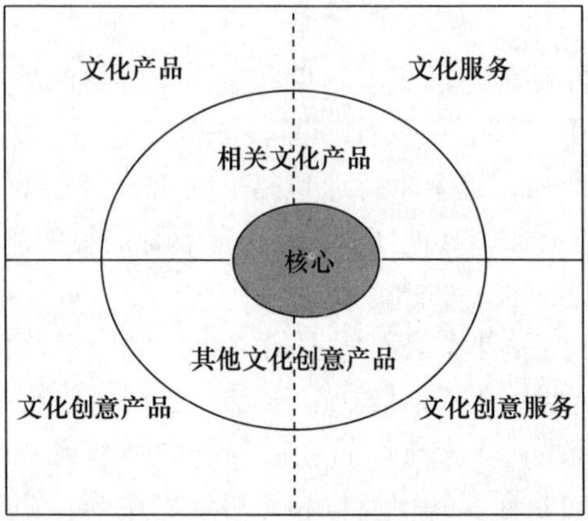

图1－1　文化创意产业与文化产业

二、文化创意产业形成的条件

文化创意产业首先是在发达国家发展起来的，例如，英国、美国、日本等。该产业之所以在这些国家率先发展起来绝非偶然，也不是靠政府的政策推动。纵观发达国家文化创意产业发展的历程，可以总结出文化创意产业发展的一些必备条件。

1. 国家的整体经济实力是文化创意产业发展的基础

文化创意产业之所以成为大多数省份重点发展的产业，一个重要的立论在于中国是一个具有悠久文化历史的文明古国，各省（区）都可以挖掘出本地具有特色的文化遗产和文化传统。但这却是在确定文化创意产业发展条件时首先需要更正的一个观念，事实上文化历史≠文化创意产业，这是一个显而易见的事实。世界上拥有最长文明历史的国家都不是文化创意产业发达的国家。欧洲文明的发祥地是意大利和希腊，而不是英国，但是英国却成为文化创意产品最大的出口国。文化资源贫乏的美国却是世界上最具影响力的文化产品输出国。例如，美国的迪斯尼公司可以从中国的文化遗产“木兰从军”的故事中获取灵感来制作自己的动漫产品，获得可观的经济效益。由此可见，文化创意产业发展的最根本要素是经济实力和科学技术实力，因为文化遗产具有世界性，而科学技术却具有垄断性。所有有能力将自己的文化产品和文化价值观推向世界的国家都以强大的经济实力为后盾。具有“软实力”的文化产品是以强大的经济发展“硬实力”为后盾的。“韩剧”能在世界舞台上占有一席之地是随着韩国经济实力的增强才得以实现的。

2. 科学技术水平是文化创意产业发展的支撑要素

文化创意产业之所以能“点石成金”，其关键的催化剂是高科技，特别是电脑、数字通信技术等。文化创意产品正是依赖技术的投入才使创意人的奇思妙想成为可能，并大大提高了文化要素的附加值，且还要通过技术的投入才能使高科技的文化创意产品市场化，成为具有巨大获利前景的产品。当国人们还在抱怨孩子们是看着《猫和老鼠》、《唐老鸭》、《机器猫》长大时，一个被忽视的事实是动漫产品的制作是高科技的产物。美国、日本的动漫生产商将数字技术、电脑技术与影视制作技术相结合，使其产品不仅生动活泼、有极强的视觉冲击力，同时由于技术的投入大大降低了生产成本，使其产品具有强大的国际竞争力，走入了世界各个家庭。

3. 文化创意产业聚集和融合产生的规模经济效应是增强企业竞争力的途径

文化创意产业具有高知识技术含量、高投入、高附加值的特点，因此通过文化创意产业的聚集和与其他相关产业的融合，可以扩大产业内部和外部的规模，使新思想、新技术的传播成本大大降低，获得规模经济效应。文化创意产业是应用高技术对文化元素的再加工，因此研究与开发（R&D）的投入和技术发展水平成为该产业是否具有竞争力的关键。在文化创意产业发达的国家，其行业构成是将文化创意产业结成一个横向关联的产业集群和纵向关联的产业链聚合群落，包括对核心文化产品的创意开发行业、相关行业的制作加工和相关的服务业部门。因此只有那些有条件形成产业内部规模、产业外部规模的企业和产业集群才可能使产品制作平均成本下降，进而获得产品的竞争优势。目前世界上最著名的文化创意产品都出自这样一些产业聚集地和跨国公司，如美国好莱坞的电影、迪斯尼的动漫、韩国“忠武路”的影视、法国米兰的时装设计和印度宝莱坞的电影等。迪斯尼公司2005年市值已经达到509.6亿美元，2004年营业额达307.5亿美元。百老汇作为美国娱乐业的中心，在全盛时期剧院总数多达80多家，每年票房总收入达12亿美元。印度电影业虽然不具备美国电影业所拥有的企业内部规模，但其外部规模却使印度电影业成为世界上最大的生产国。1999 年印度生产的电影数量与美国基本持平，为 764 部，美国为 758 部，但 2003 年印度生产的电影总数已经达到 877 部，而同期美国为 593 部。

4. 健全的知识产权保护是文化创意产业发展的保障

大家都承认的一个事实是，有巨大市场前景的文化创意产品开发难，成本高，但是复制一个文化创意产品的成本却几乎为零。因此能否有效保护创意人和制作人的知识产权成为文化创意产业保持创新，开发出新产品的关键。一项创意从构思、开发、制作、销售到最终被消费者接受，整个过程的各阶段都涉及相关知识产权的保护。在知识产权法律保障不健全的地区，很难确保文化创意产业的可持续性发展。牙买加的例子可以说明知识产权保护对于一个小国文化创意产业发展的重要性。牙买加 2000 年音乐收入占世界市场 3.5% 的份额，年收入 10 亿美元，而其在国内的产值只有它当年收入的 1/10 左右，其他主要的收入都来自欧洲、美洲和亚洲地区支付给牙买加音乐创作者和表演者的版权费与演出费。

5. 本国居民对文化产品的消费需求是文化创意产业发展的经济基础

文化创意产业的发展前景归根结底还是要看其产品的市场需求，特别是在它的发展初期必须有广大的国内市场需求做支撑。文化产品属于高收入弹性的消费品，因此一个国家居民的收入水平和消费偏好决定了一项文化产品是否具有市场潜力。联合国教科文的数据显示，国民收入与文化产品的消费量有密切的正相关关系，与国家文化产业竞争力也是正相关关系。高收入国家（9386 美元以上，世界银行，2003）是世界上主要的文化产品消费国，2002 年其进口额占世界总额的 73.2%，达到 440 亿美元；而中高收入、中低收入和低收入组国家的进口总额只有 90 亿美元。高收入国家同时也是最大的文化产品出口国，其销售额占世界总额的近 70%。90% 以上的低收入国家（765 美元以下，世界银行，2003）的文化产品出口不到 1000 万美元。

然而在中低收入国家中，中国是一个例外。中国从 20 世纪 90 年代中期开始，其核心文化产品贸易就逐渐转为顺差，核心文化产品的出口在 2002 年达到 58 亿美元，贸易顺差 46 亿美元，仅次于英国和美国，是世界第三大文化产品出口国。而为中国文化产品出口做出如此突出贡献的行业主要是电子游戏业，它的出口占到中国视听媒体产品类出口的 99%，年均增长 38.6%，占世界市场的 28.2%。2002 年中国电子游戏产品的出口为 23 亿美元，约占当年中国核心文化产品出口额的 40%。中国的电子游戏之所以成为最具国际竞争力的产品与国内庞大的消费市场和消费水平有重要的关系。2005 年我国国内网络游戏销售总额为 76.8 亿元，网络游戏玩家为 5000 万人，构成了世界上最大的网络游戏市场，此外低廉的上网费用（2 元/小时以下）是在大多数中国消费者的支付范畴内，特别是在青少年的消费能力范围内。国内消费市场支持国内创意产业发展的另外一个例子是印度的影视业。为了迎合国内消费者的需求，印度的电影业首先在国内形成了规模化生产，并逐渐向海外扩张，2004 年印度影视业收入达到9.9 亿美元，其中出口收入达到2.2 亿美元。由电影业所带动的有线卫星电视、网络产权、CD、CDM 零售等商业销售也成为一个重要的收入来源。目前由印度电影业所带动的文化创意产业正以年均30%的速度增长，出口增长有可能达到50%。

三、中国目前应有条件地在经济发达地区发展文化创意产业

中国虽然拥有5000 年文明历史，但是发展文化创意产业的基础却十分薄弱。这主要在于经济总体实力与科技发展水平依然落后、企业规模化生产程度不高、缺乏知名的文化产品品牌、知识产权保护薄弱、消费者对文化产品的需求还有待提高。

我国目前在文化创意产业中最具有竞争力的两个行业是电子游戏和视觉艺术，而其他与文化娱乐紧密相关的行业如影视、动漫、音乐制作、演艺娱乐等还没形成规模化生产，更缺乏世界知名的品牌。从技术层面上讲，我国的数字信息技术有了快速的发展，但是与发达国家相比还有很大差距，例如，动漫产品的制作，我国在2005 年的产量为3 万多分钟，而到2006 年动漫节目的需求量全年将达到180 万分钟，存在177 万分钟的缺口。如此巨大的供给和需求之间的鸿沟，说明我国的动漫制作技术还十分落后，还缺乏规模化生产的企业。然而目前全国遍地开花的动漫园区，不仅不会促进技术的发展和产量的规模化增长，反而会分散动漫产业规模的形成，导致投资“沉没”和资源的浪费。

从市场消费潜力看，即使是城镇居民对文化娱乐的支出也处在次要位置，而中国广大的农村人口还没有能力消费对他们来说属于奢侈品的文化娱乐产品。根据国家统计局2005 年对我国城镇居民消费支出的统计结果看，在当年4228 元的消费支出中，增长最快的前三项支出分别为交通通信（15.9%）、衣着（12%）和居住（11.9%）。教育、文化娱乐及服务增长为11.7%，且在这一项支出中，教育的增长起主要的带动作用。可见中国的文化消费市场存在着极大的不确定性。在这样的情况下，在全国范围内大力开展文化创意产业存在着巨大的风险。

在中国这样一个经济发展极不平衡的国家，产业的发展应当视各地区的情况而定，因为文化创意产业并非如一些人所认为的那样属于高利润、低成本、低风

险的产业。政府在推动文化创意产业发展时更应论证清楚发展该产业应具备的条件，以防止“潮涌现象”的发生所带来的低水平生产和重复生产。文化创意产业在中国的发达地区可以有条件地开展，但应当让市场起主导作用。每个地区根据其所具有的优势集中力量发展一两个有特色的行业，形成产业集群并注意培养知名的文化品牌。在此过程中政府应当做的是建立文化创意产业发展的法治环境和加强知识产权的保护，使文化创意产业在良好的法治环境中健康发展。

本文发表在《国际贸易》2007 年第 11 期。

文化创意产业价值核心的经济学与案例分析

[内容摘要] 文化创意产业被誉为“点石成金”的产业，其理论依据在于文化创意产业体现的是边际收益递增规律，创意思想是产品增值的核心。本文进一步应用波特的产品价值链理论解释了创意思想之所以成为产品增值的核心，并结合理论研究对中外两个著名的文化创意产品“超级女声”和“哈利·波特”进行了对比研究。

[关 键 词] 文化创意产业；价值核心；经济学分析；案例分析

20世纪90年代末，在发达国家兴起的文化创意产业由于其所具有的低能耗、高效益的产业性质被人们所认知，再加上我国文明古国所具有的悠久历史背景，使文化创意产业很快成为我国最受追捧的产业，被国内外学者誉为能“点石成金”的产业。然而文化创意产业为什么能“点石成金”，其理论依据是什么？本文将首先从文化创意产业的经济学分析入手，从理论上回答创意使文化产品增值的经济学原理，进而通过实际案例研究对此做进一步阐述。

一、边际收益递减与边际收益递增

文化创意产业是源于文化元素的创意和创新，且经过高科技和高艺术的加工形成的具有规模化生产市场潜力的产业，文化创意产业具有低能耗、高效益的产业性质。文化创意产业所具有的这些产业特性已经超出传统的“边际收益递减规律”所能解释的范畴。

边际收益递减规律是现代经济学理论的基石之一，是由大卫·李嘉图首先提出的，即生产要素的增加达到一定限度时，增加的价值和产量将会逐渐递减，甚至没有增长或衰减。这一定律之所以被广泛接受是由于大家普遍承认这样一个事实，那就是资源的有限性和人们欲望的无限性。边际收益递减规律揭示了以有形物质的投入为发展基础的农业经济时代和工业经济时代的生产规律，但是对于文化创意产业来说传统经济学的这一定律却失去了它的解释力，因为文化创意产业显示的是边际收益递增规律。美国经济学家罗默在其“新增长理论”中提出知识或者是创新科技这种新型要素投入其他生产要素中时，对其投入应用和改进越多，这个要素所创造的价值就越大，产品的核心价值越高，则市场价格就越高。文化创意产业之所以能够带来边际收益递增，最主要的原因是文化创意产业的发展所依赖的不再是稀缺的有形资源，而是无形的、取之不尽用之不竭的人类智慧和创造力。当知识和创造力成为产品价值增值的主要源泉时，人类便逐渐进入了边际收益递增的时代。这就是为什么如今企业拥有的具有创造力的人才越多，其财富越多，因为具有创新能力的人才会不断地开发新产品和高效地管理企业，并创新营销模式，成为企业财富的源泉。

有价值的创意思想一旦形成便可一次投入，多种产品使用；一人创造，多人同时拥有。对于这种现象著名的创意经济学家约翰·霍金斯将其称为“创意思想的非竞争性”。文化创意正如信息一样并不因为被多次应用，多人拥有而降低自己的价值，相反该项创意被应用的产品越多它的价值增长越快。这与传统的以成本决定效益的产品完全不同，可以说文化创意产品改变了传统产品竞争的基础和方式。一项文化创意思想如果不被应用于产品生产，其价值等于零；而对该创意的开发越多，技术含量越高，则其价值越高。世界银行前首席经济学家约瑟夫·斯蒂格利茨（Joseph Stigliz）就曾经指出，“在知识经济中，公司或者制定远远高于边际成本的价格，或者免费赠送自己的产品”。这一现象也正如霍金斯所总结的，在创意经济中成本与价格之间往往没有关联，价格竞争已不再扮演决定性的角色，需求成为市场的主要推动力。

因此创意经济的价值，按照约翰·霍金斯的总结应当是：“创意经济（CE）等于创意产品的价值（CP）与交易次数（T）的乘积，即 $CE = CP \times T$。”例如，中国奥运会吉祥物“福娃”的创意设计具有丰富的中国文化内涵，又与奥林匹克运动会这一世界著名体育品牌相联系，便具有了产生巨大经济效益的潜力。当“福娃”形象被开发应用于多种产品时，如体育用品、旅游纪念品、动画动漫制作、金银纪念币等，所有使用这一创意设计的产品由于拥有了“福娃”形象而使产品价值大大提升（如图 1－2 所示）。在图 1－2 所示的产品附加值链中“福娃”形象成为产品的价值核心。

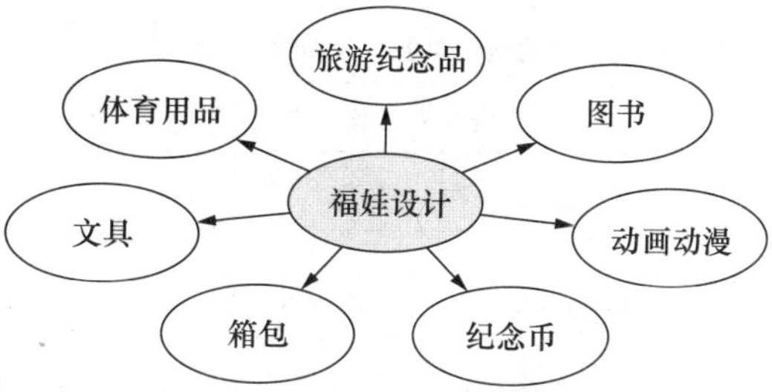

图 1-2　文化创意用于产品开发，2008 年奥运会吉祥物“福娃”

文化创意产品中最具增值潜力的部分是创意思想。正是由于创意思想可以用于不同的产品开发，并且在不同的产品开发中都占据核心地位，这就为文化创意提供了巨大的增值空间，使其能够一次投入多形式产出和获利。

二、文化创意产品的价值链

创意思想为什么能够成为产品的价值核心？美国经济学家迈克尔·波特在他提出的“价值链分析法”中指出，“不同的企业参与的价值活动中，并不是每个环节都创造价值，实际上只有某些特定的价值活动才真正创造价值”。这些真正创造价值的经营活动，就是价值链上的“战略环节”。因此对于文化创意产业来说，其价值链的核心是文化创意和高科技、艺术的投入。

根据迈克尔·波特提出的“价值链分析法”（如图 1-3 所示），企业内外价值增加的活动分为基本活动和支持性活动。基本活动涉及企业生产、销售、进料后勤、发货后勤、售后服务；支持性活动涉及人事、财务、计划、研究与开发、采购等，基本活动和支持性活动构成了企业的价值链。

图 1-3 清楚地表述了企业从生产经营到获得利润的主要价值链。就一般企业来讲，生产经营价值链都会有以上几个部分，但是具体到不同的企业每个部分的价值贡献率会有很大的差别。例如，微软公司和埃克森石油公司在企业产生经营过程中，各部门对企业价值生成的贡献比率是截然不同的。

与传统企业价值链不同的是，文化创意产业的生产经营更多地偏向于创意型的生产经营，其特点是以知识创造为主，因而企业活动中创造价值的最初阶段也由单纯的进料后勤发展成为了以创意策划为起点的初始部门。这是由于文化创意型企业是以创意设计作为基本要素投入，物质投入则处于次要地位。另外两项与

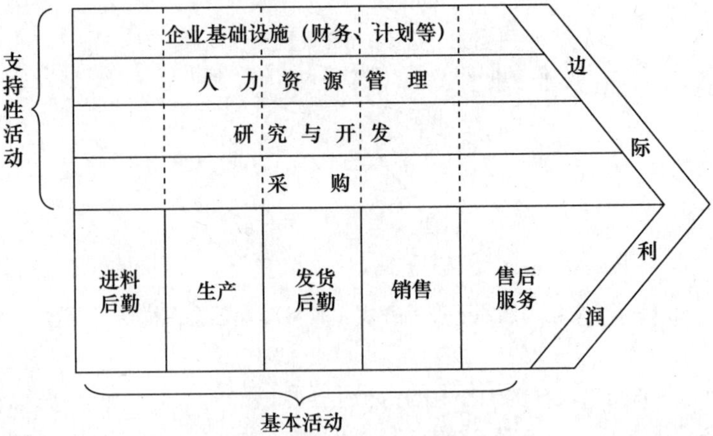

图1-3 波特的价值链

传统企业价值链的重要不同点是：第一，一项创意设计的价值必须经过高技术的加工才能得到大幅度提升，因此技术研发部门成为产品生产中的基本活动。然而使设计和研发得以实现的基本保证是具有创新能力和创新意识的人力资源的投入，因此人力资源已不再是企业价值链中起辅助作用的要素，而成为基本的要素投入，这是符合知识经济发展特点的（如图1-4所示）。第二，在文化创意产业价值链中，市场营销部门对产品价值链增值的贡献率可能会起到决定性的作用，这是由于文化产品的特殊性使得品牌的影响力更加突出。

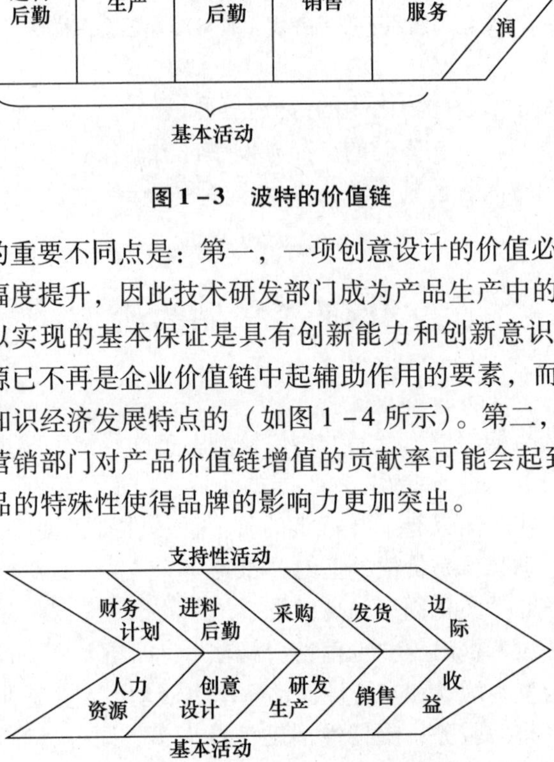

图1-4 文化创意产业价值链

三、文化创意产业价值链的实例分析

体现创意思想巨大增值潜力的案例已经比比皆是，其中最有代表性的中外案例当属2005年湖南卫视推出的“超级女声”节目和“哈利·波特”的巨大成功。这两个案例充分说明新兴媒体、影视和信息技术，特别是互联网技术、移动通信技术和3G新技术的高速发展是如何改变文化创意产业的价值结构，使创意人和制作商获取超额利润的。

首先以国内的“超级女声”节目为例。根据中国社科院《2005年中国文化产业发展报告》提供的数据显示，2005年“超女”节目中，以不同方式获得收益的各方的直接总收益高达7.66亿元，具体收益如图1-5所示。

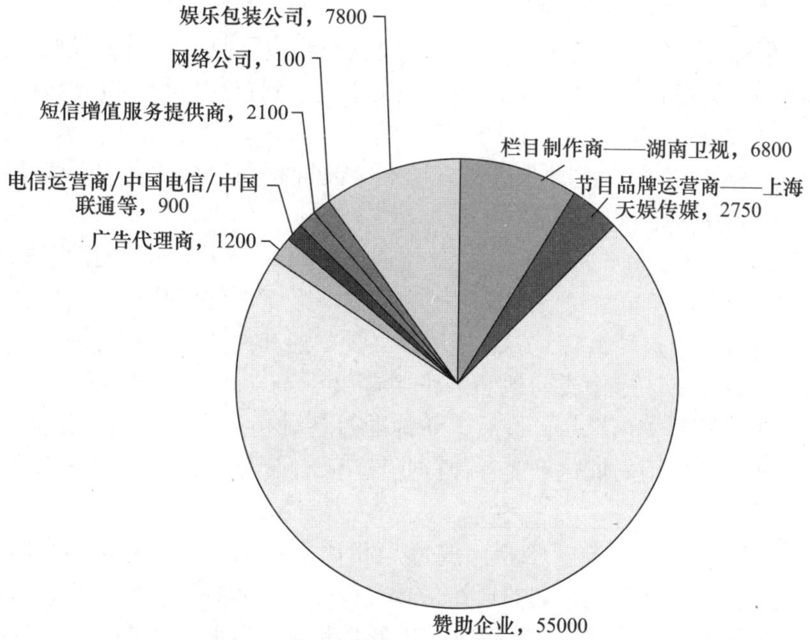

图1-5 “超级女声”产业链各环节盈利分析（单位：万元）

资料来源：中国社科院. 2005年中国文化产业发展报告［M］. 北京：社会科学文献出版社，2005.

在这个产业链中，创意思想和设计加上信息技术的应用使文化创意产业价值链不断延长，使各种行业通过同一创意相互融合，不断创造新的增值点。其中湖南卫视作为节目创意人成功地设计并运作了此次范围波及全国的大型节目，其收益占到2005年该产业价值链直接收入的8.9%，达到6800万元。一个名不见经传的小公司，上海天娱传媒公司由于经营“超级女声”品牌，使其当年的收入达到2750万元，该品牌还使其他娱乐包装公司获得7700万元的门票和唱片销售收入。网络公司、电信运营商等也从中获得价值3100万元的收入。“超级女声”的成功说明在现代传媒技术、互联网络、手机等的共同作用下，“超级女声”这一创意在短短的几个月内便形成了产供销一体化的生产线，实现了经济增长的奇迹。“超级女声”产品的生产过程印证了文化创意产业链理论，说明人的创意设计成为产业链的基本要素，同时市场营销部门对“超级女声”产业链的价值增加起到了举足轻重的作用。

同样，英国作家J. K. 罗琳的一只魔笔所塑造的哈利·波特使她在10年时间内获得10亿美元的收益，而同期“哈利·波特”所创造的产业链价值通过小说、电影、DVD、录像带、电视片、唱片、游戏、广告等衍生品创造了60亿美元的价值。如今这一链条还在继续延伸——华纳公司携手奥兰多环球影城所建造的“哈利·波特魔法世界”主题公园将于2009~2010年正式对外开放；索尼、任天堂的游戏软件以及各行各业制造商模仿电影魔法物品和服饰产品都拥有巨大且稳定的消费群体。“哈利·波特”的成功历程也是对边际收益递增的最好诠释。作家罗琳的创意构思从一开始无人问津，分文不值；到首次发行500本，收入仅仅为3000英镑稿酬；再到全球销量3.25亿册，收入达5.45亿英镑（10亿美元），一跃成为世界第二“富婆”。预计当《哈利·波特》小说系列完成后最终将使罗琳的个人收入达到上百亿美元。

“超女”与“哈利·波特”同是文化创意产业的成功案例，但两者的成功既有相同之处，又有不同之处。相同之处在于这两个案例的成功首先都依赖创意思想与技术的结合，这种结合使创意能够以最受欢迎和便捷的方式与最广大的受众见面。其次通过市场运作成功地塑造了“超女”与“哈利·波特”两个文化品牌，使其成为精品文化产品。最后不断地通过各种衍生产品打造自己的产业链，在高技术和品牌作用的催化下使各种行业与产品不断融合，最终锻造出具有巨大增值价值的产业链。

然而“超级女声”与“哈利·波特”相比，其成功更多依赖的是媒体、互联网络和手机等市场营销方式的运作，具有很强的时效性。这种运作方式成功掌握了观众的好奇心与热情，通过轰炸式的媒体传播，收到了短平快的效应。但由于“超女”所具有的文化内涵有限，甚至其运作方式也可能是“舶来品”，因而“超女”在短暂的热闹之后大有偃旗息鼓的可能。然而“哈利·波特”的成功却具有深刻的文化内涵和底蕴，更有体现各国大众同质的价值观和生活观，因而“哈利·波特”不仅在英美家喻户晓，而且成为全球知名的文化品牌，哈里·波特系列小说前六部已被译成60多种语言，全球总销量超过3.25亿册，“哈利·波特”的五部电影票房累计达43亿美元。“哈利·波特”能够在盛行10年后依然势头不减。

从“哈利·波特”我们得到的启示是文化创意产业的发展归根结底要以世界文化中的精髓为基础，以人性中所具有的共性为出发点，这是创意思想的源泉。以此为基础开发的文化创意产品才可能具有广泛的受众，成为世界级的产品，其价值增值才可能延续。

本文发表在《黑龙江对外经贸》2009年第1期。

从知识产权贸易竞争力的国际比较看我国的创新能力

［**内容摘要**］知识产权业是文化创意产业最重要的相关产业，其产品贸易在文化创意相关贸易中占有重要地位。一国的知识产权贸易竞争力在很大程度上反映了一国的创新能力，决定了该国文化创意产业的发展潜力。本文旨在对中国和世界主要知识产权贸易国的贸易竞争力进行多维比较和分析，进而分析我国整体的创新能力。

［**关 键 词**］知识产权；贸易竞争力；创新能力

知识产权是指法律赋予知识产权所有人对其创造性的智力成果所享有的专有权利。世界贸易组织（WTO）将知识产权贸易视为其三大支柱之一。一国知识产权贸易竞争力在一定程度上可以反映一国的创新能力，本文旨在对中国和世界主要知识产权贸易国的贸易竞争力进行多维比较和分析，进而分析我国整体的创新能力。

根据世界贸易组织《与贸易有关的知识产权协议》的规定，知识产权包括如下内容：版权、商标、地理标识、工业品外观设计、专利、集成电路布图设计、未披露的信息等。根据世界贸易组织国际贸易统计中的统计指标解释，国际知识产权贸易的相关数据统计包含在了“专有权利使用费和特许费”中。根据世界贸易组织的统计规则，“专有权利使用费和特许费”被解释为：包括为使用无形的非金融资产和专有权利而收取和支付的费用，如专利、版权、商标、工业加工和特许经营①。因此，本文中各国知识产权国际贸易的数据采用世界贸易组织国际贸易统计中“专有权利使用费和特许费”项下的统计数据。

---

① WTO International trade statistics 2007, Definition of commercial services in the balance of payments (vi), P161.

一、知识产权贸易竞争力的国际比较

1. 世界知识产权贸易发展趋势

在世界范围内，版权贸易首先从欧美发达国家开始发展起来。欧美国家对外版权贸易的历史可追溯到1886年《伯尔尼公约》的诞生，大规模的对外版权贸易活动在第二次世界大战以后才逐步发展起来，并在20世纪70年代末形成高潮。在最近十几年中，世界版权贸易得到了长足的发展。

如图1－6所示，1995～2005年，世界知识产权贸易总出口在总体上呈现上升趋势。在1995～2000年，出口总额增长了47.2%。除2001年稍有下降以外，世界知识产权出口额在2003～2005年均保持着两位数的快速增长。因此从长期趋势来看，世界知识产权总出口将保持增长态势，规模正在逐步扩大。

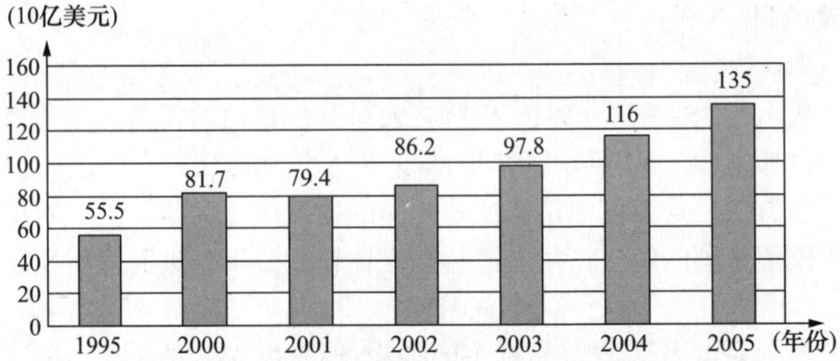

图1－6　世界知识产权出口贸易额

资料来源：1995～2004年数据来自《2006WTO世界贸易报告》；2005年数据来自《2007WTO国际贸易统计》。

如图1－7所示，就绝对值来说，2000～2005年，世界知识产权出口总额占世界服务出口总额的比例均保持在5%～6%。就该比例的变化趋势来说，2003～2004年，这一比例基本保持不变，但在2004～2005年却开始呈现上升趋势。这说明知识产权贸易在世界服务贸易中的地位正在逐步恢复，知识产权贸易的发展值得引起各国的重视。而根据图1－8所示，在2002年、2004年及2005年中，世界版权出口增长率均高于世界服务出口增长率，这说明世界版权贸易的规模不仅在净值上保持着增长，而且增长速度也相对较快。

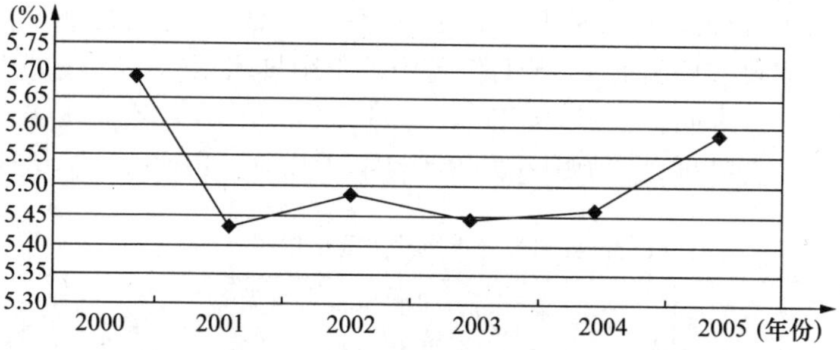

图 1-7　世界版权出口总额占世界服务出口总额的比例

资料来源：2000～2004 年数据来自《2006WTO 世界贸易报告》；2005 年数据来自《2007WTO 国际贸易统计》。

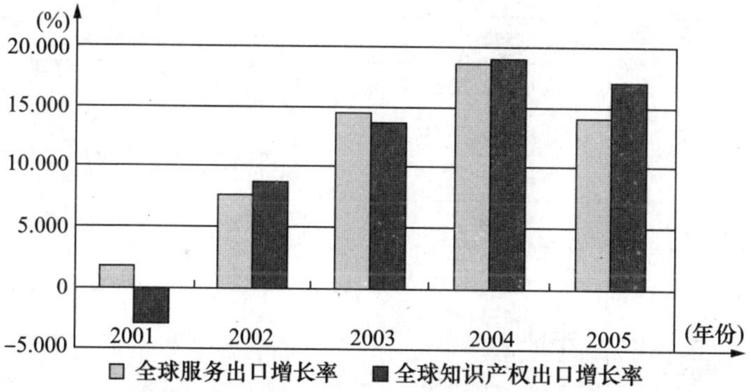

图 1-8　全球服务贸易出口与知识产权贸易出口增长率比较

资料来源：2001～2004 年数据来自《2006WTO 世界贸易报告》；2005 年数据来自《2007WTO 国际贸易统计》。

2. 知识产权贸易额的国际比较

表 1-1 和表 1-2 分别列出了 2005 年世界知识产权的主要出口国和进口国。总体来看，在发达国家中，欧盟、美国、日本在世界知识产权主要出口国和进口国排名中均位居前三位。欧盟、日本、美国在世界知识产权出口市场中的份额共占 93.8%，这表明这三个经济体在世界知识产权贸易中具有很高的出口市场占有率。这一指标直接反映了这三个经济体在知识产权行业国际竞争力的现实状态，它表明在知识产权的国际市场竞争中，这三个经济体具有很大的实力。而在世界知识产权进口市场中，欧盟、美国、日本共占有 72.9% 的市场份额，这又表明此三个经济体为主要的知识产权消费国。而在表 1-1 和表 1-2 发展中国家的排名可以看出，在世界知识产权贸易主要出口国前 15 名的排名中，发展中国家只有 4

个，中国以第14位的排名位列其中，在发展中国家中已是名列前茅。而在世界知识产权贸易主要进口国前15名的排名中，中国排名第六，是发展中国家中排名第一的国家，这表明，就贸易额来说，虽然同发达国家存在很大差距，但无论是知识产权出口还是进口，中国在发展中国家中均属知识产权贸易大国。

表1-1 世界知识产权贸易主要出口国（2005年）

排名	出口国/地区	贸易额（百万美元）	在15国中所占比例（%）	年度百分比变化（%）
1	美国	57410	43.7	9
2	欧盟（25国）	47996	36.6	12
3	日本	17655	13.5	12
4	加拿大	2848	2.2	-6
5	韩国	1908	1.5	3
6	以色列	574	0.4	13
7	澳大利亚	552	0.4	7
8	新加坡	544	0.4	10
9	挪威	524	0.4	117
10	俄罗斯	260	0.2	14
11	中国香港	245	0.2	13
12	中国台北	234	0.2	-19
13	巴拉圭	196	0.1	-6
14	中国	157	0.1	-33
15	埃及	136	0.1	36
	合计	131240	100.0	—

注：表中欧盟贸易额包括欧盟内部各国之间的贸易。

资料来源：《2007WTO国际贸易统计》。

表1-2 世界知识产权贸易主要进口国（2005年）

排名	进口国/地区	贸易额（百万美元）	在15国中所占比例（%）	年度百分比变化（%）
1	欧盟（25国）	62210	44.8	4
2	美国	24501	17.6	6
3	日本	14654	10.5	7
4	新加坡	8647	6.2	10
5	加拿大	6874	4.9	6
6	中国	6321	3.8	18
7	韩国	4561	3.3	3

续表

排名	进口国/地区	贸易额（百万美元）	在15国中所占比例（%）	年度百分比变化（%）
8	澳大利亚	2005	1.4	15
9	中国台北	1796	1.3	7
10	泰国	1674	1.2	6
11	俄罗斯	1593	1.1	46
12	巴西	1404	1.0	17
13	马来西亚	1370	1.0	50
14	中国香港	1289	0.9	16
15	南非	1071	0.8	20
	合计	138970	100.0	—

注：表中欧盟贸易额包括欧盟内部各国之间的贸易。

资料来源：《2007WTO国际贸易统计》。

3. 出口市场占有率及出口年增长率的国际比较

出口市场占有率和出口年增长率是考察一国或地区某行业国际贸易竞争力的两个最直观的指标。从表1－3可以看出，比较各知识产权主要贸易国家及地区1995～2005年各年的世界知识产权出口市场占有率，在发达国家中，美国、欧盟、日本名列前三位，并且在这一期间，欧盟、美国、日本每年的世界知识产权出口市场占有率总额均在90%左右。尤其是美国，1995～2005年，每年的知识产权出口市场占有率均在50%左右，远远超过了其他国家，是世界知识产权出口市场中名副其实的“霸主”。而在总体占有份额较小的发展中国家中（2005年发展中国家的总出口市场占有率约为0.3%），中国在这一期间均保持着稳定的出口市场占有率（约为0.1%）。

表1－3　主要国家和地区知识产权出口市场占有率（1995～2005年） 单位:%

国家/地区 \ 年份	1995	2000	2001	2002	2003	2004	2005
欧盟（25）	28.3	25.9	26.2	26.9	28.4	30.9	35.6
美国	54.6	52.9	51.3	51.6	49.2	45.3	42.5
日本	10.8	12.5	13.2	12.1	12.6	13.5	13.1
加拿大	0.7	2.8	3.0	2.8	3.0	2.6	2.1
新加坡	0.2	0.1	0.1	0.2	0.2	0.2	0.4
韩国	0.7	2.8	3.0	2.8	3.0	2.6	2.1

续表

国家/地区 \ 年份	1995	2000	2001	2002	2003	2004	2005
中国	—	0.1	0.1	0.1	0.1	0.2	0.1
中国台北	0.4	0.5	0.4	0.3	0.2	0.3	0.1
澳大利亚	0.4	0.5	0.4	0.3	0.4	0.4	0.4
泰国	0	0	0	0	0	0	—

资料来源：1995~2004年数据来自《2006WTO世界贸易报告》；2005年数据来自《2007WTO国际贸易统计》。

出口年增长率这一指标反映了一国或地区某行业贸易的扩张速度和发展势头。从表1-4可以看出，在发达国家中，2002~2005年，美国的知识产权出口年增长率均在9%左右，以较快且稳定的速率增长。同一期间，欧盟的知识产权出口均以两位数的高增长率保持快速增长。而日本在2002年经历了负增长后，在2003~2005年开始保持高增长势头。在发展中国家中，2004~2005年，巴拉圭的知识产权出口经历了负增长，埃及的知识产权出口有所增长，而中国的知识产权出口陷入停滞。

表1-4 主要国家和地区知识产权出口年增长率（2000~2005年） 单位:%

国家/地区 \ 年份	2001	2002	2003	2004	2005
欧盟（25）	-1.9	11.5	19.8	28.8	34.1
美国	-5.8	9.3	8.1	9.4	9.1
日本	2.9	-1.0	18.3	27.6	12.7
加拿大	4.3	0	20.8	3.4	-6.7
新加坡	0	100	0	0	150
韩国	28.6	-11.1	62.5	38.5	—
中国	0	0	0	100	0
中国台北	-25.0	0.0	-33.3	50.0	-33.3
澳大利亚	-25.0	0	33.3	25.0	20.0
泰国	0	0	0	0	—

资料来源：2001~2004年数据来自《2006WTO世界贸易报告》；2005年数据来自《2007WTO国际贸易统计》。

4. 贸易竞争力指数的国际比较

国际上在衡量一国某行业的国际竞争力时，通常使用的一个指标是贸易竞争力指数。贸易竞争力指数表示的是一国某产业或商品贸易差额占其贸易总额的比值。它能够反映相对于世界市场上由其他国家所供应的一种产品而言，本国生产的同种产品是否处于竞争优势及其程度。从表 1－5 中可以看出，在发达国家中，1995～2005 年，欧盟在知识产权贸易中均处于逆差状态，从绝对值来看，知识产权贸易具有微弱的竞争劣势，但从动态变化来看，欧盟知识产权贸易的国际竞争力在缓慢提高。日本在 1995～2002 年，知识产权贸易也处于逆差状态，在此期间，贸易竞争力处于微弱劣势，但在 2003～2005 年，该国的知识产权贸易状态逆转，转为贸易顺差，贸易竞争力也开始稳步上升，具有了微弱的竞争优势。不同于上述其他发达国家，美国的知识产权贸易在 1995～2005 年一直保持贸易顺差，在 1995 年，美国知识产权贸易具有极强的竞争优势，之后几年中虽然数值有所下降，但贸易竞争力指数一直保持在 0.3 以上，说明美国的知识产权一直具有较强的国际竞争优势。在发展中国家中，知识产权贸易大部分处于贸易逆差状态，并且国际竞争力较低。1995～2005 年，中国知识产权贸易竞争力指数基本均在 -0.9 左右，处于极大的竞争劣势状态。

表 1－5　主要国家和地区知识产权贸易竞争力指数（1995～2005 年）

国家/地区＼年份	1995	2000	2001	2002	2003	2004	2005
欧盟（25）	-0.2130	-0.2234	-0.2450	-0.2267	-0.2497	-0.1928	-0.1289
美国	0.6290	0.4472	0.4231	0.3950	0.4252	0.3752	0.4017
日本	-0.2208	-0.0377	-0.0278	-0.0280	0.0558	0.0717	0.0926
加拿大	-0.6522	-0.2459	-0.2258	-0.2615	-0.2750	-0.2941	-0.4227
新加坡	-0.8889	-0.9535	-0.9429	-0.8919	-0.9200	-0.9310	-0.8901
韩国	-0.7778	-0.6410	-0.5500	-0.5789	-0.4694	-0.4286	—
中国	-0.8571	-0.9000	-0.9375	-0.9444	-0.9149	-0.9385	-0.8571
中国台北	-0.6364	-0.6364	-0.6667	-0.7000	-0.7895	-0.7000	-0.8000
澳大利亚	-0.6364	-0.4286	-0.5000	-0.5385	-0.5294	-0.4737	-0.5385
泰国	-1	-1	-1	-1	-1	-1	—

资料来源：1995～2004 年数据来自《2006WTO 世界贸易报告》；2005 年数据来自《2007WTO 国际贸易统计》。

二、我国创新能力的国际比较及发展

在学术研究中，部分学者用专利的数量来衡量一国创新能力的大小①。而专利是知识产权的重要组成部分。根据上文的分析，目前我国的知识产权贸易存在着严重的逆差，知识产权贸易的整体国际竞争力较差，相对于发达国家，我国在国际知识产权出口市场中占有的份额很小，出口增长缓慢，但相对于其他发展中国家，我国的知识产权进口额和出口额均名列前茅，并且出口市场占有率也位于前列。这说明相对于其他发展中国家，我国具备了较强的创新能力，而相对于发达国家，我国的创新能力仍有待提高。

提高一国创新能力的有效途径便是发展本国的知识产权产业。美国哈佛大学教授迈克尔·波特（Michael E. Poter）提出了著名的国家竞争优势理论②。这一理论着重讨论了特定国家（地区）的特定产业在国际竞争中赢得优势地位的各种条件，即国家和地区的产业竞争优势与以下要素密切相关：要素条件、需求条件、相关产业和支撑产业、企业的结构、战略和竞争。波特同时指出竞争力也会受到机遇和政府两个辅助因素的影响。下文将根据国家竞争优势理论分析我国知识产权贸易及产业的发展之道。

1. 要素条件

根据国家竞争优势理论，如果一国拥有对产业发展十分重要的低成本要素或独特的高质量要素，该国就可能在该产业获得竞争优势。而要素又可进一步分为基本要素和推进要素，基本要素是自然具备的，既定的要素；推进要素则需要经过后天努力、投资才能获得。知识产权包含内容广泛，以版权产业为例，基本要素包括纸张及其他原材料、资金、非技术人员（主要是各种后勤人员）、半技术人员（主要是各种助理编辑、排版和印刷工人）；推进要素包括高质量人力资本（出版家、作者、编辑和高层次营销人员）、高科技的出版介质和使出版流程电子化的机器设备以及最重要的知识资本和具有国际视野的专业人员。推进要素具有稀缺的特征，因此它所创造的竞争优势不容易被取代，因而是竞争优势的长远来源。要想不断提升竞争优势，就必须不断培育、获得推进要素。

---

① Patricia Higino Schneider, International Trade. Economic Growth andIntellectual Property Rights: A Panel Data Studyof Developed and Developing Countries [J]. Journal of Development Economics, 2005, 78 (2): 529 - 547.

② （美）迈克尔·波特. 国家竞争优势 [M]. 北京：华夏出版社，2002.

我国知识产权贸易及产业要想在要素方面获得竞争优势，就必须加大投资培养、优化推进要素，即着重培养、储备高水平的人力资本。通过严格的选拔录用和在职培训使得相关人员不仅具有优秀的专业技术，而且要能够洞悉国内外知识产权市场需求的变化，参与到与知识产权贸易有关的各个环节。同时，技术要素对于知识产权贸易及产业的发展十分重要，因此我国应该注重培养各方面的技术人员，并积极推进技术创新，在引进国际先进技术的同时加大本土研发的资金投入。

2. 需求条件

根据国家竞争优势理论，需求条件是指国内对于特定产业的产品或服务的需求。国内需求对于产业竞争优势的影响主要通过精明、有经验的买主刺激，前瞻性的买方需求等环节起作用。例如，①有经验、精明的买主有助于产品高标准的建立，从而促使知识产权的卖方不断改进和创新。②前瞻性的买方需求有助于国内知识产权与国际接轨，甚至在国际竞争中取得领先地位。③国内市场需求与国际市场需求的重叠也将影响知识产权产业的发展，有助于知识产权的输出。

同时，我国应着力于提高人均国内生产总值，一国的人均国内生产总值代表着该国个人知识储备的多少，人均国内生产总值的提高必然带动人们对知识产权产品的需求。例如，随着人民生活水平的提高，国内读者对科技、财经类图书的需求与日俱增，为适应读者的需求，可以创作出高质量的科技类、财经类图书，并与发达国家在该领域开展版权贸易。这便促进了我国知识产权国际贸易的发展。

3. 相关产业和支撑产业

根据国家竞争优势理论，相关产业指与某产业共用相同或相近的技术、营销渠道的产业，支撑产业指向某产业提供投入的产业。前者能够给产业带来先进技术，帮助其迅速进入国际市场；后者可以降低产业的成本，为其提供具有竞争力的投入品。知识产权贸易的竞争优势在很大程度上依赖于与知识产权产业相关的产业和支撑性产业的支持。具体来说，相关产业主要指利用商标、专利、版权等知识产权的后向产业。对于支撑产业，以版权产业为例，支撑产业主要有作者队伍、造纸业、出版印刷设备供应商等。这些产业通过产业链间接作用于知识产权产业及知识产权贸易的竞争力。因此，我国应该大力发展与知识产权产业的相关产业和支撑产业。

4. 企业的结构、战略和竞争

根据国家竞争优势理论，企业的结构、战略和竞争因素是指一国对于公司成立、组织、管理的规定以及国内特定行业竞争的状况。从这一角度考察，我国应该完善相关立法，同时加强对知识产权的法律保护，采取有力措施，促使企业优化其结构、战略，为知识产权产业内的公司搭建一个公平竞争的平台和环境，促进行业内的良性竞争。

5. 机遇和政府因素

根据国家竞争优势理论，机遇因素，例如，大的革新可以引起另一个行业的结构重组，可以为一个国家的公司提供取代另一国家公司的机会。对于政府因素，政府对于政策的选择可以降低或提升一国产业或贸易的国家竞争力。例如，政府施行的规定可以改变一国的需求条件，反垄断法令的实施会影响一国某行业竞争的密集度，而且政府对于教育的投资会改变一国的要素禀赋。

在机遇与政府作用方面，我国可以利用政策法规改变其在知识产权贸易竞争中的不利地位，同时可以利用政府的政策导向促使上述四种因素发生变化从而推动知识产权贸易竞争力的加强。

美国蒙特赫里约克学院的教授施奈特（Patricia Higino Schneider）通过实证检验得出结论①：一国的创新能力与该国的人均国内生产总值、从发达国家引进先进技术、人力资本的积累、研发经费的投入、基础设施以及知识产权的保护力度有密切关系。而通过上文的分析，在发展我国知识产权产业的同时，这些因素均可得到发展，这说明我国知识产权产业及贸易竞争力的提高有助于增强我国的创新能力。

本文发表于《商场现代化》2009 年 4 月，合作作者王小溪。

① Patricia Higino Schneider, International Trade. Economic Growth andIntellectual Property Rights: A Panel Data Studyof Developed and Developing Countries [J]. Journal of Development Economics, 2005, 78 (2): 529 - 547.

以北京为代表的我国艺术品三级市场发展现状与建议研究

[内容摘要] 本文以我国三级艺术品市场的发展现状与趋势为内容，使用大量的数据论述和分析了以北京为代表的我国艺术品三级市场在2008年金融危机前后的发展状况，指出中国的艺术品市场总体发展向好，已经成为世界第三大艺术品交易市场，特别是二级拍卖市场更有不俗的表现。文章最后对我国艺术市场的健康发展提出了三点建议，特别指出应当通过健全相应的法律法规整顿艺术品市场存在的违法乱象。

[关 键 词] 艺术品市场；三级市场；现状；建议

一、艺术品市场结构

艺术品市场的核心要素是艺术品。按照2003年最新修订的《艺术品经营管理办法》中的界定，艺术品是指利用一定物质材料，通过一定技术手段创作的具有审美价值的二维、三维作品，包括绘画作品、书法和篆刻作品、雕塑和雕刻作品、艺术摄影作品、民间艺术品、工艺美术品以及上述作品的有限复制品。

通常情况下，规范的艺术品市场往往分为三个层次：首先是画廊、画店以及由美术品公司构成的一级市场，其经营方式为通过购买和销售，直接完成艺术品所有权的转移。其次是以经纪行为为主的二级市场，如拍卖行和经纪公司等，其经营方式为通过第三方的中介行为，完成艺术品所有权的转移。另外，还包括与美术销售有直接关系的各种服务类经营活动，如评估、鉴定、展览等。最后是以高端艺术博览会模式出现的三级市场。其中，画廊、拍卖会和艺术博览会构成了现代艺术品市场的三大支柱（如表1－6所示）。

表1－6　艺术品市场结构

市场层级	市场主体	经营方式
一级市场	画廊、画店和美术品公司	购买和销售
二级市场	以经纪行为为主的市场，如拍卖行和经纪公司	通过第三方的中介行为，另外还包括与美术销售有直接关系的各种服务类经营活动，如评估、鉴定、展览等
三级市场	高端的艺术博览会	艺术品的展示和交易

资料来源：叶朗．中国文化产业年度发展报告（2009）［M］．北京：金城出版社，2009.

对于一个成熟的艺术品市场而言，这三级市场应该并驾齐驱，保持合理平衡的发展。然而在我国艺术品市场起步较晚，三个市场的发育速度和发展规模不尽相同，以拍卖业为代表的二级市场的繁荣程度远远超过了一级和三级市场。近几年，随着我国艺术市场体制的不断完善和艺术品经营业的发展壮大，这一格局得到了很大的改善，我国艺术品行业的一、二、三级市场正朝着均衡的方向迈进。

二、我国艺术品市场发展现状分析

1. 我国艺术品市场总体发展概述

自2000年以来，在我国市场经济体制改革不断深化以及国内经济高速发展的背景下，我国的艺术品市场初露端倪并逐渐呈现出了一片欣欣向荣的景象，艺术市场已经成为社会经济生活的一个重要组成部分，艺术品的生产、流通和消费也成为受人瞩目的产业。短短的几年间，无论是民间画廊、美术馆，还是高水准的国际艺术博览会，均获得了较快的发展。尽管与欧美等发达国家相比，中国的艺术品市场并没有随着整体经济总量的上升而出现全面繁荣的局面，人均艺术品的交易额与经济总体发展水平仍不相符合，但中国艺术品市场的发展速度是有目共睹的，蕴藏着巨大的市场潜力和广阔的上升空间。

按照国际惯例，当一个国家（地区）的人均国内生产总值达到4000美元时，艺术品市场开始萌动；达到7000美元时，市场开始起步；达到10000～20000美元时，市场开始进入高速发展时期，并逐步趋于成熟。如果考虑到我国地区之间经济发展的差距，一些一线城市如北京和上海等地（如表1－7所示）的人均国内生产总值水平在2003年越过4000美元的门槛，2009年越过人均10000美元大关，已经达到艺术品经营业趋向繁荣发展的阶段。我国的艺术品市场在地理分布上，以北京和上海为轴线，在南北两大区域呈放射状的发展，建构起了一个庞大的艺术市场领域。北方的艺术市场以北京最为兴盛，进而向天津、山西、陕西和山东半岛扩张；南方的艺术市场与北方市场呈现出了很大区别，浓重的商业气息使以上海为核心的南方艺术市场的氛围与北方市场深厚的人文历史底蕴形成了鲜明的对比。

表1－7　2000～2009年北京和上海两地人均国内生产总值

地区 年份	北京			上海		
	地区生产总值（亿元）	人均GDP（元）	人均GDP（美元）	地区生产总值（亿元）	人均GDP（元）	人均GDP（美元）
2000	3161	24122	2914	4771. 17	30047	3630
2001	3710. 5	26998	3262	5210. 12	32333	3906
2002	4330. 4	30840	3726	5741. 03	35445	4282
2003	5023. 8	34892	4216	6694. 23	40130	4848
2004	6060. 3	41099	4966	8072. 83	46755	5649
2005	6886. 3	45444	5548	9247. 66	52535	6413
2006	7861	50407	6323	10572. 24	58837	7381
2007	9353. 3	58204	7654	12494. 01	68024	8946
2008	10488	63029	9075	14069. 87	75109	10815
2009	12153	70452	10314	15046. 45	78989	11563

资料来源：《北京市统计年鉴》（2010）和《上海市统计年鉴》（2010）。

目前，北京已经当之无愧地成为了我国艺术品市场的绝对龙头和核心城市。2006年，艺术品交易作为单独项目被列入《北京市统计年鉴》。如表1－8和图1－9所示，无论是在从业人员数量方面还是在营业额方面，北京艺术品交易业都出现了高速发展趋势。虽然受到2008年金融危机的波及，北京艺术品交易业的增速有所放缓，业务收入也出现了下滑迹象，但依托巨大的艺术品消费前景与市场潜力以及亚洲艺术品市场整合能力增强的契机，北京艺术品交易市场较快地走出了低谷，成为金融危机后世界艺术品市场增长速度最快的一极①。

① 西沐．中国艺术品市场白皮书——中国艺术品市场年度研究报告［M］．北京：中国书店出版社，2009．

表 1-8　2006～2009 年北京艺术品交易业的基本情况

年份	从业人员		资产总计		增加值		业务收入	
	万人	比上年%	亿元	比上年%	亿元	比上年%	亿元	比上年%
2006	1	—	130.1	—	10.1	—	59.4	—
2007	1.4	0.4	141.6	0.08	13.8	0.37	103	0.73
2008	1.7	0.21	158.4	0.12	20.50	0.49	127	0.23
2009	1.9	0.12	208	0.31	30.90	0.51	131	0.04

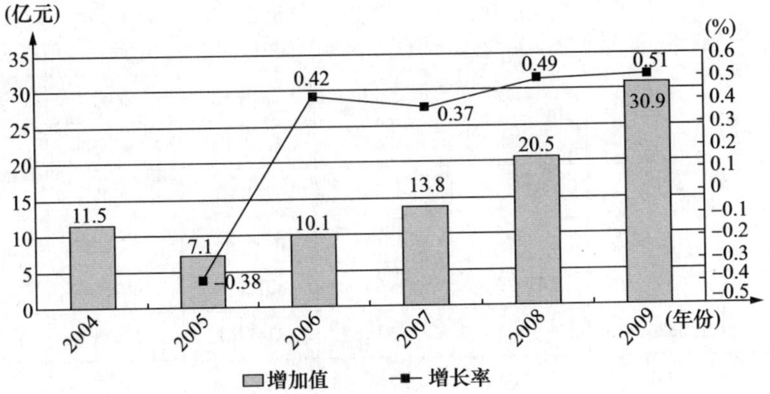

图 1-9　2004～2009 年北京市艺术品交易业增加值与增长率

资料来源：《北京市统计年鉴》(2010)。

不仅如此，根据 2009 年《中国艺术品市场年度研究报告》，随着中国艺术品市场国际化与国际艺术品市场中国化的进程的推进，从市场规模、市场影响力、市场体系的发育、参与人数及其发展的潜力等诸多方面综合来看，北京已经取代了中国香港、纽约、伦敦、巴黎等其他城市，其作为世界艺术品市场中心之一的格局正在不断地显现出来。

2. 后金融危机时代的我国艺术品三级市场发展分析

2008 年是中国艺术品市场发展历程中的一个重要转折。由次贷危机引发的全球金融危机对世界艺术品市场造成了前所未有的冲击，全球艺术品市场呈现出了剧烈的变动，艺术品市场的行情整体下跌。在经济全球化的背景下，中国的艺术品市场也未能幸免。幸运的是，中国的艺术品市场受到的负面影响并不十分明显。2009 年中国艺术品市场出现价跌量增与“小阳春”的趋势，传递出了市场整体“回暖”的信号。随后，市场强劲反弹，率先走出全球金融危机的阴影，实现了“V”形复苏，并在 2010 年重新步入快速增长的轨道，取得了全球瞩目的业绩。

总体来看，在后金融危机时代充满变数和不确定因素的背景下，中国艺术品市场整合能力迅速增强，并推动着亚洲乃至世界艺术品市场加快复苏和发展的步伐。尽管如此，就艺术品经营业各级市场而言，各个分市场的命运大相径庭，发展态势喜忧参半。除了拍卖业没有出现太大波动以外，画廊业和艺术博览会的举办均在不同程度上受到了牵连。下面就三级艺术品市场情况做一个分析。

（1）一级市场：画廊业。画廊作为艺术品市场中的一级市场，是艺术品市场中极为重要的一环。在我国，画店和文物古玩店历史悠久，但是现代意义上的画廊却是在 20 世纪 80 年代才真正出现。追溯新中国的画廊业发展史不难看出，中国画廊业经历了两次规模化的发展阶段：一次是 20 世纪 90 年代中期，一次是 2005 ~2006 年。目前，中国画廊业大体可分为主营性画廊、非主营性画廊和网上画廊三种业态形式（如表 1 –9 所示）。2006 年中国艺术品市场进行调整后，画廊进入规模化增长期。据不完全统计，2007 年上半年，中国画廊的数量达到一个新的峰值，为 13800 余家。

表 1 –9　画廊业的基本构成

画廊形态	业务内容及运作模式	特点
主营性画廊	以艺术品的经营展览、展示等活动为业务形式 运作模式包括四种：（1）代理运作模式 （2）画廊 + 画家模式 （3）画廊 + 作品模式 （4）画廊 + 活动模式	专业性强，投资回报周期长，门槛高，不确定性因素多，致使关门歇业者不在少数
非主营性画廊	以为艺术品交易及活动提供支撑服务为主，以艺术品交易及相关活动为辅的业态形式	尚在发展之中，量大、复杂，水准、信誉参差不齐
网上画廊	利用互联网而建立的网上经营模式	发展速度快

资料来源：《2009 年中国艺术品市场白皮书——中国艺术品市场年度研究报告》。

自 2008 年冬天以来，在国际金融危机的影响下，国内众多画廊经受了艺术品滞销、交易额大幅度下降、现金短缺的压力。在重压之下，不少画廊经历了减小展厅面积、转移到低价场地、裁员、降薪、抛售藏品、画廊搬离甚至倒闭的市场阵痛，画廊的签约画家数量也明显减少。表 1 – 10 反映了 2008 ~2009 年中国画廊数量的变动情况。另外，据有关方面统计，香港的画廊业也在 2008 ~2009 年受到重创，已经关闭了相当一部分，可谓是处境艰难，目前继续经营的大都是一些历史悠久的老画廊①。

表 1-10　2008~2009 年中国画廊数量的变动情况　　单位：%

中国各类画廊数量及变化	2008	2009
中国画廊数量（截至各年年底）	12297 家	8740 家
画廊数量减少的百分比（与上一年同期相比）	29	7
亏损并勉强处于维持及半歇业状态的画廊约占画廊总体数量比重	35	45
处于盈利状态的画廊约占画廊总体数量的比重	7	3.5
全年关闭的画廊约占年初画廊总数的比重	30	7

资料来源：根据《2009 年中国艺术品市场白皮书——中国艺术品市场年度研究报告》相关数据整理。

2008 年中国画廊业的成交总额为 70.13 亿元，其中主营性画廊为 22.4 亿元，非主营性画廊大约为 45.27 亿元，网上画廊的成交额大约为 2.46 亿元，比 2007 年的 103.68 亿元、34.45 亿元、66.73 亿元、2.50 亿元分别下降了 32.4%、35.0%、32.2%、1.6%，特别是主营性画廊受到的影响最为巨大。2009 年，中国画廊业的成交额继续下滑，总规模缩小至 65.55 亿元，其中主营性画廊的成交额为 19.8 亿元，非主营性画廊的成交额为 42.54 亿元，网上画廊的成交额为 3.21 亿元（如表 1-11 所示）②。

表 1-11　2007~2009 年中国画廊业经营情况

年份	年度成交总额		主营性画廊		非主营性画廊		网上画廊	
	亿元	比上年%	亿元	比上年%	亿元	比上年%	亿元	比上年%
2007	103.68	—	34.45	—	66.73	—	2.50	—
2008	70.13	-32.4%	22.4	-35.0%	45.27	-32.2%	2.46	-1.6%
2009	65.55	-6.5%	19.8	-11.6%	42.54	-6.0%	3.21	30.5%

资料来源：西沐．中国画廊业发展态势及其评价报告［M］．北京：中国书店出版社，2010.

当然，在关注经济发展水平与艺术品发展状况的同时，画廊业的从业人员的数量和素质也不容忽视。据中国画廊联盟统计，如表 1-12 所示，2008 年底中国画廊业的从业人员约为 1.82 万人，与 2007 年底的 2.59 万人相比减少了 0.77 万人，下降幅度为 29.7%。在从业人员中，大专以上学历的人员只占到总人数的

① 文化部文化市场发展中心（中国动漫集团）.2009 年中国艺术品市场白皮书［M］．北京：中国书店出版社，2010.

② 西沐．中国画廊业发展态势及其评价报告［J］．艺术市场，2009，4：92-95.

29%，接受过专门教育及相关技能培训的不足总人数的9%。而这一数据在2009年底则变为中国画廊业的从业人员大约为1.65万人，与上年同期相比减少了0.17万人，下降幅度为9.34%；而从业人员的学历则有了较大幅度的提升，大专以上学历的人员占到总人数的43%，但其中接受过专门教育及相关技能培训的人还是较少，只有12%。

表1-12 2007~2009年中国画廊业从业人员基本情况

年份	从业人员（截至各年年底）			大专以上学历的人员约占总人数的比重（%）	受过专门教育及相关培训的人员约占总人数的比重（%）
	总人数（万人）	减少数量（万人）	下降幅度（%）		
2007	2.59	—	—	—	—
2008	1.82	0.77	29.7	29	9
2009	1.65	0.17	9.34	43	12

资料来源：西沐．中国画廊业发展态势及其评价报告［J］．艺术市场，2009，4.

（2）二级市场：拍卖业。1992年，在深圳和北京相继出现了艺术品拍卖会，标志着中国艺术品拍卖市场已初显萌芽。紧接着，一批高品质的拍卖公司陆续在北京、上海和广东的一些大城市迅速崛起。如今，多种所有制形式的、各具特色的艺术品拍卖机构已经遍布全国绝大多数省市，开展了规模和风格各异的艺术品拍卖活动。

近几年，中国艺术品拍卖市场发展势头迅猛，已经成为中国艺术品市场的主体。截至2006年底，全国从事艺术品拍卖的企业有3000多家，专业的艺术品拍卖机构60余家①。目前，艺术品拍卖市场的细分格局已定，80%的市场份额集中在北京。其中，最有名的八大文物和艺术品拍卖公司分别是北京保利、中国嘉德、北京翰海、北京匡时、中贸圣佳、杭州西泠、北京华辰、北京荣宝，这八大拍卖行每年的成交情况可被视为中国拍卖市场的行情指数（如表1-13所示）。

表1-13 2010年春季拍卖：中国八大拍卖行成交总额

公司名称	2010年春季拍卖成交额（万元）
北京保利	331348.2
中国嘉德	212781.1

① 中央电视台《中国财经报道》．中国艺术品市场的红与黑［EB/OL］．http//www.huaxia.com，2006-09-20.

续表

公司名称	2010 年春季拍卖成交额（万元）
北京翰海	131618.0
北京匡时	108131.2
中贸圣佳	68653.6
杭州西泠	65263.6
北京华辰	23027.1
北京荣宝	21095.8
成交总额	961918.6

资料来源：中国名瓷网。

2008 年金融危机爆发后，中国艺术品拍卖市场的成交额出现了下滑。图 1－10和图 1－11 表明了 2006～2010 年中国艺术品拍卖市场的大体运营情况。根据雅昌艺术市场监测中心的统计，2008 年秋季拍卖市场较 2008 年春季拍卖市场成交总额大幅下降，降幅约为 40%。2009 年春季拍卖市场延续了 2008 年秋季的下降趋势，成交总额同比 2008 年春季减少 564378 万元，降幅约为 45.04%，环比 2008 年秋季拍卖会下降 73337 万元，降幅约为 9.63%。

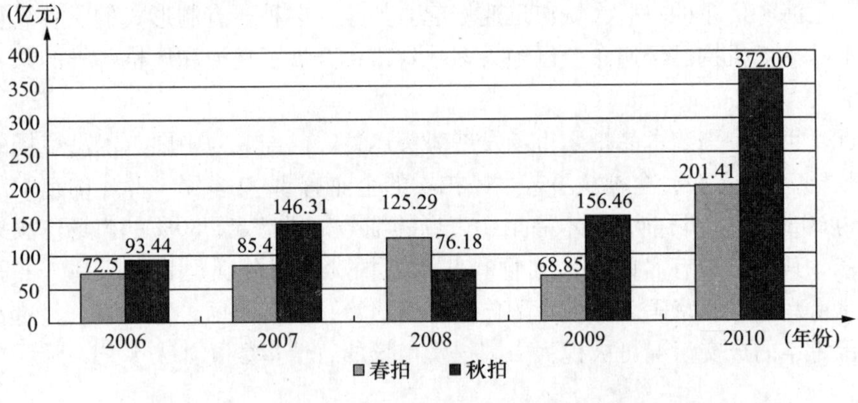

图 1－10　2006～2010 年中国艺术品春拍和秋拍成交额

但从总体上看，中国艺术品拍卖市场的发展情况还是比预期的要好得多，没有出现大起大落的局面，相反呈现出了旺盛的生命力和极高的成长性，很快走出了阴霾，特别是中国书画类拍品，2009 年在市场总量下降 9.63% 的状况下，其拍品成交总额上升了 39.29%，达到近 34 亿元，成交比率更是上升了 17% 达到了 63%，成为各家拍卖公司的主要“生产力”，其中近现代书画和古代书画表现尤为出色，这也给金融危机下连续不振的艺术品市场注入了新的活力。

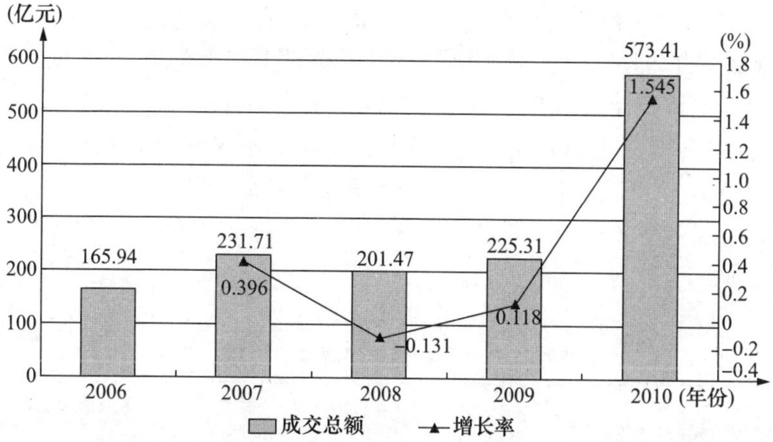

图 1－11　2006～2010 年中国艺术品拍卖成交总额及年增长率

资料来源：雅昌艺术市场监测中心。

2009 年艺术品拍卖业不仅成交总额大、成交率高，而且高价位文物与艺术品成交最多，创下了 18 年来的最好成绩。据商务部的统计数据显示，截至 2009 年底，全国拍卖企业共计 4941 家，实现年成交总额 4638.39 亿元，同比增长 47.43%。作为中国拍卖业生力军的文物艺术品领域，2009 年我国艺术品拍卖业的年度成交额为 225.31 亿元，加上画廊业、博览会以及民间的艺术品交易，总成交额保守估计会达到 1200 亿元的规模。2009 年中国艺术品市场有 199495 件拍品上拍，成交 141165 件，比 2008 年增收 23.84 亿元，增幅达 11.8%，年度成交额再次突破了 200 亿元的关口。

2009 年国内一些知名拍卖公司的拍卖业绩也创出各公司自成立以来的最佳年度业绩。例如，2009 年八大公司共拍出文物与艺术品 26928 件，成交总额为 866734.1 万元，与 2008 年成交总额 545037 万元相比，成交额提高 59%，与 2007 年成交总额 660861.8 万元相比提高了 31%。从表 1－14 可以看出，尽管受到金融危机的冲击，2009 年八大拍卖公司的成交额较 2007 年、2008 年均有明显提高，其占全国艺术品拍卖市场成交总额的比例已近 2/5。

表 1－14　2007～2009 年中国八大拍卖行成交情况

年份	艺术品拍卖市场成交总额（亿元）	八大拍卖行成交总额（亿元）	八大拍卖行成交额占艺术品拍卖市场比重（%）
2007	231.71	66.09	28.52
2008	201.47	54.50	27.05
2009	225.31	86.67	38.47

资料来源：根据雅昌艺术市场监测中心统计数据整理。

其中，单件成交额超过百万元的有1245件，单件成交额超过5000万元的有13件（器物类有2件，中国书画类11件），超过1亿元的4件（如表1-15所示）。其中，中贸圣佳推出的“清乾隆宫廷纪实绘画作品——徐扬《平定西域献俘礼图》手卷”专场拍卖最终以1.344亿元成交，不仅刷新了中国书画拍卖的世界纪录，也成为首件突破亿元大关的中国书画艺术品。这是我国文物与艺术品拍卖市场18年来单件文物价格首次突破亿元大关，标志着我国艺术品拍卖迈入了“亿元时代”。

表1-15　2009年中国艺术品拍卖市场成交价突破一亿元的四件拍品

拍卖公司	拍品	最终成交价格
中贸圣佳	清乾隆宫廷纪实绘画徐扬《平定西域献俘礼图》手卷	1.344亿元
北京保利	传统佛教题材人物画明代画家吴彬的《十八应真图卷》	1.6912亿元（1.51亿元+12%佣金）
北京保利	北宋文学家曾巩《局事帖》	1.0864亿元
中国嘉德	朱熹、张景修等七大家法书《宋诸名贤题徐常侍篆书之迹》	1.008亿元

资料来源：中国经济网。

2010年艺术品拍卖市场继续刷新历史纪录。1~5月春拍期间，全国拍卖业成交额实现2021.1亿元。据北京保利、中国嘉德等七家公司统计，今年春季拍卖的拍品单件成交额超过百万元的多达1300件，超过八大拍卖公司上年的全年单件成交额超过百万元的拍品数，并且2010年春季拍卖又创造了四件拍品超亿元的神话。到2010年年末，中国艺术品拍卖业实现了573.41亿元的年度成交总额，创下了历史新高。

艺术品拍卖业的活跃，反映出了目前我国艺术品拍卖市场一直处于买方市场，求大于供的状态，特别是近几年随着人们经济收入的增多，文化修养的提高，文物艺术品的鉴赏能力增强，对于获得文物艺术品的需求越来越大，要求也越来越高。

在国内艺术品拍卖市场的带动下，2009年中国艺术品拍卖市场的整体表现优于全球市场，继2008年之后再次进入世界前三的行列，居世界第三位，仅次于美国和英国。图1-12、图1-13显示了2008~2009年世界艺术品市场份额的变动情况。2008年，中国艺术品拍卖市场超越法国名列全球第三位，然而市场总额仅占全球的7.2%，与英国的36.7%和美国的36.6%有很大差距；2009年，中国艺术品拍卖市场仍然名列全球第三位，但由于中国艺术品市场呈现出了整体复苏的良好发展态势，中国艺术品拍卖市场的全球市场占有率上升到了 17.4%，并与英国的 21.3% 和美国的 27.9% 迅速拉近了距离。

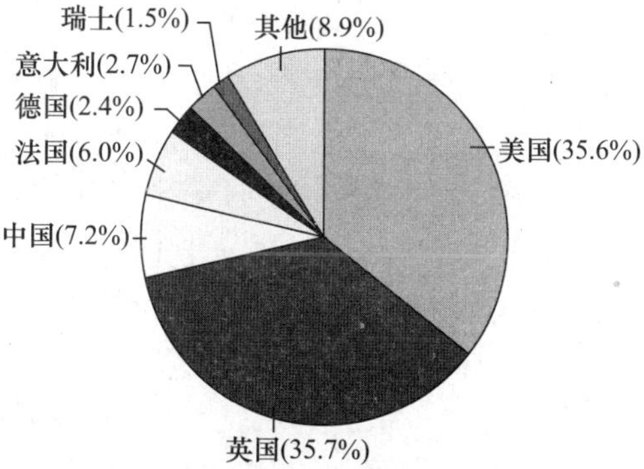

图 1－12　2008 年主要国家艺术品市场占世界市场份额

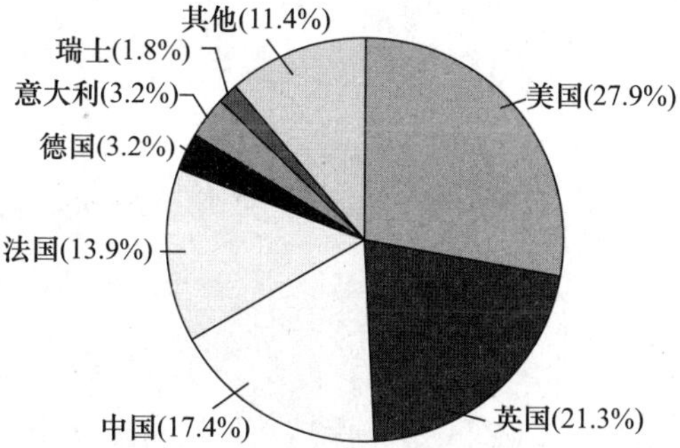

图 1－13　2009 年主要国家艺术品市场占世界市场份额

资料来源：东方视觉网 . 2010 年上半年艺术品市场研究报告［EB/OL］. http//www. ionly. com. cn, 2011/2016.

（3）三级市场：艺术博览会。艺术品博览会是大规模的艺术品展示和交易活动，也是国际艺术品市场除拍卖外的最大艺术品市场交易形态。20 世纪 90 年代初，中国艺术市场开始启动，中国艺术博览会应运而生。1993 年在广州举办了首届艺术博览会，开启了中国当代艺术博览会的先河，但专业化、国际化的艺术博览会直到最近几年才真正兴起。2004 年由中国录音音像出版总社主办、北京中艺博文化传播有限公司承担的首届“中国国际画廊博览会”（后改名为“中艺博国际画廊博览会”，简称 CIGE）在北京隆重举行，共有 68 家画廊参展，涵盖欧、亚、非各洲，参观人数逾万人，现场成交额达数千万元。此后我国的艺术博览会国际化进程不断加快，先后创办的面对高端艺术品市场的“艺术北京”国际艺术博览会和面向中产阶级的“上海艺术博览会国际当代艺术展”等，均以规范的操作和专业的定位，满足着不同消费群体的需求，培育着中国自己的具有国际影响力的艺术博览会品牌，推动着我国的艺术博览会积极融入全球市场①。

2009 年由于受金融危机的影响，与艺术品拍卖市场快速回暖、热火朝天的景象形成对比的是，全国各地艺术博览会则进行得略显低调。然而，许多大型艺术博览会的如期成功举办，例如，2009 年 8 月第十二届北京国际艺术博览会以“艺术创意，美好生活”为主题在中国国际贸易中心开幕；2009 年 9 月一年一度的上海艺术博览会与国际当代艺术展在上海联袂举行等，成为了在金融风暴寒潮席卷下我国艺术品市场中的一抹亮色。

2009 年中国艺术博览会通过一系列的展览与活动，不仅对促进中国文物艺术品市场走出低谷起到了积极的作用，同时，也加快了与国际艺术品市场的接轨。这些艺术博览会的规模、展品的质量和宣传策划，相比之前的展会，有了进一步提高，带动着我国的艺术博览会朝着更加国际化、专业化、品牌化的方向前进。

三、我国艺术品市场发展的对策建议

在中国艺术品市场“大跃进”的背景下，面对繁荣兴旺的景象，无论是创作者、经营者还是管理者，都必须始终保持清醒冷静的头脑，善于发现繁荣表面的泡沫和兴旺背后的隐患。为了实现中国艺术品市场的健康、平稳、可持续发展，对艺术品市场存在的主要问题，如“三假”泛滥（造假、售假和拍假），私下交易盛行，专家、权威学者和鉴定体系缺失等，必须保持高度警醒。鉴于此，本文从艺术品市场的行业建设角度，提出以下三点建议：

1. 培育健康、平稳、协调发展的艺术品市场

保持艺术品三个层次市场的协调均衡发展，建设可持续发展的艺术品市场。第一，应该引导画廊向规模化、规范化的方向迈进，以现代画廊为主体，加强一级画廊的建设，逐步完善一级市场。第二，在以拍卖行为主体的二级市场，要坚持“真、优、美、稀”的标准，侧重艺术品懂行的专业人才的引进与加盟，拍

① 武洪滨．从赛会到当代艺术博览会——中国艺术博览会的成因与演进［J］．美术观察，2010，4.

卖行从业人员真正达到既懂专业、又懂市场；既懂鉴赏、又善经营；要做好文化艺术品经纪商，又要达到对艺术家、艺术品竭尽推介宣传、负责到底的作用。第三，加快艺术博览会的国际化步伐，构筑国际性的艺术博览会主导品牌。

2. 建立健全艺术品市场体系

要加快建立艺术品市场登记认证的数据库，对艺术品的创作者、价格和经营者进行登记备案，以监控艺术市场，抑制假货，遏制恶意炒作行为；要建立艺术品进入市场的身份制度，以保证拍卖行拍出的作品都有艺术家证明，画廊开具的真品证明真实有效；要建立具有公信力、科学性和权威性的艺术品鉴定评估机构，以提高艺术品鉴定的可信度。

3. 加强政府部门的法规建设

由于特定的历史原因，我国艺术品市场的管理体制存在着一些弊端，其中部门分割造成缺乏统一有效的行政监管的问题比较突出。具体来说，博物馆和文物商店由文物部门管理，而美术馆和美术院校则归文化部门管理，拍卖公司和画廊则归工商部门管理，这给数据统计、政策制定与实施带来了不小的难度，导致我国在艺术品经营领域缺乏系统而完善的行业统计数据，也成了制约我国艺术品经营业市场化进程的一个重要原因。目前我国在艺术品经营领域的法律法规分为四类，分别是法律、行政法规、部门规章和规范性的文件。表1－16列举了几部艺术品经营领域有代表性的法律法规。

表1－16　艺术品经营领域的主要法律法规

1	《中华人民共和国拍卖法》	1996年7月5日第八届全国人民代表大会常务委员会第二十次会议通过，1997年1月1日起实施
2	《传统工艺美术保护条例》	1997年5月20日中华人民共和国国务院令第217号发布，自发布之日起施行
3	《中华人民共和国文物保护法》	2002年10月28日第九届全国人民代表大会常务委员会第三十次会议通过 2003年7月1日《中华人民共和国文物保护法实施条例》开始实行
4	《艺术品经营管理办法（草案）》（征求意见稿）	1994年文化部颁布了《艺术品经营管理办法》 2003年6月文化部市场司出台新草案，同时废止了1994年11月25日文化部第8号令《美术品经营管理办法》
5	《文物艺术品拍卖规程》	商务部自2007年起开始组织有关单位起草制订该行业标准，2009年底，标准正式发布，并于2010年7月1日起实施

资料来源：根据文化部和商务部网站发布信息整理。

以上法规旨在整顿我国的艺术品市场，维护良好的市场秩序，规范行业行为，为健全和完善我国的艺术品市场提供法律上的支持和保障，以便从根本上推动我国艺术品经营业的健康发展，提升中国文物艺术品的经济价值和国际地位。

政府应该加快职能转变，变化管理思路，把政府的审批管理和服务结合起来，变被动管理为主动服务。同时，要加强行政执法力度，将行政管理、行政监督、行政执法与刑事打击结合起来，对于重大的案件要移送公安机关处理，严厉打击造假者和商业欺诈的不诚信行为。

本文完成于2011年。

旅游业带动文化创意产品贸易发展研究

[内容摘要] 由于旅游业与文化创意产业之间的高度融合关系，本文认为旅游业对于文化创意产品的消费具有显著的带动效应，因此希望通过计算入境游客在文化创意产品消费的情况来证实两个产业之间的联动关系，特别是旅游业对文化创意产品消费的带动效果。为此目的，本文首先分析了旅游带动文化消费的三种模式，其次在数据分析的基础上论证了入境旅游带动创意产品消费对整个创意产品出口的影响。通过比较美国、法国等六个旅游和文化产业大国的数据，认为中国的入境旅客消费对中国的文化创意产品出口的带动作用高于其他六国。还通过分析对比国家入境客源结构以及旅游景点收入构成，提出政府应该将旅游业与文化创意产业结合起来制定政策，并针对不同国别游客开发具有符合文化背景的创意产品和旅游模式。

[关 键 词] 旅游业；文化创意产业；产品贸易；关联度

旅游业与文化创意产业之间有着天然的内在联系，能够互相影响、互相渗透乃至互相转化融合。创意产品的符号附加值伴随旅游的流动效果以及两者的体验型共性成为了当下一个时髦的消费性产品，花样百出的创意与奇思妙想不断丰富着广大消费者的精神生活，使人们在满足基本物质消费需求的同时，能够给予人们精神层面的享受和欢乐，这是文化创意产品依托旅游产生的独特效果。旅游业与文化创意产业之间的这种内在联系使得旅游业成为促进文化创意产品贸易的最好方式。

一、旅游业与文化创意产业之间的内在联系

旅游业按照客源地可以分为国内旅游和入境旅游两个范围。改革开放以来，经过 35 年的发展，我国旅游业一直保持强劲的增长势头，其行业总收入的增长

速度均高于同期国内生产总值的增长速度。由于旅游由"吃、住、行、游、购、娱"六大要素构成，因而旅游业具有产业关联性强、带动系数大的特点。在与旅游业有众多关联的产业中，文化创意产业最具代表性。例如，在入境旅游的游客中消费具有文化特色的产品是国外游客的首选之一，这使旅游业通过文化创意产品的消费促进文化创意产品出口贸易成为可能。

根据联合国贸发会议的创意报告，创意产业分为四组，如表 1－17 所示。可以看到，表 1－17 中的文化产品都可以成为旅游消费产品开发的范畴，例如，文化遗址、表演艺术、创意服务、艺术品等。

表 1－17　文化创意产品分类

文化遗产	传统文化遗产	手工艺品、节日和庆典活动
	文化遗址	考古遗址、博物馆、展览等
艺术品	视觉艺术	绘画、雕塑、摄影和古董
	表演艺术	现场音乐、戏剧、舞蹈、戏曲、马戏
媒体	出版物、印刷、媒体	图书及其他出版物
	试听媒体	电影、电视、广播等
功能性产品	设计	室内设计、图形设计、时装、珠宝首饰及玩具等
	新媒体	软件、视频游戏、数字化的创意
	创意服务	建筑、广告、创意研发、文化和娱乐活动等

资料来源：UNCTAD，《创意经济报告 2013》。

表 1－18 是从文化创意产业和产品衍生出来的旅游文化创意产品，从这些产品简单的分类表中可以清晰地看到旅游业与文化创意产业结合开发出的产品类型，阐明了两个产业之间的关联。

表 1－18　旅游业与文化创意产业相结合的旅游文化创意案例

序号	文化创意产业	衍生创意旅游产品	案例
1	广告、电视、电影、录像	影视传媒基地；电影城	横店影视城
2	表演艺术、音乐	主题秀、文艺表演、话剧、庆典	印象·刘三姐
3	博物馆	特色博物馆	法国赝品博物馆
4	传媒业、图书出版	文化产业园	国家新媒体产业基地
5	软件开发、科学技术	IT 技术园、科技园	中关村科技园
6	视觉艺术、时尚娱乐、设计	作品展、美术馆、主题公园	北京 798 艺术区、广州长隆游乐园
7	古玩艺术品、文化遗产	交易园区、遗址园区	北京潘家园、丽江古城
8	建筑学	古建筑、亭台楼阁	故宫、莫高窟

资料来源：黄炜．旅游演艺业态创新驱动因素的扎根研究［M］．成都：西南交通大学出版社，2015.

本文接下来将继续论证旅游业对文化创意产品消费的带动作用，并通过与其他国家的比较阐述旅游业对文化创意产品出口的贡献。

二、旅游带动文化消费的三种新模式

旅游业与文化创意产业相结合不仅可以带动文化创意产品的消费，使文化创意产品在消费方式上多样化，同时也给旅游业的发展注入新的元素，赋予了旅游新的概念和内容。这种将旅游与文化相结合形成的新型文化消费包括符号附加型消费、体验感受型消费、融合多样型消费等，构成了当代创意旅游的主要模式。

1. 符号附加型文化消费

符号附加型文化消费是指旅游标志物从单一地标或地域，缩小成为一个象征的符号或者一套具有文化内容的商品，这就使得旅游消费对象变成了能够传达内在含义的一串符号和象征体系。如法国当代著名的哲学家和社会学家让·鲍德里亚所指出的，符号附加型文化消费将人际关系转化成了系统中的符号，被消费的对象就由物品变为了关系本身，这样的消费就变成了一种交流方式或者交互系统。例如，手工艺品、艺术品、玩具、纪念品等相关周边产品，经过艺术制造者的加工后，将物品原有的基本使用功能与当地某些文化内容相结合，赋予了其新的象征意义，在使用价值的基础上又增加了某种类型的符号价值。典型的有旅游纪念品，它是游客在游览过程中购买的、具有地域风情，让人能够寄予一些感情和故事在里面的商品。通过这种类型的消费，游客得以与具有符号象征的物品发生联系，与当地人或者某些指定的人物发生关系，进而从心理上与旅游目的地形成互动互联。在游览者的眼中，旅游纪念品归属于旅游地区，是具有旅游场所的特征或某些寓意的物质商品，能够将当地的地域文化内涵通过这个载体传递出来，同时通过游客传递给他生活圈里的其他潜在游客，或者能够有社会表现力。对这些物品的消费行为可以反映出其消费者的个性、品位、社会地位等，使得该纪念品成为见证游客“到此一游”的实物证据，具有了珍藏意义。一些旅游工艺品、印刷品利用当地丰富的旅游资源，被加工或者设计成为影响此段旅游感受的物品，而一些日常家居类物品将被转化为有意义的回忆载体，例如冰箱贴。另外，具有当地人文风情，反映异国生活方式和习俗的物品，经过创意性的设计和加工，能够满足入境游客的认知需求。由此可见旅游纪念品是以当地文化资源为基础，从表现形式上进行创新，是其他地区旅游商品无法替代的特殊产品，其是集地域性、装饰性、文化性、娱乐性为一体的特色商品。伴随文化与创意经济概念的普及，产业升级、产品更新逐渐改变了旅游方式，丰富了旅游的内容，地域民俗文化在新技术的利用下也逐渐高端化、品质化，创意产品设计让旅游过程的消费对象多样化。不同产品依据其地理特色、文化背景可以实现系列化的设计，将分散的各种元素统一到一个系统当中。

符号消费意味着人们对物品的消费不再停留于使用层面，更多的是寻求精神层面的价值或者是关系认同。从产品层面上来说，一些创意与文化信息被“物化”成现实物体，能够让消费者触摸到，成为可以收藏的东西。比如欢乐谷、长隆、方特这类主题公园的玩具产品，还有动漫人物的实体再现，国外有迪斯尼、哈利·波特，这些都将曾经处于精神层面的对象“物化”为可以触摸到的实体，创意的设计与更新，让原本单一的消费对象变得丰富多彩并且立体化。创意的产品与设计让游客有新的感受与消费对象，由游客带动的相关产品的消费与流通，逐渐地扩散至某一个主题、文化所对应的消费社群。

2. 体验感受型文化消费

文化创意产业涉及许多的产业门类，如广告、建筑学、设计、电影、表演艺术、音乐、文化遗产等，这就意味着它能够从各个方面渗透到旅游业，从而达到升级旅游业的效果，改变过去以自然资源、粗糙的人文景观为主要内容的单一境况。旅游产品从欣赏自然景色、游览名胜古迹的观光型旅游为主，向体验式休闲娱乐型旅游为主转变，并且随着创意思维的加深，人民生活水平的提高，娱乐化、主题化、特色化的旅游体验感受变成了市场主流。

创意化的旅游是一个经过改造、加工并且精心设计而有针对性的旅游产品，注重的是人与消费对象的互动体验，加深游客那一刻的感受或者成为难以忘怀的一种回忆。参与度强、互动环节多的主题游乐园抓住当下年轻人追求时尚娱乐与放松刺激的需求点，整合一些游乐园区当地独有的自然资源优势和民俗文化资源，创造了一个只属于那个园区的垄断性的体验感受，给予游客独一无二的感官触觉。广州长隆集团开发的主题公园，以社会效益为首要目标，主打生态旅游概念，在投资规模、地理位置、文化资源开发上具有独特的优势，10 多年来打造成为中国首批、广州第一个国家 5A 级景区和“世界级旅游王国”，年接待量超过 1300 万人次，入园游客的增长速度成为了世界旅游界的奇迹。有学者认为，旅游业与表演艺术的结合，有助于完善旅游区产品结构，能够让游客驻足游玩，提升旅游地的知名度。

3. 融合多样型文化消费

旅游和文化创意产业的发展必然牵动多个相关产业，涉及面广，对地方经济、社会、文化的发展有不可小觑的作用，创造的经济效益十分可观，因此在设计创意旅游项目时为取得综合联动效应，往往是整合两种或两种以上模式，做成类似聚集园区或者特定区域的方式，借助旅游业的整合规划，将这些有特色的文化创意产业纳入游客的旅游行程当中。将两种模式进行融合：一方面通过旅游纪念品和主题路线对周边产品的消费，使旅游业直接带动了文化创意产品的消费量；另一方面通过体验型、观赏型、互动型的旅游产品，直接带动了相关文化娱乐产品的消费，促进了文化交流，扩大了人们对于某地区民俗文化的认知。

三、旅游带动文化创意产品消费的分析

1. 旅游总收入变化分析

构成旅游的六要素中游览、购物、娱乐是直接与相关文化创意产品挂钩的，也就是说，游客在旅游景点发生的购物消费有一部分属于创意产品范畴，同时进行的娱乐和游玩活动也算作服务形式的文化产品，那么旅游业的收入就有一部分在带动文化创意产品消费上起正效应的作用，下面本文将依据《中国统计年鉴》以及联合国贸发会议数据库中 2003 ~2012 年 10 年间的相关数据，分别研究和对比国内旅游和入境旅游带动创意产品国内消费和出口现状与变化趋势。

国内旅游与入境旅游具有环境敏感性，受国家政策、地区事件等因素的影响较大，应该分开观察它们的收入发展和变化趋势。如图 1 –14 所示，观察国内旅游收入与入境旅游收入增长量相对于旅游行业总的增长量之间的关系可以看到，国内旅游增长速度基本在行业总增长速度之上，平均每年增长 18.55%，对于行业增长贡献较高；而入境旅游的增长速度低于行业总增长率，平均每年增长 7.66%，增长速度明显低于国内旅游。出现这种现象的原因在于某些政策导向和国际环境的影响，例如，2008 年一场金融海啸席卷全球，世界经济萎靡，人们收入水平下降，各国政策趋向于保守，入境游客人数比前几年明显下滑。在国内游方面，中国在 2009 年出台了《国务院关于加快发展旅游业的意见》，将国内旅游列为重点发展产业，极大地促进了国内旅游业的发展，速度超过了入境游。2012 年，中国国内旅游收入达到 22706.22 亿元，是入境旅游收入 3193.78 亿元的七倍多，显示出中国居民由于生活水平的提高，旅游支出增加，促进了国内旅游业的发展。相比而言，入境游却有小幅下滑。

2. 旅游产品消费结构分析

旅游的收入构成共有九个部分，分别是长途交通、游览、住宿、餐饮、商品销售、文化娱乐、邮电通信、市内交通、其他服务。由图 1 –15 可以观察到，旅游外汇收入中所占比例较高的是交通和商品销售。商品销售在 2006 年快速提升

后在 2008 年回落，之后有所恢复，说明金融危机后来华游客数量小幅恢复，商品销售也有所增加，文化娱乐和游览在 2006 年震荡下跌后回升并保持平稳。

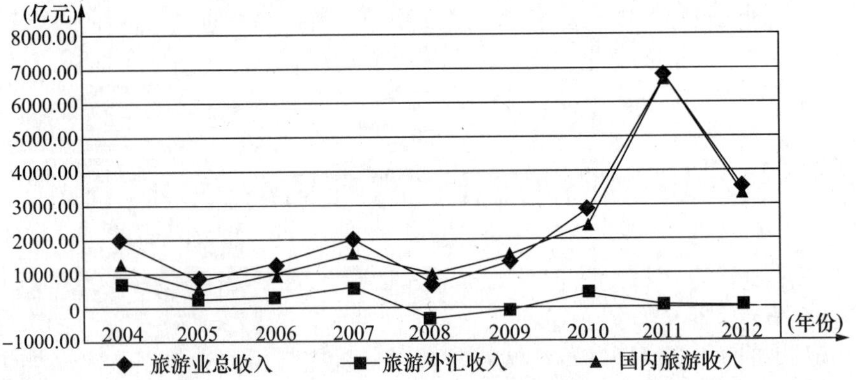

图 1－14　国内旅游与入境旅游收入增量变化情况

资料来源：《中国统计年鉴》数据库。

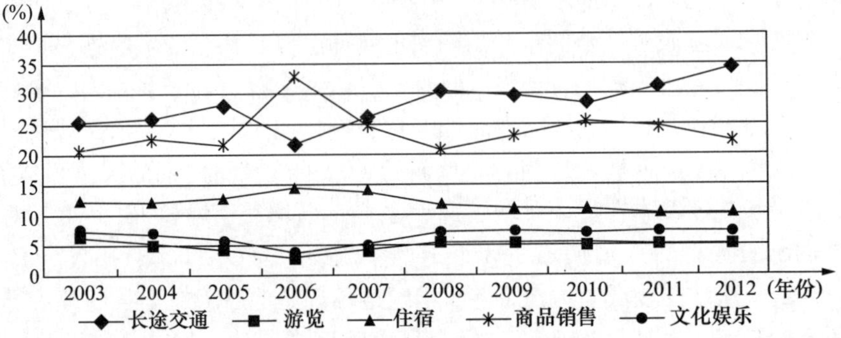

图 1－15　旅游外汇收入构成变化

资料来源：《中国统计年鉴》数据库。

在上述与文化产品有直接联系的消费首先是有型的商品销售。从旅游带动文化创意产品消费的角度看，以 2012 年为例，当年的商品销售占旅游外汇收入构成的 22%，在旅游总消费中所占比重超过 1/5。由于统计问题，文化创意产品的销售并未独立核算，相关文化创意产品消费占总消费的实际比重没有直接的统计数据。为了计算文化创意产品所占的比重，本文通过问卷调查方式在外国游客中进行了走访，结果显示 18～25 岁年龄段的入境游客的文化产品消费比例大概为 40%，而 26～50 岁年龄段的入境游客的文化产品消费比例大概为 70%，可以推断出总体的消费比重为55%左右。也就是说他们在中国消费购买具有中国民俗文化特色的纪念品、工艺品、字画、珠宝、服饰等文化创意产品的支出占旅游外汇收入中商品销售部分的55%，以此可以推算出国外游客用于文化创意商品销售占总支出的比例为12.1%，也就是说入境旅游的收入每增加1%，可以带动文化创意产品消费增长12.1%，所以其带动作用直接促进了文化创意产业制造业的发展和繁荣。

除了有形产品外，旅游业还带动了文化创意服务产品的消费。在旅游行业中，与文化创意产业结合衍生而出的许多产品都属于相关的文化娱乐产品，例如，庆典、文化娱乐活动、视听服务、视觉艺术、表演艺术，等等。在旅游消费总构成中，旅游带动的文化创意消费分别可以通过入境旅游收入构成中的娱乐和游览所占的比例来计算。

图1－16中显示了入境游客在创意服务上的消费占旅游外汇收入的比重变化趋势，平均的占比达到16.5%，经历2006年的小幅下挫后回到17%左右，也就是说入境旅游的外汇收入每增加1%，就会相应的增加创意服务16.5%的消费，入境旅游带动创意服务消费效果十分明显。

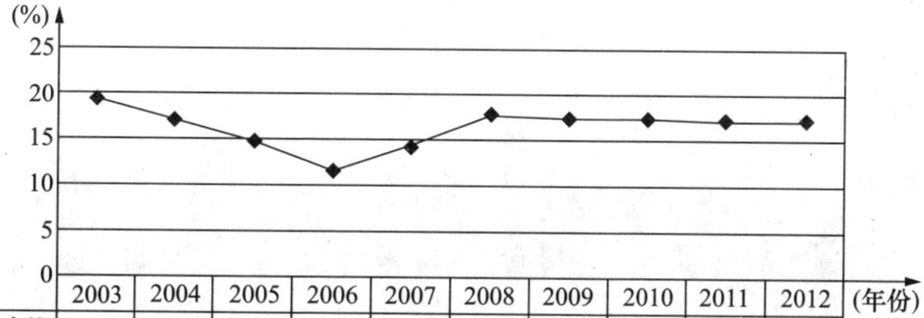

	2003	2004	2005	2006	2007	2008	2009	2010	2011	2012
—◆—占比	0.195	0.172	0.150	0.116	0.143	0.177	0.175	0.174	0.174	0.173

图1－16　入境旅游带动文化创意服务消费比例变化

资料来源：欧睿—旅游信息数据库。

通过对旅游带动文化创意产品消费的分析，可以得出2012年旅游带动的文化创意产品消费比例占旅游外汇收入总量的28.6%，可见两个产业之间的确存在天然的内在联系，通过旅游业的发展可以带动文化创意产业的发展。旅游将慕名而来的游客们带到区域内，运用创意园区和地方民俗文化吸引人们驻足，延长逗留时间，由此创造了经济效益、增加了就业岗位、提高了社会福利，因而成为了一个地区或者一个国家可持续发展的动力源泉。

四、旅游带动创意产品消费的国际对比分析

中国旅游业对文化创意产品消费的带动作用与其他国家相比是否具有同样重要的效应？本部分将加拿大、法国、德国、荷兰、英国和美国等旅游和文化创意产业大国作为对比研究对象，运用相同的计算方法和理论依据，对文化创意货物产品和文化创意服务产品占旅游收入的比例分别进行计算。图 1－17 显示2003～2012 年七个国家中中国的入境游带动创意产品消费的贡献率平均每年达到 23.97%，按此比例入境游客在华的文化创意货物产品消费年均达到 21.6 亿美元；荷兰只有 11.84%，法国和美国分别是 16.89% 和 12.4%。中国入境旅游在促进创意产品消费的程度上领先各国，说明中国独特的文化和悠久的历史对入境游客具有较高的吸引力，此外，具有中国文化元素符号又物美价廉的旅游纪念品成为入境旅游的消费主流。

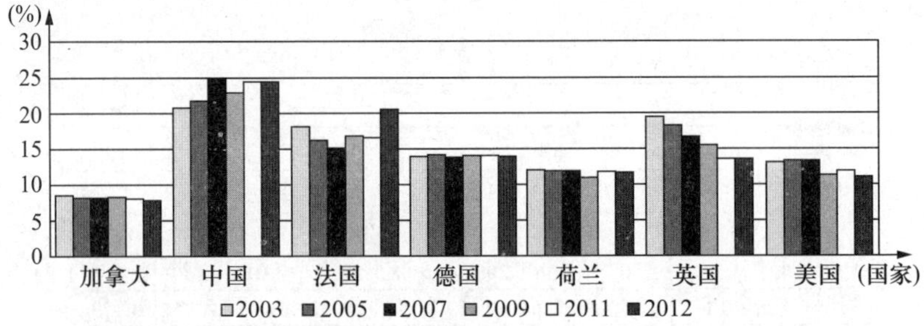

图 1－17　入境旅游带动创意产品消费国际比较

资料来源：依据 UNCTAD 数据库与欧睿—旅游信息数据库数据整理。

如果进一步比较上述七国的旅游业带动文化创意服务的消费情况，从图 1－18可以看到各个旅游大国在入境旅游带动创意服务消费方面都超过 10%，荷兰、德国则超过 15%，其中荷兰带动的创意服务消费居于首位。中国年平均超过 15%，紧随荷兰和德国之后。在创意服务消费占比较大的国家，说明其国家文化能够获得世界认可，让国际游客接受，体现了一个国家的软实力和包容性。在文化创意服务的消费市场上，中国能成功赶超老牌旅游大国法国和美国，说明中国的文化通过旅游的方式得到游客的认可，同时也说明中国在服务产品提供方面无论从质量到数量都有了较大的提高。

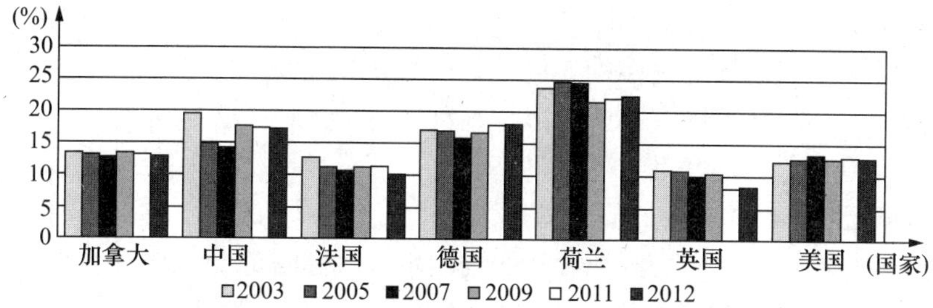

图 1－18　入境游带动文化创意服务消费国际比较

资料来源：依据 UNCTAD 数据库与欧睿—旅游信息数据库数据整理。

五、以旅游促进创意产品消费的思考

根据前面的数据分析，入境旅游在带动创意货物产品和创意服务消费上效应明显，说明两个行业之间关联度很高。通过旅游的带动作用，有利于促进文化创意产品的消费，对于文化创意产业的发展有助推作用，有利于转变一个地区的经济增长方式，增加社会福利，扩大就业。为更好地促进旅游带动文化创意产品消费，本文将对中、美、法三国的入境游客来源地构成与不同旅游景点收入构成做进一步分析，目的是了解该国主要吸引了哪些地区的游客，这些游客具有怎样的共性和背景，他们的消费习惯与文化认知有什么不一样。分析了解不同旅游景点的收入，可以了解到该国旅游业与文化创意产业具体的结合点在哪里，有哪些地方是经济效益高、文化价值高的结合点，从而提出有针对性的意见与建议。

1. 客源贡献分析

不同的国家在根据自身的文化、旅游资源开发旅游产品的时候，会吸引不同地区的游客，但从实际情况可以了解到，具有相同文化历史渊源的国家居民更加容易接受对方的文化产品。例如，亚洲国家具有相类似的宗教信仰、伦理学文化、历史背景，居民之间的交流很早以前就十分频繁，不论是战争还是贸易，都使得这些国家之间有文化认知上的共同区域。入境旅游的客源构成可以很好地反映该旅游目的国吸引哪些地区游客的到访。图 1－19 将 2012 年中国、美国、法国的入境游客来源地进行了统计，结果显示，三国所在的区域都成为入境游客最多的地区，分别为 84%、61% 和 77%，说明文化的同源性和地区相邻两个因素成为游客选择旅游目的地的主要因素。从客源的多样性角度看，美国旅客的国际化程度最高，而中国游客的国际化程度最低。这个结果说明美国提供的旅游产品和文化价值能够被世界上更多的人接受，这与其作为移民国家具有的包容性的社会氛围密切相关。在美国大陆上可以找到世界各个地区的民族印记，每个大洲的人们都与美国有历史的联系，不论是宗教、习俗、生活方式，在美国都能够找到属于游客自己国家的文化符号，所以美国的创意服务消费额一直居于世界首位。法国作为旅游大国之一，客源国际化程度也较高，这首先与欧盟以及欧洲大陆上文化同根同源有关，同时又因为17世纪作为继英国之后的又一海外殖民大国，非洲、拉丁美洲地区国家与法国交往较多，文化交流在战争的推动下发生，给现代法国的文化消费市场培育了客观的消费群体。中国的客源结构的国际化程度仍然有很大提升空间，在84%的亚洲入境游客中有62%来自同属中华民族的港澳台地区，他们的文化背景、社会习俗完全同根同源于中国。可见在地理因素之外，游客对入境国家的文化和历史认知起到关键性作用。

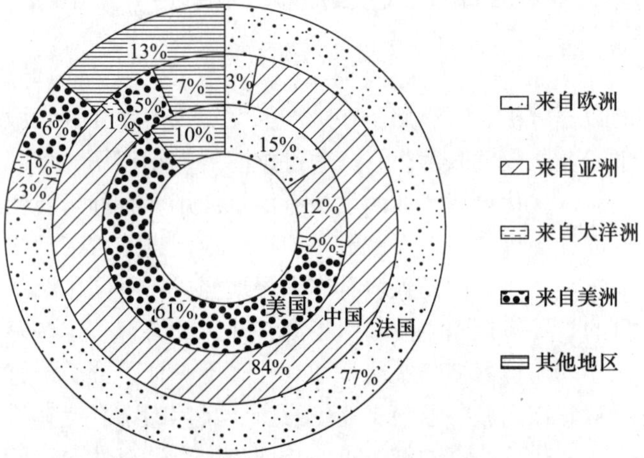

图1-19　入境游客来源构成情况

资料来源：欧睿—旅游信息数据库。

2. 入境旅游景点收入构成分析

前文通过对入境游客结构的比较分析，确定了游客来源国的地理和文化所属。下面对入境旅游景点收入构成的分析能够看出旅游目的国在哪些创意服务上具有吸引力。

图1-20的数据显示，中、美、法在景点收入占比上有很大的不同。中国旅游景点收入构成中排名前三位的首先是国家公园，达到46%，其次是历史建筑和主题公园，占比都达到21%。美国排名前三的是戏院、主题公园和博物馆，

分别占37%、26%和15%。法国是主题公园、戏院和其他旅游景点，分别占53%、11%和10%。这个收入构成中有些属于资源类型的景点，有些属于资源类型和历史文化类型，有些属于技术和文化创意密集型。显然中国的旅游产品仍然依赖传统的自然资源和历史人文景观，而蕴含更多人类智慧和创意的戏剧、美术或者包含更多科技含量的主题公园的占比与发达国家还有距离。相比之下，美国的旅游收入更多地集中在博物馆、戏剧院、主题公园这些艺术、文化、科技含量较高的领域，凝聚的创意和设计更加丰富，由此体现出来的文化竞争力也更有影响，经济附加值更高，创造的收益也就更有可持续性。法国的收入构成中超过70%的收入都不是靠资源和历史遗产，说明法国在创意服务的生产和创作上具有很强的国际竞争力。虽然各个国家的旅游资源禀赋不尽相同，但是单纯依靠祖宗留下的遗产来发展旅游业显然无法获得持续的发展，只有将旅游与文化创意产业相结合才能保持发展的可持续性。

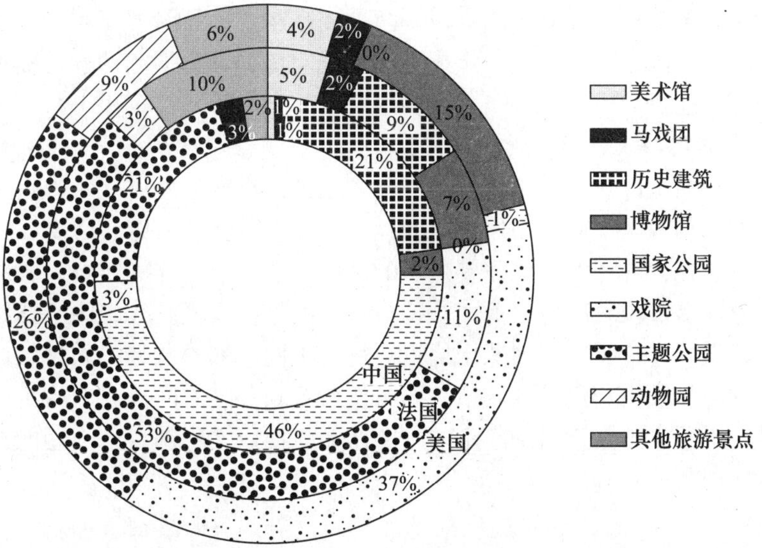

图1-20　中、美、法三国旅游景点收入构成

资料来源：欧睿—旅游信息数据库。

3. 有针对性地开发创意产品

由于入境游客来自不同的国家和地区，文化背景差异较大，如果一个产品或者某具有符号价值的创意，不能与其本身的文化认知形成共鸣，那么关于这个产品的消费就变成了“奢望”。根据前面的分析结果，中国的入境游客大部分来自港澳台地区及其他亚洲国家，他们都受到了中华文化的影响，在理解和接受中华文化产品上基本不存在障碍，对于这部分旅客应当开发更具文化内涵和深度的产品，如戏剧、舞台剧、博物馆等。但针对客源结构中较少的欧洲和美洲游客，中国仍然需要投入更多资本去创造出能够让这部分消费群体接受的文化产品，以吸引他们入境消费，也可以通过寻找中国与欧洲、美洲文化的重合部分，加以一些艺术设计和创意，做出让他们能够接受的产品或者旅游体验。例如，一部马可波罗东游记就是中国与欧洲的联系纽带，可以利用这个文化背景开发出相应的创意旅游产品。此外，现在由中国政府推出的“一带一路”政策，正好与古代中国同外国交往历史相呼应，可以着重开发沿途国家地区的文化产品，提高他们来华的热情和欲望。

4. 文化创意与旅游进一步融合

旅游产业如果只依赖自然资源和文化遗产，其发展将不可持续，因为随着旅游资源的不断消耗，它的附加值将不断降低，人们到此一游后不会再有回头客。如果将文化创意元素与旅游资源相结合，产生更具吸引力的产品，让游客流连忘返，或者游客希望再来并有新的发现，才是提高旅游产品附加值和可持续性的方法。上文中对三国旅游景点收入构成的分析说明增加文化创意元素是提高旅游收入的一个有效途径。

5. 整合旅游与文化产业资源

从政策层面，应该将旅游业的发展和文化创意产业的发展同时进行，充分发挥旅游业的带动效果，同时利用创意产业带来经济效益，政府层面要支持两个产业的结合。文化创意产业往往需要一定的规模才能形成足够的影响力，因此在税收方面，应该提供税收减免，前期扶持成长。另外将入境游客的旅游路线和创意园区结合起来，并给予一定的费用优惠。针对不同国家的游客，如过境旅客可以依据相应的时间段给予免签证政策，同时设计规划免签时间段内的旅游、文化鉴赏等产品，不断推出文化内涵丰富的旅游产品，使以文化创意为内涵的旅游产品能够持续发展。

本文完成于2015年，合作作者王维俊。

中　篇

中国文化创意产品内外需研究

促进文化创意产业发展的一个重要作用就是促进消费需求，而文化创意产品消费属于典型的高收入弹性消费品。随着笔者对文化创意产业研究的深入，其产品的内需与外需成为笔者重点研究的课题。在内需方面，国内居民对文化创意产品消费的意愿与偏好以及消费量与变化趋势是研究的重点。笔者的主要研究成果包括国内以及北京市居民的消费需求变化，特别还以大学生为案例研究了其消费偏好。成果有《从国内消费需求现状与变化论我国文化创意产业发展路径》、《对北京市居民文化创意产品消费结构现状与变化的研究》、《从文化创意产品的国际贸易看我国文化创意产品消费市场》等。

国内学术界对文化创意产品外需的研究在2005年前后有一批研究成果，但由于缺少权威和全面的文化创意产品国际贸易数据，导致无法与其他国家进行对比因而国内对文化创意产品贸易的研究与结论中占据主流地位的观点是中国文化创意产品贸易竞争力低下，这是因为我国文化创意产品出口存在巨大的逆差。直到2008年联合国贸发会议发表了《创意经济报告》才有了全面的、权威的官方数据。该报告不仅对文化创意产业做出定义，还第一次发表了1996～2005年大部分国家文化创意产品贸易数据，为文化创意产业与产品贸易的实证研究提供了权威可靠的数据。笔者在2010年发表在《财贸经济》上的研究成果《中国——文化创意产品的出口大国VS消费小国》使用联合国贸发会议的数据在国内权威杂志上第一次提出了中国是一个文化创意产品贸易大国的结论，这篇论文的发表扭转了国内对于中国文化创意产品贸易竞争力的看法，形成了重要的影响。

笔者对文化创意产品内外需研究的另外一个重要成果是通过国际比较论证了中国消费者的文化创意产品消费水平与增长趋势在国际上的地位。在2015年之前国内舆论界普遍认为当人均国内生产总值达到1600美元后，人均文化消费应当占人均消费支出的20%，事实上，笔者的研究结论也受此观点的影响。然而经笔者的比较研究证明这个比例不仅大大高于发展中国家居民的实际消费水平，也大大高于发达国家居民的实际消费水平。这篇研究成果得出的另外两个重要结论是，中国消费者的文化消费意愿随着收入的提高增长较快，而中国文化创意产品进口大大低于出口的一个原因是中国政府对文化创意产品征收较高的关税和具有较低的开放程度，且中国居民对外域文化的低认知度是另外一个潜在因素。

从国内消费需求现状与变化论我国文化创意产业发展路径

[内容摘要] 本文从我国城镇居民和农村居民对文化创意产品消费的现状和发展趋势的研究得出的结论是，我国居民对文化创意产品的总消费在2008年时只占国内生产总值的不到4%，从长期趋势看，居民消费的绝对值虽然不断增长，但是文化创意产品消费占居民消费的比例在过去10年间徘徊不前。从对大学生消费意愿实证研究结果看，大学生消费倾向更趋向于人际消费和自我表现性消费，而对于像图书这样的产品消费意愿则十分低下。基于这样的研究结果，本文提出发展文化创意产业的发展路径：提高国民收入是基础，通过产业链的开发满足不同层次消费者的需求是根本，转变国民消费观是前提，政府的鼓励政策是启动消费的催化剂。

[关 键 词] 文化创意产业发展路径；国内消费需求现状；变化趋势

一、导言

20世纪90年代，在发达国家兴起的文化创意产业积聚了高技术产业、服务业和制造业的众多产业，具有高整合性、低能耗的产业性质，对于提升和优化产业结构与消费结构，发展低碳经济具有决定性的作用，是未来各国经济发展的先导性产业。创意产业并非新出现的产业，而是由于人们需求结构从低层次向高层次发展，即从物质需求向精神需求转移过程中，从制造业与服务业中将服务于人们精神层面的产业分离组合而形成的新型产业群。如何发展这一新兴产业群对于发达国家和发展中国家都是一个具有挑战性的课题。

创意产业发展战略研究的一个重要内容是产业发展的战略重心和实现产业战

略目标的基本路径。创意产业发展的最终目标是“满足人民群众日益增长的精神文化需求”，文化创意产业属于典型的需求拉动的产业，其产品的消费具有典型的高收入弹性性质。消费者（包括国内和国外）对创意产品的需求有自身的发展规律，受到收入约束、文化习俗、消费者偏好等各个方面的影响。本文作者前期研究结果表明我国城镇居民对文化创意产品消费需求严重不足，因而政府大力推动的文化创意产业是否得到需求方的支撑是一个不得不考虑的问题。为此研究创意产业发展路径应当以消费需求为基础和前提。本文希望从创意产品消费层面的研究来确定消费者目前的消费现状和意愿，并据此提出更为科学合理的产业发展路径，减少投资的盲目性，实现产业科学健康的发展。

二、国内外研究现状分析及存在问题

1. 国外研究现状

创意产业由于其在世界经济未来发展中的重要地位，已经成为高收入国家发展战略的重要组成部分，因而国外在这一领域的研究一部分以政府的政策报告与规划为代表，例如，英国工党政府制定的《未来10年创意英国计划》（1997）；加拿大政府发表的“未来10年蓝图计划”（1994）；日本政府制定的“文化立国战略”（1998）；韩国颁布“文化产业振兴法”等。这些战略规划与目标的中心目的就在于以政府之力促进创意产业的发展，使本国在未来的国际竞争中抢占先机，保持竞争优势。

国外学者在创意产业发展理论研究方面起到了奠基和引领的作用。德国经济学家熊彼特早在1912年发表的《经济发展理论》中提出现代经济发展的根本动力不是资本和劳动力而是创新。雅各布斯（Jacobs，1969）在他出版的《城市经济》一书中挑战了企业和资本的集聚会促进城市经济发展这一主流经济学论点，提出城市发展的原动力是地理上相邻的多种多样的产业共存与人力资本的集聚。诺贝尔奖得主罗伯特·卢卡斯（Lucas，2002）随后证明了人力资本的集中能提高地方的生产率，从而推动经济成长的假说，并称此效果为“简·雅各布斯效果”。弗罗瑞达（R. Florida）从人力资本角度提出创意阶层论，而查尔斯·兰德里（Charles Landry）在2002年就预言创意城市的出现。从需求层面对创意产业研究的理论基础来自于需求升级理论，最著名的国外学者当属马斯洛。20世纪七八十年代，日下公人等日本经济学家又主张将第三、第四产业中满足人们心理需要的文化服务和创造活动独立出来，称之为第五产业。

2. 国内研究现状

我国国内在文化领域的研究分为两支，即文化产业和文化创意产业，对两者的产业边界还没有一个定论，但由于创意产业和文化产业都以文化为内涵，因而两者间的研究成果可以互相借鉴。那么对于文化创意产业究竟应当怎样发展，发展战略的内涵应当包括什么？党的十六大报告就已经提出“把积极发展文化产业界定为满足人民群众日益增长的精神文化需求的重要途径”。党的十七大报告又强调大力发展文化产业的重要性和必要性，并提升到国家战略层面加以重视。为实现上述文化创意产业发展的最终目标，在政府层面上，从中央到北京市政府截至2010年共发布了40多项政策意见，涉及产业分类、税收、资金、法律、基础设施建设等，以及针对重要文化创意产业部门的政策意见。

在学术界，一些知名学者从不同的角度提出了自己的真知灼见。成思危（2008）指出“我国正处于转型关键时期，变化中的经济、政治和社会制度决定了文化创意产业的发展将是渐进式的”。胡惠林（2009）在阐述文化产业发展战略时提出应包括战略核心、战略目标、战略重心、实现我国文化产业战略目标的基本路径、实现战略目标需要提供的制度、机制、环境和政策（包括法律法规）保障等目标。这些内容基本上概况了“发展战略”所应包括的要点，而且为制定创意产业发展战略提供了纲领性的思路。张晓明、胡惠林和章建刚（2011）则在“走进‘十一五’发展文化产业的新综合与新视野”一文中提出文化产业的地区布局应在北京、上海、广州为中心的东部发达地区，发展“高技术含量和资本密集”的文化产业类型；而在中西部以及农村地区开展“传统技能含量和劳动力密集”的文化产业类型。此外其他一些学者也分别从其他战略角度对文化产业发展战略提出了具有创新性的建议，如陈少峰（2006）从文化企业的商业模式入手研究了区域文化战略、品牌战略、知识产权战略、产业集群战略、人力资源战略以及文化发展双重战略等在商业模式中的运用；熊澄宇（2009）通过对我国文化产业发展的机遇、挑战与战略对策分析，从战略和对策两个层面，对我国数字技术带来的广电产业的变革、版权制度的重构和文化产业创新体系建设等方面提出战略思考。花建（2010）则提出了创意产业集聚区的发展规律，提出将大学和研究机构作为知识之源，而把企业作为产业开发的主体，以形成产业的集聚效应。王志成、谢佩洪和陈继祥（2007）应用实证研究方法就创意经营环境和创意资本基础对消费型创意产业和生产型创意产业的影响进行了分析。

以上研究的角度多从供给和政府如何支持产业发展的政策层面提出。然而从消费角度对文化创意产业发展的研究成果却极其有限，在这些有限的成果中有从理论上指出文化产品需求对于该产业发展的重要性的，如杜俊芳等（2006）的《需求引领文化创意产业的发展》。对文化产品需求做出计量研究的有胡书东

(2006)。近两年国内的重大课题也开始关注文化消费问题，如范周（2009）主持的《我国文化产业政策研究》，从需求角度研究政府的政策措施。然而从消费角度研究创意产业发展战略的还亟待丰富。

三、基于文化创意产品需求现状与变化的分析

产业的发展取决于供给和消费的相互作用。经济社会的不断发展使人们的福利水平不断提高，这表现在技术进步带来的生产效率的提高使人们享受的闲暇时间增加；人们收入水平的提高带来消费结构的变化，即不断地从满足人们的物质消费向满足人们的精神消费转移，以上变化都会使人们对文化创意产品消费的需求增加。消费需求的增加进而又将带动产业的发展，形成由消费驱动的经济发展模式。然而目前我国居民对文化创意产品的需求现状如何？作为中国文化之都的北京市民又对文化创意产品的需求如何？本文首先将分析我国居民对文化创意产品的需求现状。

1. 我国居民对文化创意产品的需求现状

（1）总量上的分析。对我国居民文化创意产品需求现状分析主要从当前(2008 年）国内居民的消费总量和人均消费支出数据入手，分析所用数据来自《中国统计年鉴》(2009 年)。表 2－1 是 2008 年我国城镇居民及农村家庭平均每人消费性支出和用于教育文化娱乐产品与服务方面的支出。由于统计数据口径的原因，对农村居民文化娱乐产品服务的支出放在与教育同一项下，而对城镇居民文化娱乐消费则有分类数据，因此本文参照城镇居民文化娱乐消费占教育文化娱乐消费 54.19% 的比重，估计农村居民文化娱乐消费占该项支出的 50%，由此计算得出 2008 年我国居民文化娱乐消费总量为 5600.07 亿元，占当年全国消费总支出的 5.92%。城镇居民在文化娱乐产品与服务方面的支出是农村居民的近四倍。

表 2－1　我国城镇与农村消费性支出与文化娱乐产品服务家庭人均支出与总量

项目	城镇总平均数（元）	城镇总支出（亿元）	农村总平均（元）	农村总支出（亿元）	总计（亿元）
消费性支出	11242.85	68206.99	3660.68	26406.32	94613.31
教育文化娱乐产品与服务	1358.26	8240.16	314.53	2268.86	10473.02
文化娱乐产品与服务	736.09	4465.64	157.265	1134.43	5600.07

注：总计＝城镇总支出＋农村总支出。

资料来源：根据 2009 年《中国统计年鉴》数据计算。

(2) 个人消费分析。从居民个人在文化娱乐产品与服务消费情况看，城镇居民由于收入水平的不同在消费性支出和教育文化娱乐支出方面显示出不同的结构，显而易见的结果是随着家庭收入水平的提高，人们的消费性支出也在不断提高，而且教育文化娱乐支出占消费性支出的比例也在不断提高，最高收入户比最低收入户高出5.31%（如表2-2和图2-1所示）。

表2-2 城镇居民家庭平均每人全年消费性支出及教育文化娱乐支出（2008年）

单位：元

项 目	总平均	最低收入户（10%）	低收入户（10%）	中等偏下户（20%）	中等收入户（20%）	中等偏上户（20%）	高收入户（10%）	最高收入户（10%）
消费性支出	11242.85	4532.88	6195.32	7993.67	10344.7	13316.63	17888.18	26982.13
教育文化娱乐	1358.2	424.2	594.68	851.83	1171.44	1630.13	2297.17	3959.34

资料来源：根据2009年《中国统计年鉴》数据计算。

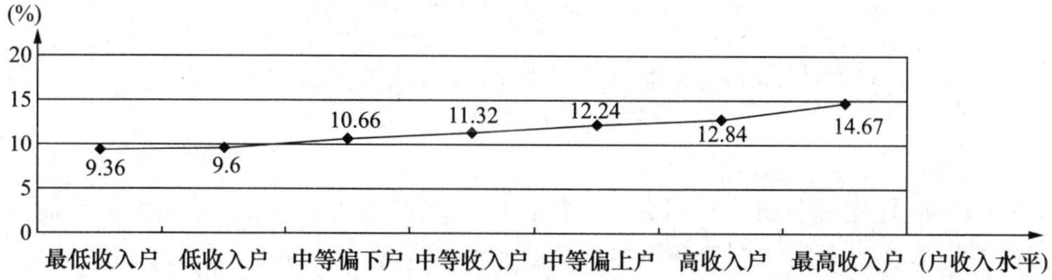

图2-1 城镇居民家庭平均每人全年教育文化娱乐消费占总消费支出比重（2008年）

农村家庭的消费性支出以及在教育文化娱乐方面的支出与城镇居民相同的一点是随着收入水平的提高，两项支出都在不断提高，而且教育文化娱乐占消费性支出的比重也在提高，然而另外一个显而易见的结果是无论从绝对量还是相对量方面农村居民的消费都大大低于城镇居民。农村居民高收入户在文教娱乐方面的支出只略高于低收入城镇居民的支出，是城镇居民中最高收入家庭人均的18.42%（如表2-3和图2-2所示）。

这个结果进一步证实了文教娱乐用品与服务属于高收入弹性消费品，居民在满足了吃穿住需求后才去考虑其他需求，如教育文化娱乐需求。但从另一个角度讲，即使是最贫困的家庭也要有一定的精神文化消费需求，因此文化娱乐产品的价格和档次对于满足不同层次居民的需求具有重要的作用。

表 2－3　农村居民家庭平均每人生活消费支出及教育文化娱乐用品与服务（2008 年）

单位：元

项目	低收入户	中低收入户	中等收入户	中高收入户	高收入户
生活消费总支出	2144.78	2652.77	3286.44	4191.25	6853.69
文教娱乐用品及服务	147.00	194.58	277.07	383.47	662.17

资料来源：根据 2009 年《中国统计年鉴》数据计算。

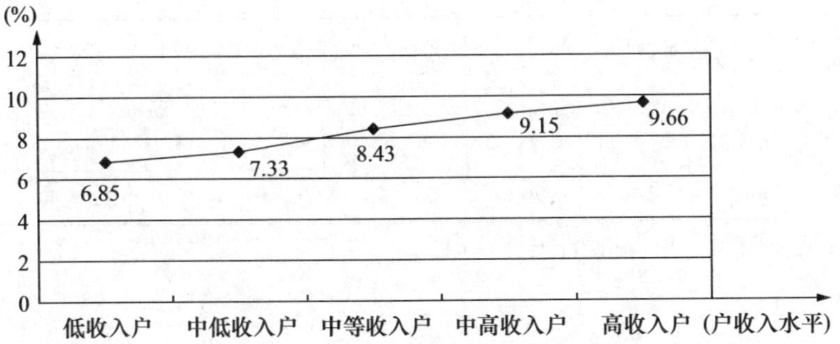

图 2－2　按收入五等份农村居民家庭平均每人文教娱乐用品及服务占生活总消费支出比例（2008 年）

（3）区域比较分析。我国 31 个省市自治区中有 11 个省市自治区的城镇居民家庭平均消费过万元，大部分集中在东部沿海和直辖市。在 11 个省市自治区中，上海在前三项的绝对值上都名列榜首，但是从文化娱乐用品与服务占消费性支出比重和文化娱乐用品与服务占教育文化娱乐比重两个相对量看，则北京名列榜首。大多数省市自治区的文化娱乐用品与服务占消费性支出比重都在 6%～8%，而北京居民有近 10% 用于文化娱乐消费，辽宁最低为 4.23%。在教育和文化娱乐两项支出中，文化娱乐消费超过一半的省市自治区有 9 个，北京更是高达 66.05%，辽宁最低为 41.49%。在表 2－4 的名单中江苏省和内蒙古自治区的消费性支出分别名列第七位和第十一位，但是它们的文化娱乐用品与服务支出占消费性支出比例却分别名列第三位和第五位，特别是内蒙古自治区在文化娱乐用品与服务占教育文化娱乐比重排名中位列第三位，超出许多发达省市。

表 2－5 是各地区农村居民家庭平均每人生活消费支出排列前十一位的省市自治区。表 2－5 上榜的省市与表 2－4 没有大的差别，上榜地区仍然以发达省市为主，但在文教娱乐用品及服务占生活消费支出比重排列上，黑龙江与辽宁分别名列第三位和第五位，这与表 2－4 的情况有所不同。另外比较出乎意料的是广东农村居民的情况，其在这一项的比例排位最低，只有 5.6%。从广东农村居民

的支出结构看，他们用于食品方面的开支较大，占生活消费支出的49%，均高于表2-5中的其他省市。

表2-4　城镇居民家庭平均每人全年消费性支出过万元的省市文化娱乐用品与服务支出与比重（2008年）

单位：元

地区	消费性支出	教育文化娱乐服务	文化娱乐用品与服务	文化娱乐用品与服务占消费性支出比重（%）	文化娱乐用品与服务占教育文化娱乐比重（%）
全国	11242.85	1358.26	736.09	6.55	54.19
上海	19397.89	2874.54	1708.58	8.81	59.44
北京	16460.26	2383.52	1574.28	9.56	66.05
广东	15527.97	1936.38	1215.80	7.83	62.79
浙江	15158.30	2195.58	1017.03	6.71	46.32
天津	13422.47	1608.97	893.73	6.66	55.55
福建	12501.12	1453.18	766.83	6.13	52.77
江苏	11977.55	1799.75	1048.78	8.75	58.27
辽宁	11231.48	1145.46	475.33	4.23	41.49
重庆	11146.80	1267.03	730.60	6.55	57.66
山东	11006.61	1277.43	697.33	6.34	54.59
内蒙古	10828.62	1383.53	815.18	7.53	58.92

资料来源：根据2009年《中国统计年鉴》数据计算。

表2-5　各地区农村居民家庭平均每人生活消费支出前11位省市的文教娱乐用品及服务（2008年）

单位：元

地　区	生活消费支出合计	文教娱乐用品及服务	文教娱乐用品及服务占生活消费支出比重（%）
全国	3660.68	314.53	8.59
上海	9119.67	855.30	9.38
浙江	7534.09	747.00	9.91
北京	7284.65	883.35	12.13
江苏	5328.37	713.23	13.39
广东	4872.46	272.87	5.60
福建	4661.94	390.15	8.37

续表

地　区	生活消费支出合计	文教娱乐用品及服务	文教娱乐用品及服务占生活消费支出比重（%）
山东	4077.05	417.27	10.23
黑龙江	3844.73	437.57	11.38
天津	3825.43	324.47	8.48
辽宁	3814.03	387.97	10.17
湖南	3804.97	278.67	7.32

资料来源：根据2009年《中国统计年鉴》数据计算。

从以上对我国居民文化娱乐消费现状的分析可以得出的结论是，文化娱乐消费在我国居民生活消费支出中所占比重较小，全国城镇居民平均为6.55%，即使在中国最高消费地区城镇居民平均也不过在7.19%。我国人均文化娱乐消费占2008年我国人均国内生产总值的比重则更低，只有3.94%。

2. 对我国居民文化创意产品需求的动态变化趋势分析

对我国居民文化创意产品需求的分析不仅要看静态需求，其动态变化也十分重要，它体现的是一个国家居民在一个较长的时间内对于精神文化产品与服务需求的变化，更能反映出在一个较长的时间段里人们的需求取向。对于动态变化趋势的分析首先见图2－3，我国居民家庭恩格尔系数的变化。

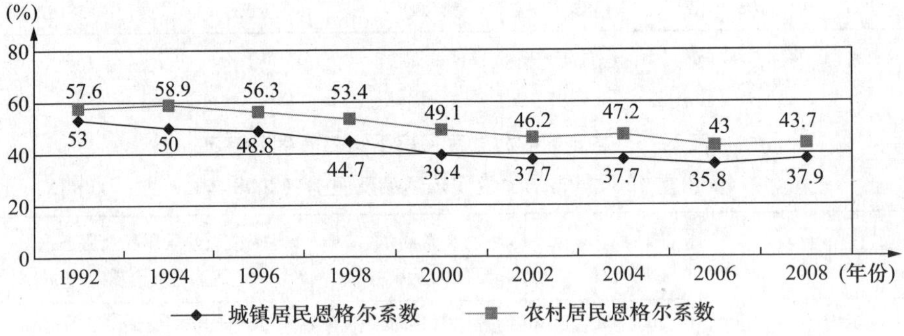

图2－3　我国居民家庭恩格尔系数变化趋势

资料来源：根据2009年《中国统计年鉴》数据计算。

从图2－3我国居民恩格尔系数变化趋势看，从1990年开始我国无论城镇居民还是农村居民的恩格尔系数都在稳步下降，2000年对于城镇居民来说是一个关键年，在这一年城镇居民的恩格尔系数下降至40%以下，这说明我国城镇居民的消费结构达到联合国粮农组织提出的富裕国家的标准（30%~39%），农村居民的恩格尔系数在2000年下降至50%以下，达到小康标准（40%~49%）。随着城乡居民恩格尔系数分别达到富裕和小康水平，我国居民用于食品以外的消费水平在提高。根据国际统计分析，如果人均国内生产总值达到1600美元的发展水平，恩格尔系数达到富裕标准，文化需求在个人消费中应占20%左右。然而我国的情况如何呢？表2-6、表2-7是对我国城乡居民个人消费情况的动态观察。这两个表格中的统计数据是“教育+文化娱乐”消费，显而易见的是在城镇居民个人消费支出中，即使两项相加所占的比重都没有超过20%，而且在过去20年间城镇居民教育文化娱乐消费没有显著变化。如果按照前文所做的统计，城镇居民文化娱乐消费占两项统计的54.2%计算，城镇居民的文化娱乐消费的比重在过去20年间从未超过7.23%，而且近两年还有所下降。

表2-6　城镇居民平均每人消费性支出及教育文化娱乐服务占比变化趋势（1990~2008年）

项　目	1990年	1995年	2000年	2007年	2008年
平均每人消费性支出（元）	1278.89	3537.57	4998.00	9997.47	11242.85
教育文化娱乐服务（元）	112.26	331.01	669.58	1329.16	1358.26
占比（%）	11.12	9.36	13.40	13.29	12.08

资料来源：根据2009年《中国统计年鉴》数据计算。

应当说农村居民的消费情况从1990~2000年有了较大的改善，但是2000年以后则基本停滞不前。如果按照教育支出占个人总支出的比例为50%计算，农村居民的文化娱乐消费在2000年以前不超过4%，2000年后不超过6%。

表2-7　农村居民家庭平均每人生活消费支出构成

项　目	1990年	1995年	2000年	2007年	2008年
生活消费总支出（元）	100.00	100.00	100.00	100.00	100.00
文教娱乐用品及服务占比（%）	5.37	7.81	11.18	11.56	9.48

资料来源：根据2009年《中国统计年鉴》数据计算。

从以上的分析可以得出如下结论，第一，相对于我国不断提高的人均消费水平和不断改善的恩格尔系数看，我国居民对于文化创意产品消费的比例改善有限，消费支出在中国经济增长最快的一段时期内（2000~2008年）却处于长期徘徊状态；第二，这种趋势说明，我国居民对文化创意产品的消费意愿低下，对文化创意产品的消费还远未启动。

以上分析所得出的结论来自对客观数据的分析，而对于文化创意产品消费意愿为何低下的原因有待深入的分析，特别是消费者对文化创意产品消费意愿的研究。

四、对我国居民文化创意产品消费意愿的实证研究——以大学生为样本

文化创意产品涉及不同档次和文化内涵，本文以大学生为对象，原因是大学生受教育程度高，对文化创意产品由较高的认知度和欣赏能力，是未来文化创意产品潜在的消费人群。本次调查选择图书为调查内容，原因是图书是学生最有支付能力同时也是最早接触的文化产品。调查同时还选择服装和餐饮消费作对比研究。研究数据通过问卷调查方式获取，在三省五所高校的在校大学生中展开，分别为浙江省的杭州师范大学、杭州电子科技大学、浙江理工大学，河北省的河北理工大学，山东省的山东大学威海分校。共发放问卷 750 份，收回有效问卷 701 份，有效率为 93.5%。杭州师范大学有效回收问卷 47 份，杭州电子科技大学有效回收 308 份，浙江理工大学有效回收 104 份，河北理工大学有效回收 117 份，山东大学有效回收 125 份。

问卷设计包括选择题、排序题、填空题。内容涉及在校大学生的月消费状况，对服装类、图书类、餐饮类消费的选择偏好，外出用餐的动因与付款方式的选择，影响服装与图书选择的因素。

1. 大学生月生活费需求与现状

在被调查的三省五校中，大学生月生活费基本集中在 500 ~ 1000 元。浙江省的三所高校——杭州师范大学、杭州电子科技大学、浙江理工大学的问卷所反馈的数据基本一致，因此本文在进行分析时将浙江三所大学作为一个整体数据进行分析比较（如表 2 - 8 和表 2 - 9 所示）。

表 2 - 8　大学生目前月生活费用　　单位:%

学校＼生活费	500 元以下	500 ~ 1000 元	1000 ~ 1500 元	1500 ~ 2000 元	2000 元以上	不定，需要时向父母要
浙江省三所高校	7.0	67.8	14.4	2.0	0.2	8.7
河北理工大学	27.4	44.4	16.2	4.3	4.3	3.4
山东大学威海分校	38.4	53.6	4.0	0	0	4.0
平均比例	16.0	61.3	12.8	2.0	0.9	7.0

注：填入数据为人数所占比例。

表 2－9　大学生期望月生活费用　　单位：%

学校 \ 生活费	500 元以下	500～1000 元	1000～1500 元	1500～2000 元	2000 元以上
浙江省三所高校	6.1	58.4	21.1	4.4	10.0
河北理工大学	14.5	42.7	17.1	7.7	17.9
山东大学威海分校	29.6	45.6	9.6	1.6	13.6
平均比例	11.7	53.5	18.4	4.4	12.0

注：填入数据为人数所占比例。

从表 2－8 与表 2－9 中不难发现：首先，大学生目前的月生活费基本集中在 500～1000 元，多数学生满意目前的收入水平，仅有不到 10% 的学生期望更高档次的月生活费用；其次，三省五校间最大的差异在于，浙江地区的高校学生 500 元以下比例最低，不到山东大学的 1/5。在 1000 元以上的消费档次中，浙江三校与河北理工所占的比例均高于山东大学。由此可见，从地域上看浙江地区的在校大学生的生活水平略高于其他两地。

2. 对图书、餐饮、服装三类消费的比较

为了了解当代大学生对于图书、餐饮、服装三类消费的支出状况，在调查问卷中将其归为排序题，让大学生按月支出的金额依次排列该三类消费。为了便于统计将排序为第一位的项目记为 1，排序为第三位的项目记为 －1，加总得到统计结果，如表 2－10 所示。

表 2－10　大学生对图书、餐饮、服装三项消费额的排序

选项 \ 学校	杭州师范大学	杭州电子科技大学	浙江理工大学	排序（浙江）	河北理工大学	排序	山东大学威海分校	排序
图书类	－30	－201	－66	第三位	－29	第三位	－76	第三位
餐饮类	36	226	91	第一位	83	第一位	106	第一位
服装类	－6	－25	－25	第二位	－4	第二位	－30	第二位
受调查人数	47	308	104	—	117	—	125	—

表 2－10 显示，五所高校的统计结果基本一致：在月生活费用途中，在校大学生对餐饮类消费的支出额最高，占据绝对优势。相反，对于图书类产品的消费份额最低。在问卷调查中笔者还了解到，半数以上的在校大学生月购书款为零。

3. 大学生购书偏好分析

从表 2－10 的统计结果中不难发现，被调查的大学生群体用于图书的支出额是极其有限的，但这并不完全代表大学生对读书的兴趣和购书的选择，对大学生购书的现状及持有的心态做进一步分析（如表 2－11 所示）。

表 2－11　大学生购书偏好　　单位：%

学校 选项	杭州师范大学	杭州电子科技大学	浙江理工大学	河北理工大学	山东大学威海分校	平均比例
教学参考书、考试用书	25.3	39.2	26.8	21.5	30.7	32.9
报纸杂志	22.8	17.2	16.8	12.4	20.5	17.4
网络图书、电子书	3.8	4.2	6.7	6.2	2.4	4.5
（其他）课外书籍	15.2	10.7	11.4	20.9	15.6	13.4
我一般只从图书馆借书	13.9	17.2	13.4	20.3	19.0	17.3
我几乎不买书	19.0	11.4	24.8	18.6	11.7	14.6

注：填入数据为人数所占比例。

根据表 2－11 的统计结果可以看出：30% 左右的受调查学生把有限的图书消费投资在教学用书或考试用书上；图书零消费群体一般选择从图书馆借阅，平均有 14.6% 的学生选择了不购书，其中浙江理工大学的这一数据占到了 24.8%。由此看出，大学生对图书的购买兴趣不强，图书类消费状况不温不火。

4. 大学生餐饮类月消费状况

从表 2－10 中了解到，目前在校大学生餐饮类的消费占其月生活费的较大份额。值得强调的是，本文所调查研究的“餐饮类消费”是指除基本费用中的伙食费以外的费用，主要有外出聚餐、零食花销等。表 2－12 显示，目前大学生外出用餐的意图集中在朋友间的往来，五所大学所显示的数据大致相同，情侣约会和家庭聚餐居次要位置。

表 2－12　大学生外出用餐动因　　单位：%

学校 选项	杭州师范大学	杭州电子科技大学	浙江理工大学	河北理工大学	山东大学威海分校	平均比例
家庭聚餐	9.6	6.5	2.6	6.3	3.2	5.6
好友庆生	22.9	23.5	26.1	34.4	26.8	26.5
同学聚会	41.0	50.1	56.2	39.8	50.5	48.4
情侣约会	10.8	12.0	9.2	14.0	15.8	12.6
其他	15.7	7.9	5.9	5.4	3.7	7.0

注：填入数据为人数所占比例。

5. 大学生消费选择偏好成因分析

消费偏好是指消费者对于所购买或消费的商品和劳务的爱好胜过其他商品或劳务，又称“消费者嗜好”。它是对商品或劳务优劣性所产生的主观感觉或评价。偏好受文化因素、经济因素、社会因素等多种因素影响。偏好的重要性质是偏好的有序化，即消费者对于商品组织的偏好程度是有顺序的，偏好的有序化具有偏好公理中所规定的行为公理。本文通过大学生对餐饮类消费、服装类消费、图书类消费三项的消费选择得出如下结论：

（1）重人际消费（餐饮类消费），轻知识消费（图书类消费）。从调查问卷中对图书类、餐饮类、服装类三项消费的排序中不难发现，大学生对额外饮食支出的热情远高于对购买图书的热情。当代大学生普遍认为同学、朋友、师生的交往，谈恋爱等都离不开必要的经济支持，而最有效、最便捷、最受欢迎的途径莫过于聚餐聚会。额外餐饮类支出的普遍升高，正是大学生交际手段选择的最好证明。大学生作为最有活力的社会群体，有更强烈的交往、归属和爱的需要。如需要朋友，渴望与他人建立感情联系，希望在团体中有一个位置，积极寻求社会认同感、群体归属感。这种需要促使当代大学生积极地通过物质、精神手段与外界紧密联系，从而形成了大学生交际性消费。

然而由于资源的稀缺性，如果个人对交际的需求增大，则留给读书看报的时间和费用就减少了，对图书的需求也会降温，因而也就出现了图书类开销占生活费比例较低的状况。当然，除此原因外，个人的性格特质、价值观甚至是周围群体偏好也会影响消费选择的偏好。

在调查中发现有14.6%的受调查大学生表明自己从来不买书，有的大学甚至高达25%。当然并不排除有些学生在图书馆借阅读书，但是与餐饮类、服装类的消费份额比较，相差悬殊。从学生购买图书的种类来说，多集中在教学参考书和考试用书。

对于当代大学生轻图书类消费的情况，总结原因如下：一是高年级的大学生更侧重使用学校图书馆等教育资源；二是掌上电脑、MP4、iPad、手机等电子产品越来越发达，直接造成网络书籍、电子杂志的普及；三是校园文化的多样化导致学生生活的复杂化，大部分学生都“没有多余的精力”花费在阅读上。

（2）发展性消费（服装类消费）备受青睐。发展性消费即指大学生用于自身成长，以发展为目的的投资性消费支出。包括表现性消费和提升性消费。前者诸如追逐名牌，攀比消费；后者有参加课外培训、考取证照等。当服装类的消费需求超越了不是维持自身需求的基本条件，而是为了满足自我体现的欲望时，对于服装类的消费也就从基础消费范畴转移到发展性消费项目下。调查问卷显示有50%以上的女生在对图书、餐饮、服装三类消费的排序题中，将服装类的消费列于首位。在本次调查中，服装类消费仅次于餐饮类消费，在大学生的月开支中占绝对份额。

(3) 从众现象。大学生的消费行为在群体引力下容易形成从众行为。从众是一种比较普遍的社会心理和行为现象。通俗地解释就是“人云亦云”、“随大溜儿”。具体到对服装的消费上，一方面，大学生容易受到群体中流行的穿着打扮影响，盲目跟风；另一方面，商业广告宣传正是利用人们的从众心理，把自己的商品炒热，从而达到销售目的。在其他发展性消费项目中也常涌现出从众心理，比如“考证热”、“考研热”、“培训热”等。

五、确立文化创意产业发展路径

基于文化创意产品消费属于高收入弹性产品，是典型的消费带动的产业，因此考虑我国文化创意产品发展的路径应当从消费入手。鉴于我国居民对文化创意产品消费现状和增长的徘徊不前的状况，本文认为，政府不仅应当将注意力只集中在供给面，更应当将启动居民对文化创意产品的消费放在重要位置，并且从供给、需求、培养居民的消费意愿和政府政策等层面综合考虑。

1. 提高国民收入是基础

我国目前的经济实力已经有目共睹，然而我国的文化“软实力”还有待提高，而发展文化创意产业是提高文化“软实力”的有效途径，同时又可以促进经济“硬实力”的提高。然而从前文的分析中可以得出的一个结论是中国居民对文化产品较低的消费能力和愿望成为制约文化创意产业发展的一个重要因素。因此提高国民收入水平是促进文化创意产业发展的基础，特别是注重提高城镇居民的可支配收入和农村居民的纯收入是促进文化创意产品消费的保障。

2. 通过产业链的开发满足不同层次消费者的需求

然而我国人均国内生产总值水平的提高并不一定意味着对文化产品消费需求的提高，这里还存在着消费者收入差异问题。根据前文的计算，2008 年我国居民文化消费总量是 5600. 07 亿元，占当年全国消费总支出的 5. 92%，占人均国内生产总值不到 4%。这个数据说明两方面的问题，一方面是供给方的问题；另一方面是需求方的问题。从供给方来讲，是否能开发出民众愿意消费和消费得起的产品是一个关键因素。以英国作家 J. K. 罗琳的《哈利 · 波特》为例，她的一只魔笔所塑造的哈利 · 波特激发了各类消费者的兴趣，加之高技术的投入和成功的商业运作使《哈利 · 波特》整个价值链中的各种产品如小说、电影、DVD、录像带、电视片、唱片、游戏等能够满足不同层次消费者的审美需求和支付能力，因而创造出了60亿美元的价值。

3. 转变国民消费观是前提

从需求方来说，我国消费者（包括个人和社会团体）如何分配所增加的收入还取决于人们的消费偏好和消费观念。从前文对大学生的消费偏好所作的实证研究表明，大学生的交际消费、表现性消费和提升性消费占据了他们的主要消费支出，而对于其他更高档次和文化艺术含量的产品，大学生由于可支配的资源有限则作为更加次要的选择。例如，对大学生舞台剧消费情况的调查显示，大学生在生活中接触舞台剧的人数较少，观看舞台剧的人数更是极少数。调研发现，有40%的学生不清楚什么是舞台剧，另外60%以上的大学生对舞台剧仅有十分模糊的概念。有30%的学生对舞台剧有一定的兴趣，有40%的学生不置可否，另有30%的学生没兴趣。对于舞台剧的消费，有30%的学生没有消费意向，有70%的学生有消费意向，但是进一步了解实际消费情况时，这70%当中仅有15%愿意在有时间、有好剧目时才愿意消费观看。

以上的分析说明培养消费者的消费观念，提高人们对文化产品的欣赏能力和水平是促进我国文化创意产业发展的一个重要前提。然而转变消费者的消费观念和偏好无疑是一个大规模的消费行为的干预和价值观的塑造，这项巨大工程必须通过政府、学校、社会和家庭各个方面的努力才能实现。例如，各个不同层次的学校可以增加文化艺术类课程的选修和鉴赏的内容，鼓励有影响的艺术家进入大学课堂，如李德伦先生曾经进入大学讲解交响乐，为20世纪80年代大学生中掀起交响乐热做出了重要贡献。

4. 政府的鼓励政策是启动消费的催化剂

为了促进居民的消费意识和愿望，政府在考虑文化娱乐设施的投入时应当将重点放在普及性的设施建设上，更多地免费开放博物馆和展览馆等公共设施，并适当补贴高水平的文艺演出和艺术活动，使其价格更容易为一般的消费者所接受。此外家庭是文化活动的重要基层单位，因此通过引导性的措施如小区文化建设、环境渲染、招贴画等宣传方式，倡导文化进家庭，并以家庭文化水平和意识的提高促进整个社会文化鉴赏力的提高，进而促进对文化产品需求的提高。

本文发表在《合作共赢共促世界经济繁荣》中国经济出版社，2011年1月。

从文化创意产品的国际贸易看我国文化创意产品的消费市场

[内容摘要] 国内对文化创意产业已经有了不少研究，但以定性研究为主。本文尝试在可获得的统计数据的基础上对我国文化创意产品的国内外需求进行了分析，分析得出的结论是相对于发达国家和我国人均国内生产总值水平来说我国属于文化产品消费小国，其原因在于文化创意产品的国内市场规模有限，居民用于文化消费的支出有待提高，因此发展文化创意产业的根本在于不断提高人民的生活水平，同时转变民众的消费观念和消费意识。

[关 键 词] 文化创意产品的国际贸易；文化创意产品的消费市场

20 世纪 90 年代末，在发达国家兴起的文化创意产业由于其所具有的低能耗高效益的产业性质被人们所认知，再加上我国文明古国所具有的悠久历史背景，使文化创意产业很快成为我国最受追捧的产业。然而文化创意产品的国际贸易与我国文化创意产业发展的关联如何？对这些问题的探讨目前还缺少深入的理论分析，特别是缺少定量研究，其中一个原因在于文化创意产业是近十几年来才发展起来的新兴产业，在数据上还没有被专门针对文化创意产品和服务的统计；在贸易方面有些产业和产品与现有的产业和产品标准代码不能完全吻合，统计口径不能统一，特别是一些文化创意产品的服务贸易还没有被列入到各主要国际组织的统计范畴内，这些因素给准确定量分析该产业的生产和贸易规模带来了相当大的困难。本文通过阐述文化创意产品贸易与文化创意产业的关联度来论述我国文化创意产业的发展。

一、我国文化创意产品国际贸易规模与比较

1. 文化创意产品的国外需求规模

在促进经济增长的“三驾马车”中，国外需求一直是我国经济增长的一个

重要推动力量。2006 年我国进出口总额占国内生产总值的比重达到 67%，其中出口占国内生产总值比重达到 36.1%。与庞大的进出口规模相比，文化创意产业的对外贸易在我国进出口贸易总量中所占的比例还微不足道。2006 年文化创意产业中的核心文化产品[①]进出口额为 103.2 亿美元，只相当于同年进出口总量的 0.59%，出口为 96.53 亿美元，相当于当年出口总量的将近 1%。文化创意产业中的服务产品进出口 2006 年达到 193 亿美元[②]，约占当年进出口总量的 1.1%，出口 76.4 亿美元，约占同年出口总量的 0.75%。

尽管文化创意产品的国际贸易规模有限，在经济总量中所占的比重微乎其微，然而从我国文化创意产品出口增长速度上看，随着全球文化市场规模的不断扩大和我国出口产品竞争力的提升，其核心文化产品出口方面在 2002 年就位居世界第三，达到 52.75 亿美元，仅次于英国和美国。在 7 项核心文化创意产品中，我国在图书、其他出版物、录制产品、视觉艺术产品和视听产品 5 项产品的出口方面进入世界 20 强行列，这 5 种产品的年均增长速度（1994 ~ 2002 年）在 20 强国家中都属于最快的（如表 2 – 13 所示）。

表 2 – 13　我国 5 种核心文化产品出口金额、年均增长率、世界排名和增长率排名

分类（核心文化产品）	图书	其他出版物	录制产品	视觉艺术产品	视听产品
金额（亿美元，2002）	4.09	0.92	2.55	22.3	22.82
年均增长率（1994 ~ 2002 年，%）	25.3	15.9	29.9	14.1	38.6
20 强排名/增长率排名	7/第一	7/第一	14/第一	2/第二	1/第四

资料来源：联合国教科文组织：《文化产品与服务的国际流动，1994 ~ 2003 年》报告（2006）。

与核心文化创意产品出口相同的是我国文化创意产业中服务产品贸易的规模虽然有限个别项目的增长率有较大起伏，但是平均增长速度十分可观，即使是竞争力较低下的专有权利与特许费一项也有比较可观的增长。在出口方面的总体情况可以概括为规模有限但是增长速度迅速（如表 2 – 14 所示）。

① 核心文化产品的概念来自于联合国教科文组织的报告，《文化产品与服务的国际流动，1994 ~ 2003 年》，该报告的统计数据只包括了 7 个行业 16 种产品。具体分类见前文《论文化创意产业投资的行业界定和发展条件》。

② 该数据包括建筑服务、广告服务、电影音像服务、计算机和信息服务、专有权利使用和特许费、个人和文化与娱乐服务。

表 2-14 文化创意产业服务产品出口金额和增长率（1999~2005 年）

单位：亿美元,%

年份 / 类别	1999		2001		2003		2005		年平均
金额、增长率	金额	增长率	金额	增长率	金额	增长率	金额	增长率	
建筑服务	9.85	66.95	8.30	-15.74	12.90	55.4	25.93	101	25.95
广告宣传	2.2	-7.56	2.77	25.9	4.86	75.45	10.76	121.4	26.9
电影、音像服务	0.07	-30	0.28	300	0.33	17.86	1.34	306.06	74.24
计算机和信息服务	2.65	215.47	4.61	73.96	11.02	139	18.40	66.97	61.9
专有权利使用和特许费	0.75	36.36	1.10	46.67	1.07	-2.73	1.57	46.73	15.88
总计	15.52	58.85	17.06	9.92	30.18	76.9	58	92.18	29.73

资料来源：国家外汇管理局《国际收支平衡表》，2006 年。

然而，在看到我国文化创意产品出口快速增长的同时，有两点需要注意的问题，一是我国的出口极其不均衡，有些产品的出口大大高于其他产品。如在核心文化产品中，发展速度最快、金额最大的产品是视觉艺术产品和视听产品。视觉艺术品包括绘画、雕像、雕塑品、装饰品等，视听产品则包括已曝光和冲洗的照相胶片、已曝光和冲洗的电影胶片、电视游戏带。中国的视听产品出口中 99% 是视频游戏，其强大的竞争优势的确无人可敌。然而如果将视频游戏排除在外，印度和其他高收入国家而不是中国将成为这类产品的最大出口国，中国在核心文化创意产品出口世界排名第三的地位必将受到威胁。此外，在服务贸易各项出口中，建筑咨询和计算机信息服务的出口量也遥遥领先于其他行业，占总出口的近 80%。与第一点相关联的第二个问题是，我国文化创意产品的出口结构和层次。显然带动文化创意产品出口的主要产品相比较而言属于知识和技术含量较低的产品，而更能体现原创意含义和技术含量的产品如专有权利和特许费、文化遗产、影视、音乐、设计、表演艺术等还没有成为我国的主流出口产品。我国在版权贸易上的逆差情况进一步说明了这一问题。表 2-15 显示与 2003 年相比，2005 年我国版权贸易逆差有了明显的下降，其中录音录像制品和电子出版物产品的逆差下降幅度较大，然而应当看到的是我国在各类版权贸易上的逆差仍然高位持续存在，特别是在图书、期刊、软件和电影方面。大量的版权贸易逆差存在的结果说明我国在原创能力方面的竞争力依然低下。

表 2-15 我国版权贸易情况统计（2003~2005 年） 单位：项

年份及类别		合计	图书	期刊	录音制品	录像制品	电子出版物	软件	电影	电视节目	其他
2003	引进	15555	12516	542	1068	564	180	478	132	10	65
	输出	1427	811	0	473	0	35	0	0	108	0
	逆差	-14128	-11705	-542	-595	-564	-145	-478	-132	98	-65
2004	引进	11746	10040	411	331	159	143	483	176	2	1
	输出	1362	1314	0	4	4	39	0	0	0	1
	逆差	-10384	-8726	-411	-327	-155	-104	-483	-176	-2	0
2005	引进	10894	9382	749	90	114	155	401	0	3	0
	输出	1517	1434	2	1	2	78	0	0	0	0
	逆差	-9377	-7948	-747	-89	-112	-77	-401	0	-3	0

资料来源：中华人民共和国国家版权局，2006 年。

2. 我国文化创意产品的进口需求

与文化创意产品的出口相比，我国文化创意产品的进口呈现出截然不同的格局。根据联合国教科文组织 2006 年《文化产品与服务的国际流动，1994~2003 年》的报告，2002 年我国的核心文化产品进口世界排名为 15，国内对核心文化产品的需求只有 11.13 亿美元，当年顺差达到 41.62 亿美元。在进入前 20 名核心文化产品进口大国中，我国只是在报纸与期刊（排名 20）、录制产品（排名第 7）和视听产品（排名第 19）三项产品中进入前 20 名。与排名前三位的美国（153 亿美元）、英国（78 亿美元）和德国（41 亿美元）以及其他发达国家相比我国属于核心文化产品消费小国。

在文化创意服务产品贸易方面，我国的总体贸易情况呈现出逆差逐年上升的态势，造成逆差的主要原因是专有权利使用和特许费一项，该项占文化创意服务贸易产品进口总额的 56% 以上，并且这一项的逆差逐年增大。除了专有权利使用和特许费外，到 2005 年，其他服务项目的贸易逆差已经基本转为顺差（如表 2-16 所示）。这一变化一方面说明我国在知识和技术创新方面的差距在加大的同时，其他大多数服务产品的竞争力在提高；另一方面也说明我国服务产品竞争力的提高是国内需求的增长速度低于国外。这再次说明我国从总体上讲是一个文化产品消费小国。文化产品消费需求低下不仅反映了一个国家居民的收入水平同时还反映了一个国家居民的生活质量。从以上数量分析得出的结果也证实了联合国教科文组织的结论，即国民收入与文化产品的消费量有密切的正相关关系，与这些国家文化产业竞争力也是正相关关系。高收入国家（9386 美元以上，世界银行，2003）不仅是最大的文化产品出口国，占世界总额的近70%，同时也是世界上主要的文化产品消费国。2002年高收入国家对核心文化创意产品的进口额占世界总额的73.2%，达到440亿美元；而中高收入、中低收入和低收入组国家的进口总共只有90亿美元。

表2-16　我国文化创意产业服务贸易进出口及差额（1999~2005年）

单位：亿美元

类别＼进出口及差额＼年份	1999			2001			2003			2005		
	出口	进口	差额	出口	进口	差额	出口	进口	差额	出口	进口	差额
建筑服务	9.85	15.4	-5.55	8.30	8.47	-0.17	12.9	11.8	1.1	25.9	16.2	9.7
广告宣传	2.2	2.19	0.01	2.77	2.58	0.19	4.86	4.58	0.28	10.8	7.15	3.65
电影、音像	0.07	0.34	-0.27	0.28	0.50	-0.22	0.33	0.70	-0.37	1.34	1.54	-0.2
计算机和信息服务	2.65	2.24	0.41	4.61	3.45	1.16	11.0	10.4	0.6	18.4	16.2	2.2
专有权利使用和特许费	0.75	7.92	-7.17	1.10	19.4	-18.3	1.07	35.5	-34.43	1.57	53.2	-51.6
总计	15.5	28.1	-12.6	17.6	34.4	-16.8	29.1	63	-33.9	58	94.3	-36.3

资料来源：国家外汇管理局《国际收支平衡表》，2006年。

二、我国文化创意产业的市场规模和消费需求分析

一个国家某种产品进出口规模的大小直接反映了该产业的国内发展状况，因而从文化创意产品国际贸易统计数据所得出的上述结论具有重要的意义，它不仅揭示了目前我国文化创意产业的市场规模和发展状况，还说明我国文化创意产业发展的瓶颈所在。下面对我国文化创意产业市场规模和消费需求的分析进一步印证了上述结论。

1. 中国文化创意产业市场规模及其与美国和英国的比较

市场规模是指消费者和企业在某个特定市场的年度消费，它表明了文化创意产业在一国经济中的地位和重要性。产业指数则说明该产业相对于国民总产出所占的比重。文化创意产业是近十几年来在发达国家迅速发展起来的产业，显然无论从市场规模的绝对值，还是从该产业占国内生产总值比重的相对值来说，中国文化创意产业还都处于起步阶段，这点也可以从我国与发达国家文化创意产业的

差距得到证实。表 2－17 是我国的文化创意产业市场规模与美国和英国之间的比较以及三国文化创意产业指数的比较。

表 2－17　中国、美国、英国主要文化创意产业市场规模及产业指数比较（2005 年）　　单位：亿美元,%

类别＼比较＼国别	中国		美国		英国	
	市场规模	产业指数（总产出/GDP）	市场规模	产业指数（总产出/GDP）	市场规模	产业指数（总产出/GDP）
艺术遗产	16	0.072	110	0.09	40	0.18
视觉艺术品	10	0.045	30	0.024	20	0.09
出版	186	0.84	1260	1.0	440	2.0
音乐	2	0.009	270	0.22	100	0.45
电影	30	0.13	280	0.22	70	0.32
电视与播音	50	0.22	850	0.68	210	0.95
视频游戏	50	0.22	70	0.056	40	0.18
广告	181	0.81	220	0.018	160	0.73
建筑	10	0.045	250	0.2	70	0.32
软件	30	0.13	4100	3.3	260	1.18
设计	40	0.18	490	0.39	230	1.04
表演艺术	6	0.027	130	0.1	30	0.12
总计	611	2.75	8060	6.45	1670	7.58

资料来源：（英）约翰·霍金斯．创意经济：如何点石成金［M］．上海：上海三联书店，2006.

从市场规模看，美国拥有世界上最大的文化创意产品市场，我国文化创意产业规模只是美国的 5.46%，英国的 26.35%。我国文化创意产业中最大的部门是出版业，市场规模达到 186 亿美元，但也只是美国出版业的 14.76% 和英国的 42.27%，而其他行业的规模与美英相比则差距更大，如音乐创作，我国的市场规模只相当于美国的 0.007%，英国的 0.02%。从产业指数的比较看，根据世界银行统计，2005 年全球国内生产总值为 44 兆美元，创意产业占全球生产总值的 6.1%。我国文化创意产业占国内生产总值的比例相当于全球比例的不到 1/3，而美英都高于全球比例。

2. 对中国居民文化创意产品消费需求的分析

以上是对文化创意产业市场规模总量的分析，一个国家文化消费市场的大小是由居民对文化产品的消费能力所决定的。一个国家居民对文化产品的消费能力是支撑文化创意产业发展的主要动力，特别是在它的发展初期必须有广大的国内市场需求做支撑。文化产品属于高收入弹性的消费品，是典型的需求推动发展的产业，因此一个国家居民的收入水平和消费偏好决定了一项文化产品是否具有市场潜力。一般来说，文化产品品质越高，受版权保护就越严格，价位也就越高。这样就要求消费者拥有较高的收入水平。同时，文化产品品质品位越高，对消费者鉴赏能力的要求越高，而鉴赏能力的高低取决于消费者的文化修养和受教育程度，而文化修养和受教育程度一般取决于消费者及其家庭的收入水平。

根据《文化产业蓝皮书》的统计，2006 年我国文化消费的总量是 4685 亿元，然而根据测算，在人均国内生产总值达到 1600 美元水平时，对文化产品的消费应占收入的 20%，因而我国目前对文化产品的消费满足度不到 1/4。从市场消费潜力看，即使是城镇居民对文化娱乐的支出也处在次要位置，而中国广大的农村人口更没有能力消费对他们来说属于奢侈品的文化娱乐产品。国家统计局 2005 年对我国城镇居民消费支出的统计结果显示，在当年 4228 元的消费支出中，增长最快的前三项支出分别为交通通信（15.9%）、衣着（12%）和居住（11.9%）。教育、文化娱乐及服务增长为 11.7%。而在这一项支出中，教育的增长起主要的带动作用。从一般理解上，教育的支出应当促进文化产品的消费，然而胡书东在《我国文化产业发展的需求面分析》中通过计量分析得出的结果表明，教育支出对文化消费需求的影响不存在统计上显著的正相关或负相关关系，反而住房消费支出与文化消费之间有显著的负相关关系：城镇居民家庭人均住房消费支出每增加 1 元，文化消费支出就会减少 0.11948 元。可见中国居民收入增加部分的支出首先被用来满足生活的基本需求，而文化产品作为人们需求结构中较高层次的消费，不得不让位于住房和教育等消费需求。由此可以得出的结论是中国居民对文化产品较低的消费能力和愿望成为制约文化创意产业发展的一个重要原因，而这样的结果应当说与我国所处的发展阶段和人民的消费能力是一致的。

从前文的分析中可以得出的一个结论是中国居民对文化产品较低的消费能力和愿望成为制约文化创意产业发展的一个重要因素。因此提高国民收入水平是促进文化创意产业发展的基础，特别是注重提高城镇居民的可支配收入和农村居民的纯收入是促进文化创意产品消费的保障。同时还应当注重不断开发民众希望和消费得起的产品，特别是培养大众对文化产品的消费观念和消费意识。

尽管我国文化创意产业目前的市场规模有限，但是随着人民生活水平的提高，我国文化创意产业有着巨大的发展潜力，特别是在经济发达地区。文化创意企业应当在文化创意和创新上加大投入力度，通过产业规模化和品牌化为我国居民提供优质和可消费得起的文化创意产品，在提高我国人民生活质量的同时也让世界人民同享中华文化的魅力。

本文发表在《商场现代化》2009 年 3 月，第二作者陶英桥。

文化创意产品贸易依存度的国际比较研究

[内容摘要] 本文利用2002～2008年世界文化创意产品货物与服务贸易数据，对全球排名前10的发达国家和前10的发展中国家和地区的文化创意产品贸易依存度（包括总依存度、货物与服务贸易依存度和进口与出口贸易依存度）从全球、发达国家与发展中国家、国别等几个层次分别进行了分析，结论是世界文化创意产品贸易的绝对量和相对量保持稳步上升，各国对文化创意产品世界市场的依赖逐步加深；文化创意产品贸易格局基本形成，我国现在和未来的发展市场包括发达国家和高收入的发展中国家和地区。鉴于这一发展趋势我国企业应当及时调整发展战略，赢得市场先机。

[关 键 词] 文化创意产品；贸易依存度；国际比较

一、中华文化“走出去”与文化创意产品贸易依存度

自全球金融危机爆发以来，中国货物贸易的扩张已经处于瓶颈状态，一是受金融危机和欧债危机的持续影响国外需求萎缩；二是以资源依赖型为主的劳动密集型产品出口受到能源、自然资源与劳动力成本上升的挑战；三是人民币稳步升值使“中国造”逐渐失去价格竞争优势。鉴于外需对中国经济增长的不可替代性和转变外贸出口结构的需要，因而研究国际贸易未来的变化趋势及其增长潜力具有重要意义。

2008年美国次贷危机引发的全球金融危机使2009年世界总产出减少了2%（UNCTAD，2010）。然而在2008年全球需求与国际贸易急剧紧缩过程中，文化创意产品出口贸易在2002～2008年却以年均14%的速度增长，2008年达到5920

亿美元（UNCTAD，2010）。发达国家和发展中国家文化创意产品进出口贸易总额都保持稳步的上升态势（如图2－4所示）。文化创意产业与产品贸易所显示出的巨大活力越来越成为推动国际贸易发展的重要引擎。在文化创意产品贸易以高于世界经济平均增长率四倍以上的速度发展过程中，中国文化创意产品贸易对全球贸易的发展做出了重要贡献，特别是在货物贸易出口方面，2002年从290亿美元增加到2008年的790亿美元。事实上中国文化创意产品对外贸易的快速增长不仅对中国出口贸易增长做出了贡献，而且还承担了传播中华文化的重要使命。

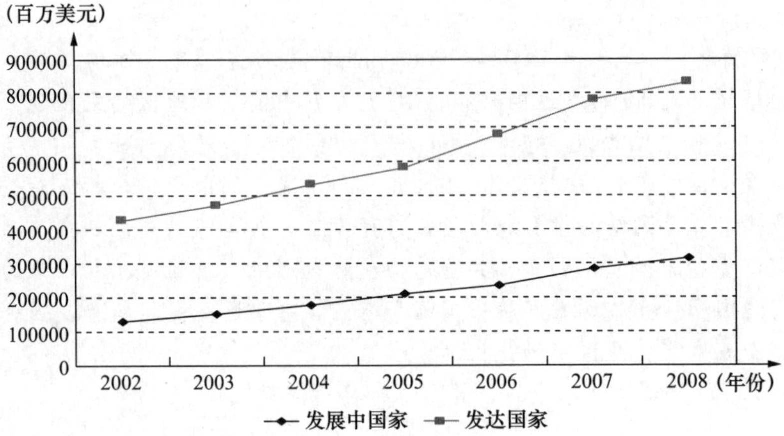

图2－4　发达国家和发展中国家文创产品贸易总额趋势

资料来源：Creative Industry Report，UNCTAD，2010。

中国文化创意产品能否成为中国对外贸易发展的新增长点同时承担起传播中华文化的重任，不仅取决于出口方的努力，更取决于需求方和整个国际市场的变化。本文希望通过对世界主要文化贸易大国依存度的比较研究，确定这些国家对异域文化产品的认可与需求及其变化趋势，其结果将对中国的文化产品出口流量与走向、企业目标市场的选择和未来的市场变化提供有价值的计量依据。为此目的，本文选用了文化创意产品进出口前10名的发达国家和前10名的发展中国家进行文化创意产品对外贸易依存度的国际比较研究。这20个国家的文化创意产品贸易进出口额占世界总贸易额的63%，基本代表了世界文化创意产品贸易总的特点和发展趋势。

二、研究方法与数据选取

1. 研究方法

贸易依存度研究包括几层含义，一是一国某种产品贸易对于国际市场的依赖程度如何，依存度越高，该产业相对于其经济总量的重要性越大；二是贸易依存度同时也是测量一国贸易开放度的指标，开放度越高，表明该产业融入世界市场的广度与深度越高。为了测量贸易依存度国际货币基金组织（IMF）提供了相关计算公式，即：

贸易依存度 =（EX + IM）/GDP （1）

其中，EX 与 IM 分别表示贸易的出口总额和进口总额，GDP 是国内生产总值。

贸易依存度指标也称对外贸易系数，是指一国的进出口总额占该国国民生产总值或国内生产总值的比重。这个计算公式也被称为传统计算公式，因为自 20 世纪 90 年代后国内外不少学者对传统贸易系数计算方法提出了新的修正，有代表性的包括道格拉斯（1992）的比率法、哈里森（1996）的回归方程法和许统生（2003）提出的修正比率法等。由于学者的角度不同，至今未形成一个比较一致的方法，因而尽管传统计算方法存在一些质疑，本文仍将采用这一广为接受的传统方法计算贸易依存度。本文将通过对发达国家和发展中国家贸易依存度指数的对比，从总依存度、货物与服务贸易依存度、国别依存度等层层深入比较的方法，确定包括发达国家和发展中国家在内的世界文化创意产品贸易大国对文化创意产品的依赖和市场走向。为此目的，本文根据公式（1）还将分别计算货物贸易依存度［(EG + IG)/GDP］、服务贸易依存度［(ES + IS)/GDP］和进口（IM/GDP）与出口贸易依存度（EX/GDP）。

2. 数据选取的依据与来源

文化创意产业作为一个在 20 世纪 90 年代新兴的产业群来说，建立完善的全产业贸易统计数据是一个极大的挑战，其主要原因首先是产业范畴的不确定性，例如，是将文化创意产业限制在服务业领域，还是扩展至制造业领域；知识产权交易是否算做文化创意产业范畴等。对此国际上六大模式[①]都提出了自己的观点。本文认为，这六大模式中联合国贸发会议（UNCTAD）提出的采用“终端产

① 六大模式分别为：英国模式、象征性题材模式、涟漪模式、世界知识产权组织（WIPO）模式、UNESCO 模式和 UNCTAD 模式。

品与服务”的计算方法是目前为止最为科学的方法。

对于一些国家单纯使用服务贸易数据作为文化创意产品贸易数据的观点，联合国贸发会议认为存在几个问题：第一，各国服务贸易统计数据依然不完善，有些产品数据匮乏；第二，将无形的服务活动从有形的产品中分离出来有时很难做到，因此其价值很难估算；第三，现有的服务贸易统计数据不能完全涵盖文化创意产品，原因是仍在使用的统计数据分类方法依然是以 20 世纪初期确定的分类进行，然而由于经济结构发生的重要变化，许多行业已经不再重要，而有些行业却被严重忽略，如服务业，特别是创意产业涉及的一些行业。此外，对于如何看待被一些组织和国家奉为创意活动核心的知识产权交易，联合国贸发会议的观点认为知识产权交易数据主要是重复计算问题，因为知识产权已经越来越多地从有形产品中剥离出来进行独立核算，但其价值又同时包含在不同的有形商品中。事实上知识产权费的支付还取决于不同社会的相关规定以及发明人的产权注册与费用收取等许多复杂问题。有鉴于联合国贸发会议组织在国际贸易与发展领域的权威性以及根据联合国贸发会议统计方法提供的数据是目前最可依赖并且是在可供选择的数据中比较完整的具有全球比较意义的统计数据，因此本文将采用联合国贸发会议的统计方法与数据完成研究所设定的目标。需要说明的是依据联合国贸发会议的统计方法在文化创意产品服务贸易总额中不包括知识产权贸易额。本文所采用的数据全部来自联合国贸发会议《创意经济报告 2010 年》，这是到 2012 年为止最新和最全面的统计数据。

三、文化创意产品贸易依存度——发达国家与发展中国家的比较

1. 总依存度的比较

图 2－5 是排名前 10 的发达国家和排名前 10 的发展中国家的文化创意产品贸易总依存度，是按照公式（1）计算得出的结果。从图中的变化趋势可以看出，发达国家的依存度稳步提高，从 2002 年的 1.73% 提高到 2008 年的 2.07%；而发展中国家的依存度小幅下降，从 2002 年的 2.48% 下降至 2008 年的 2.20%。这个结果说明发展中国家对文化创意产品贸易的依赖性有所下降，或者说在其经济发展中的重要性有所下降，然而 2008 年尽管世界金融危机的影响逐渐形成，但发展中国家的依存度比 2007 年又有所改善，从 2.17% 提高到 2.2%。

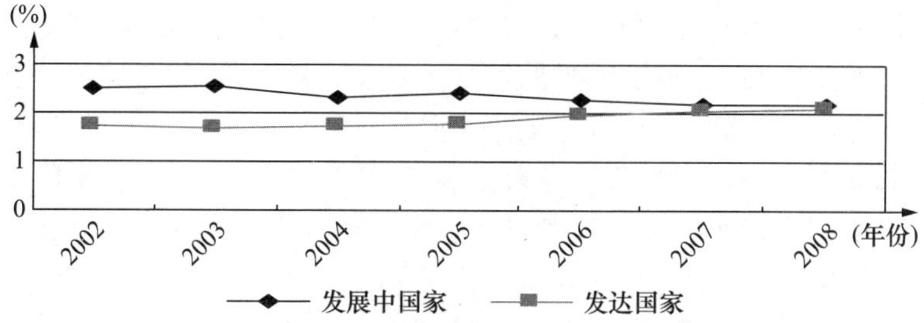

图 2-5　发达国家与发展中国家文化创意产品总依存度的比较

如果分别考察这两组国家进口和出口依存度情况则可以更好地了解在总依存度变化中进口和出口对总依存度变化的贡献。图 2-6、图 2-7 分别显示了两组国家文化创意产品进出口依存度情况。图 2-6 进口依存度的比较显示发达国家 10 国进口依存度高于发展中国家 10 国，这同时说明发达国家对文化创意产品的开放度较高，而且还在不断提高，即使 2008 年受金融危机影响，发达国家依然保持了对文化创意产品旺盛的需求。发展中国家 10 国虽然从 2003 年开始呈下降趋势，但 2007 年和 2008 年也都保持了稳定的进口，表明其开放度并未受金融危机带来的需求紧缩的影响而有显著下降。

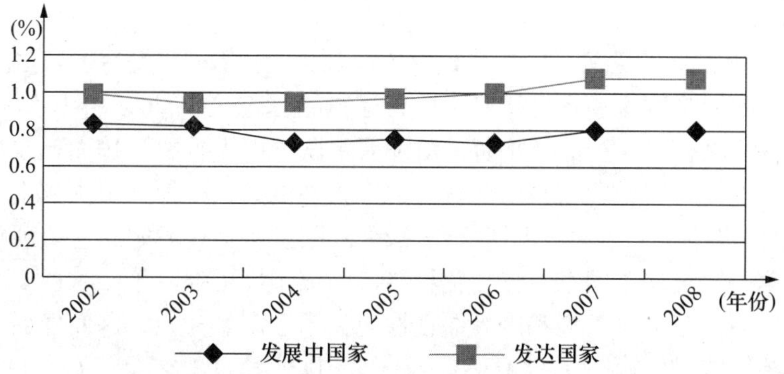

图 2-6　发达国家与发展中国家文化创意产品进口依存度

从图 2-7 出口依存度的变化情况看，尽管发展中国家 10 国的出口绝对值和市场份额低于发达国家 10 国，如 2008 年货物贸易出口总额中，发展中国家占世界市场份额的 44%，服务贸易出口只占 17%，但相对于其国内生产总值来说，其依存度高于发达国家，其中一个原因是按照联合国贸发会议的统计方法，服务贸易总额中不包括知识产权贸易，这使发达国家占绝对优势的服务贸易额占总额中的比重下降，如2008年服务贸易出口值占文化创意产品出口总额的31.26%。此外发展中国家10国的国内生产总量低于发达国家总量，因此相对值较高。尽管发展中国家出口依存度高于发达国家，但从发展趋势上看，发展中国家出口占国内生产总值的比重却在稳步下降，从2002年的1.71%下降至2008年的1.44%，而发达国家则从0.74%稳步上升至0.99%。导致这个变化的一个原因在于发达国家占优势的服务贸易出口占总出口比例的增加，如2002年服务贸易出口占总出口比例为23.29%，低于2008年近8%。

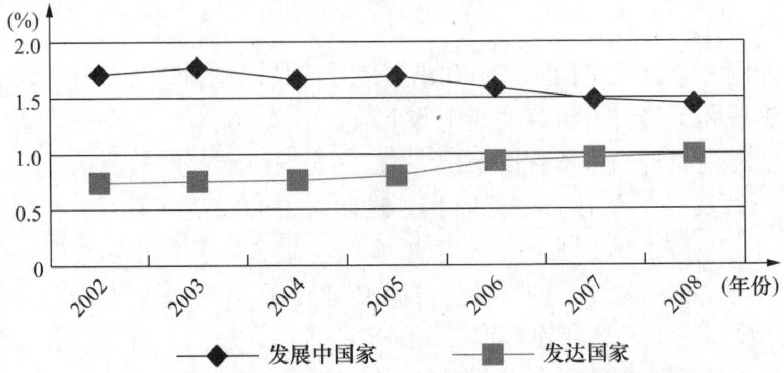

图2-7　发达国家与发展中国家文化创意产品出口依存度

2. 货物贸易与服务贸易总依存度的比较

货物贸易总依存度变化趋势（如图2-8所示）显示，发达国家虽然小幅度稳步上升，发展中国家小幅度稳步下降，但两组国家之间2008年仍然有1.05%的差距，说明文化创意产品货物贸易对发展中国家更为重要。然而比较货物贸易进出口依存度，发展中国家对出口贸易的依赖性更大，尽管两组国家出口依存度从2003年稳步缩小，但发展中国家仍然高于发达国家1.09%。这个现象说明几点问题：第一，发展中国家对货物贸易出口的依赖性更强。第二，由于文化创意产品货物贸易以劳动密集型和中等原创性与技术性产品为主，因而发展中国家在出口中占有比较大的优势，如2008年发展中国家在工艺品（64.1%）、设计（50.6%）和新媒体（52%）三大项产品出口的市场份额都超过了一半以上。第三，联合国贸发会议在贸易统计中特地将发展中国家占有优势的工艺品贸易放在货物贸易中，对于提高发展中国家在文化创意产品贸易中的地位起到重要作用，可视为是对发展中国家的鼓励。

在服务贸易总依存度变化趋势中（如图2-9所示），发达国家的依存度在2004年超过发展中国家后差距在逐渐拉大，2008年发达国家高于发展中国家0.25%。2004年以前发展中国家高于发达国家的原因在于发展中国家的进口依存

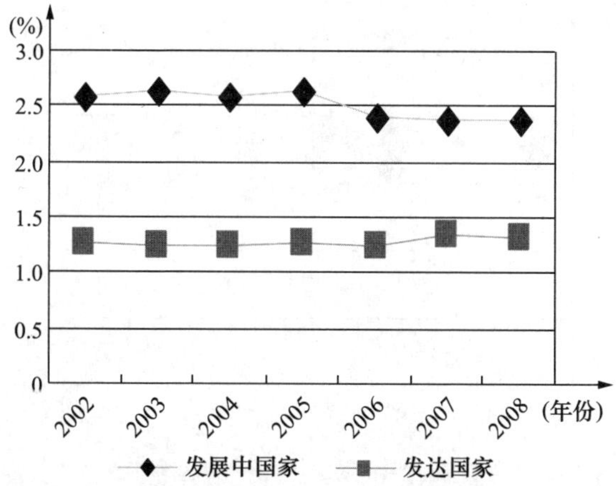

图2-8　发达国家与发展中国家货物贸易依存度对比

度较高，而2004年后发达国家进口依存度逐渐提高，超过发展中国家（如图2-10所示），同时由于其出口量在2006年有较大增长，因此出口依存度对总依存度的贡献也逐渐加大（如图2-11所示）。这个结果表明，文化创意产品服务贸易对发达国家的重要性快速提升，而且呈现出明显的产业内贸易格局。

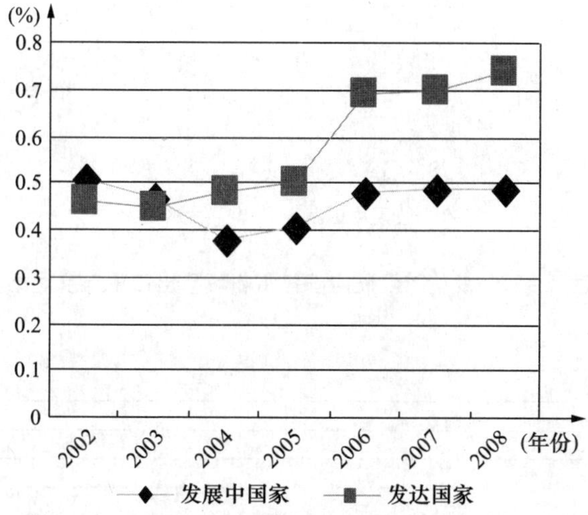

图2-9　发达国家与发展中国家服务贸易依存度对比

3. 依存度的国别比较

（1）发展中国家。如果进一步研究发达国家和发展中国家前10强的总依存度及其变化情况，可以得出图2-12和下文图2-13。图2-12显示在2002~2008

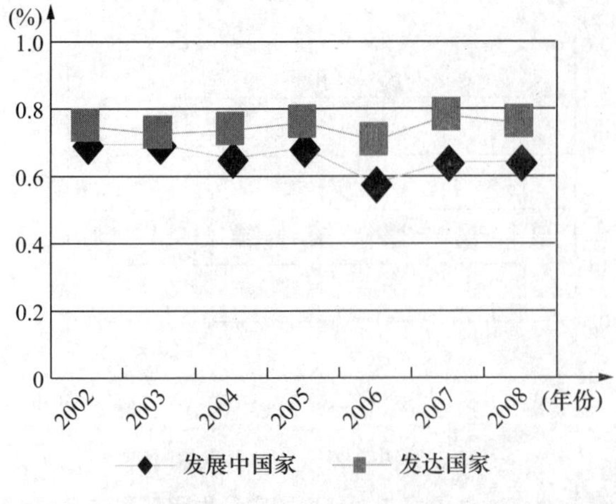

图 2－10　发达与发展中国家货物贸易进口依存度对比

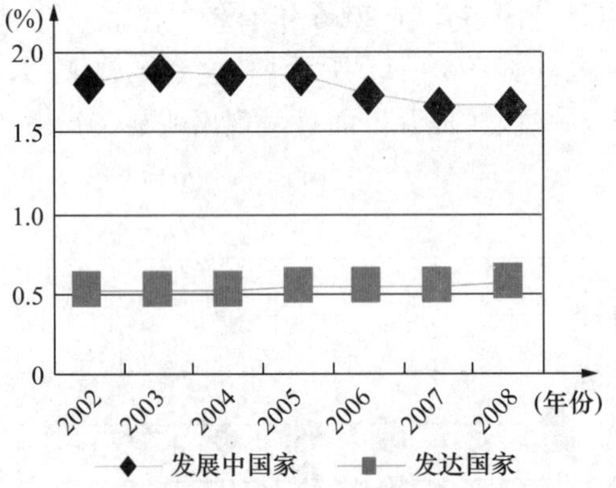

图 2－11　发达与发展中国家货物贸易出口依存度对比

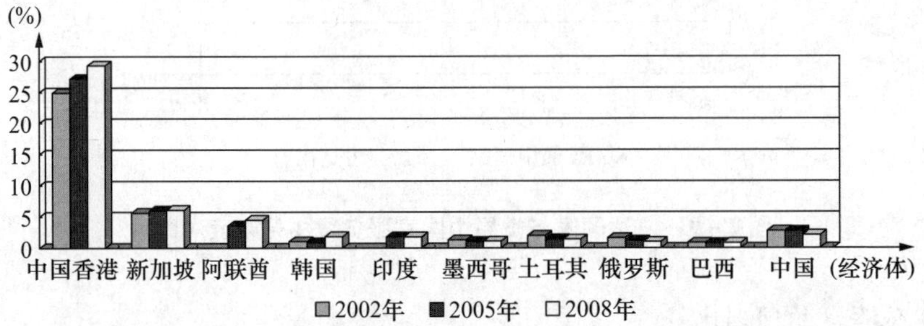

图 2－12　发展中国家总体开放度（2002 年，2005 年，2008 年）

年，发展中国家10国中有一半以上国家依存度呈现稳步上升趋势，有三个国家包括中国呈现稳步下降趋势，其余处于波动状态。从依存度角度看，中国香港地区的依存度最高，2008年达到29.31%，是20国家和地区中依存度最高的经济体，这同时也表明文化创意产品贸易对其经济增长的重要性已经达到相当高的程度。新加坡与阿联酋分别平均在6%和4%左右。这三个经济体虽然依存度较高，但其经济规模与人口也都较小①。从这个意义上来说，中国虽然在10个经济体中位于第四，平均约2.5%，但考虑其人口数量和经济规模，因而与其他6个经济规模较大国家相比应当属于依存度较高的国家。其他国家均在1%~2%，而巴西未超过1%。

如果按照文化创意产品货物和服务贸易依存度分别分析这10个国家，则会有新的发现。贸易总依存度名列前茅的三个国家和地区对货物产品的依存度大大高于服务贸易产品依存度，如中国香港货物贸易依存度2008年高达29.13%，而且从2002年的24.8%逐步增长至2008年的水平；而新加坡2008年则高达5.77%，而且在过去的几年中基本保持在5%以上，这些事实极大地颠覆了人们对这两个以服务产业为主的经济体的印象。而阿联酋的文化创意产品贸易则完全依赖货物贸易，这可能是因为阿联酋没有向联合国贸发会议上报文化创意产品服务贸易数据（如表2-18所示）。

表2-18 前10发展中国家和地区货物贸易依存度（2002~2008年） 单位:%

年份 经济体	2002	2003	2004	2005	2006	2007	2008
中国香港	24.80	26.66	27.56	26.98	26.49	27.71	29.13
新加坡	5.18	6.43	6.01	5.63	5.50	4.87	5.77
阿联酋	—	—	—	3.60	—	4.02	4.51
中国	2.43	2.55	2.5	2.64	2.47	2.25	2.01
土耳其	1.32	1.26	1.21	1.20	1.21	1.25	1.22
墨西哥	1.21	1.03	0.98	0.96	0.95	0.97	1.07
韩国	0.98	0.99	0.87	0.80	0.78	0.78	0.97
印度	—	0.96	1.16	1.16	1.23	1.03	0.96
俄罗斯	0.59	0.56	0.50	0.42	0.40	0.41	0.42
巴西	0.25	0.23	0.25	0.21	0.19	0.16	0.18

① 著名经济学家钱纳里发现，人口较多国家的贸易系数普遍较低，而库兹涅茨则从统计学角度指出贸易系数与国家的国民收入之间呈负相关关系。

事实上，在这10个发展中国家和地区中没有一个服务贸易依存度超过1%的，最低的国家是墨西哥（0.03%），其次是中国（0.11%）。其他没有进入前10的国家中2008年超过1%的国家是克罗地亚（2.26%）和乌克兰（1.28%）（如表2－19所示）。而这组国家和地区的货物贸易依存度除俄罗斯（平均约在0.5%）和韩国（平均约在0.9%）外，其他都超过1%，中国虽然2008年达到2.01%，但却呈现逐年下降趋势，从2002年的2.43%下降至2008年的2.01%。

表2－19　前10发展中国家和地区服务贸易依存度（2002～2008年） 单位：%

经济体＼年份	2002	2003	2004	2005	2006	2007	2008
韩国	0.08	0.05	0.07	0.09	0.60	0.65	0.87
印度	—	—	0.32	0.64	0.93	0.90	0.85
俄罗斯	1.03	0.91	0.82	0.76	0.74	0.78	0.83
巴西	0.60	0.56	0.58	0.58	0.53	0.58	0.63
新加坡	0.43	0.42	0.41	0.37	0.33	0.31	0.33
土耳其	0.67	0.30	0.41	0.25	0.21	0.17	0.20
中国香港	0.11	0.13	0.21	0.18	0.18	0.16	0.19
中国	0.33	0.39	0.09	0.09	0.10	0.11	0.11
墨西哥	0.10	0.07	0.08	0.08	0.07	0.05	0.03
阿联酋	—	—	—	—	—	—	—

在10个发展中国家和地区中，出口依存度2008年超过1%的国家和地区有中国香港、新加坡、中国和印度。但从发展趋势看，中国、新加坡和俄罗斯处于总体下降趋势，而中国香港、印度和韩国处于上升趋势（如表2－20所示）。在发展中国家的出口依存度中，所有国家的货物贸易出口对出口依存度的贡献都大大超过服务贸易的出口。以2008年为例，中国香港的出口依存度为15.56%，但其货物贸易出口依存度为15.44%；中国的出口依存度为1.93%，其中货物贸易出口依存度为1.88%。即使是货物贸易出口依存度最低的韩国，其货物贸易出口依存度也在0.46%。在进口依存度方面，人均收入排名靠前的四个经济体，即新加坡、中国香港、阿联酋和韩国的进口依存度2008年都超过1%，并且在2002～2008年呈现出逐年提高的趋势，新加坡（2.58%～3.1%）、中国香港（10.39%～13.75%）、阿联酋（2.76%～3.0%）[①] 和韩国（0.47%～1.19%）。在2002～

① 阿联酋只有2005～2008年数据。

2008 年呈现持续逐年下降的国家只有中国（0.42% ~0.18%），其他国家则处于波动状态。在对进口贸易依存度的贡献中，除了韩国和巴西外，其他国家的货物贸易进口依存度对出口总依存度的贡献都超过 50%。例如，2008 年中国香港货物贸易进口依存度为 13.69%，货物贸易进口依存度最低的中国为 0.13%。

表 2 – 20　前 10 发展中国家和地区出口/进口贸易依存度（2002 ~2008 年）

单位:%

年份 经济体	2002		2003		2004		2005		2006		2007		2008	
	出口	进口	出口	进口	出口	进口	出口	进口	出口	进口	出口	进口	出口	进口
中国香港	14.52	10.39	15.35	11.44	15.78	11.86	15.47	11.69	14.65	12.01	15.14	12.74	15.56	13.75
新加坡	3.03	2.58	3.86	2.99	3.60	2.82	3.20	2.81	3.19	2.65	2.39	2.78	2.99	3.10
中国	2.34	0.42	2.50	0.45	2.41	0.23	2.51	0.21	2.37	0.20	2.15	0.20	1.93	0.18
阿联酋	—	—	—	—	—	—	—	2.76	—	—	—	2.89	—	3.00
印度	—	—	0.74	0.22	1.09	0.39	1.32	0.48	1.53	0.63	1.25	0.68	1.18	0.63
土耳其	1.51	0.48	1.13	0.43	1.18	0.44	1.00	0.45	0.92	0.51	0.91	0.52	0.90	0.51
韩国	0.60	0.47	0.61	0.42	0.54	0.40	0.47	0.42	0.53	0.85	0.50	0.93	0.66	1.19
俄罗斯	0.68	0.94	0.71	0.77	0.63	0.69	0.61	0.58	0.54	0.59	0.51	0.68	0.53	0.73
墨西哥	0.65	0.66	0.51	0.59	0.49	0.56	0.48	0.56	0.44	0.58	0.45	0.57	0.48	0.62
巴西	0.50	0.35	0.46	0.33	0.50	0.33	0.47	0.32	0.42	0.30	0.43	0.31	0.46	0.35

（2）发达国家。2002 ~2008 年发达国家 10 国依存度总的变化趋势是逐渐增长。除加拿大和英国略有下降外，其他国家都处于稳步增长状态，增长最为显著的是荷兰、比利时和瑞典，特别是荷兰 2008 年超过 10.7%。其他经济体也从不到 1% ~2% 增长至 1% ~4%。鉴于这七国都是世界上的经济强国，这样的比重变化足以说明文化创意产品贸易在其经济增长中已经扮演越来越重要的角色（如图 2 – 13 所示）。

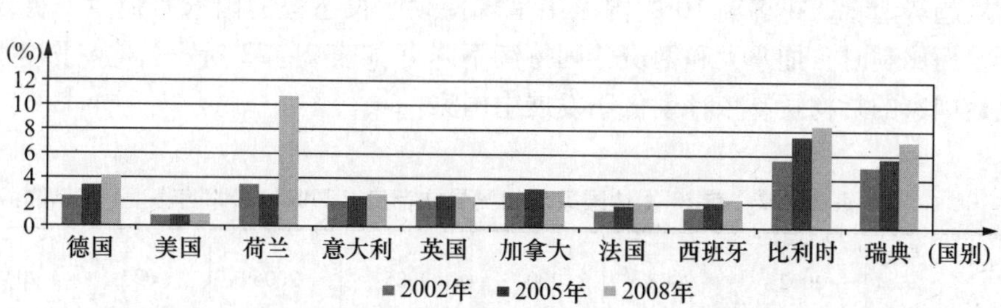

图 2 – 13　发达国家 10 国总体开放度（2002 年，2005 年，2008 年）

在发达国家总依存度中，与发展中国家形成对照的是，发达国家对服务贸易的依存度大大高于发展中国家，在排名前10的发达国家中有六个国家都高于1%。其他没有进入总排名但在服务贸易领域表现突出的有爱尔兰和挪威。爱尔兰不仅2008年的依存度高达15%，而且增长速度最快，从2002年的5.37%增长至2008年的水平，而挪威则从2002年的0.89%快速增长至2008年的3.42%。荷兰也表现出强劲的增长态势，尽管在此期间波动较大，2003年曾经一度下降至0.25%，但迅速反弹至6%以上（如表2-21所示）。

表2-21　前10发达国家服务贸易依存度（2002~2008年）　单位:%

经济体＼年份	2002	2003	2004	2005	2006	2007	2008
爱尔兰	5.37	5.58	3.59	4.59	4.05	13.64	15.00
荷兰	2.17	0.25	0.27	0.29	6.53	6.26	6.06
挪威	0.89	1.01	1.15	1.84	2.59	2.64	3.42
瑞典	3.23	2.91	2.72	2.74	2.87	3.15	3.40
比利时	2.91	3.09	2.90	2.98	2.95	2.33	3.05
德国	1.26	1.33	1.43	1.65	1.77	1.71	1.78
西班牙	1.04	1.01	1.05	1.01	1.13	1.23	1.17
加拿大	1.33	1.34	1.34	1.28	1.19	1.17	1.14
意大利	0.66	0.59	0.61	0.65	0.65	0.70	0.56
英国	0.22	0.24	0.25	0.25	0.23	0.20	0.24
法国	0.25	0.23	0.24	0.23	0.20	0.20	0.21
美国	0.06	0.07	0.07	0.06	0.11	0.11	0.11

从发达国家货物贸易依存度看，除美国之外全部超过1%，其他没有进入总排名但是货物贸易依存度超过1%的国家有瑞士，其依存度排在发达国家之首，而且发展速度也排在发达国家之首，从2002年的4.5%增长到2008年的8.55%。从发展趋势上看，排名前10的国家中呈现持续增长态势的国家有荷兰、德国和美国，而比利时、加拿大和西班牙则持续下降（如表2-22所示）。从平均水平看发达国家的货物贸易依存度低于发展中国家。

表2-22　前10发达国家货物贸易依存度（2002~2008年）　单位:%

经济体＼年份	2002	2003	2004	2005	2006	2007	2008
瑞士	4.50	4.74	4.70	5.85	6.28	7.57	8.55

续表

年份 经济体	2002	2003	2004	2005	2006	2007	2008
比利时	3.99	3.91	3.80	3.75	3.62	3.62	3.52
荷兰	1.89	2.03	2.03	2.04	2.06	2.02	2.60
瑞典	2.01	1.79	1.81	1.82	1.84	1.77	1.92
英国	2.05	1.93	1.86	1.94	1.91	1.97	1.91
意大利	1.87	1.66	1.66	1.69	1.80	1.84	1.76
德国	1.51	1.41	1.41	1.56	1.60	1.65	1.69
加拿大	2.39	2.16	2.01	1.89	1.75	1.63	1.59
法国	1.40	1.33	1.31	1.36	1.38	1.40	1.41
西班牙	1.35	1.23	1.20	1.18	1.10	1.12	1.05
美国	0.82	0.81	0.83	0.86	0.87	0.91	0.87

如果分别分析发达国家出口与进口依存度对总依存的贡献，可以看出，除美国、英国、法国三国外，其他七个国家的出口依存度均超过1%，最高的三个国家荷兰、比利时和瑞典超过2%，与发展中国家相比，如果不考虑中国香港地区，发达国家的出口依存度显然高于发展中国家的平均水平，显示出发达国家在文化创意产品出口方面对国际市场的依赖性，同时也显示了它们的竞争力，特别是在服务贸易出口领域，因为与发展中国家不同的是，发达国家的服务贸易出口依存度对出口总依存度的贡献超过50%以上的国家有一半以上。

进口依存度的计算显示，除美国、法国和意大利外其他国家均超过1%，与发展中国家只有三个国家超过1%相比（韩国只有2008年超过1%），发达国家对文化创意产品的进口依赖性大大超过发展中国家。从变化趋势上看，荷兰、比利时、瑞典、法国表现出稳定的增长，特别是在2008年有较强的恢复性增长，这些现象说明发达国家对文化创意产品的需求大大高于发展中国家。发达国家特别对文化创意产品货物贸易的进口依赖性更高，其依存度对进口总依存度的贡献超过50%的国家超过70%以上（如表2-23所示）。

表2-23 前10发达国家出口与进口贸易依存度（2002~2008年） 单位:%

年份 经济体	2002		2003		2004		2005		2006		2007		2008	
	出口	进口	出口	进口	出口	进口	出口	进口	出口	进口	出口	进口	出口	进口
荷兰	1.82	2.24	1.15	1.14	1.16	1.14	1.19	1.14	4.84	3.75	4.69	3.58	4.77	3.88
比利时	3.63	3.27	3.76	3.23	3.58	3.13	3.56	3.16	3.51	3.06	2.88	3.06	3.23	3.34

续表

经济体＼年份	2002		2003		2004		2005		2006		2007		2008	
	出口	进口	出口	进口	出口	进口	出口	进口	出口	进口	出口	进口	出口	进口
瑞典	2.41	2.83	2.19	2.51	2.1	2.42	2.15	2.41	2.23	2.48	2.26	2.65	2.43	2.89
德国	1.22	1.55	1.33	1.4	1.44	1.39	1.67	1.47	1.78	1.58	1.85	1.52	1.95	1.53
意大利	1.71	0.83	1.47	0.78	1.45	0.82	1.46	0.88	1.58	0.88	1.61	0.92	1.49	0.84
加拿大	2.06	1.65	1.9	1.61	1.84	1.51	1.74	1.42	1.54	0.61	1.4	1.4	1.32	1.42
西班牙	1.17	1.22	1.05	1.19	1.02	1.23	0.96	1.22	1.03	1.04	1.08	1.26	1.06	1.17
英国	1.0	1.28	0.97	1.2	0.95	1.16	1.01	1.18	0.94	1.2	0.9	1.27	0.91	1.24
法国	0.72	0.92	0.69	0.88	0.69	0.86	0.7	0.89	0.7	0.87	0.68	0.91	0.69	0.93
美国	0.24	0.65	0.23	0.64	0.23	0.65	0.25	0.67	0.31	0.67	0.33	0.69	0.34	0.64

四、结论

从以上发达国家与发展中国家文化创意产品贸易总依存度、货物贸易依存度、服务贸易依存度、出口和进口贸易依存度等多个角度的分析后，可以得出以下结论：

1. 全球文化创意产品贸易不仅绝对量逐年增长，而且相对量也在逐年增长，各国对文化创意产品贸易的依赖性加深

世界文化创意产品贸易大国的贸易总依存度从2002年的2.11%增加至2008年的2.14%，尽管世界文化创意产品贸易依存度仍处于较低水平，但其稳步增长趋势说明全球文化创意产品需求逐年增长已成为长期趋势，世界各国对文化创意产品贸易的依赖逐步加深，在各国经济增长中的重要性开始显现。随着全球人均收入水平的不断提高，文化创意产品消费市场将保持持续的增长，我国文化创意产品生产企业应当密切关注这一发展态势，及时调整发展战略，赢得市场先机。

2. 文化创意产品消费与人均收入呈正相关关系

文化创意产品贸易进出口依存度和货物贸易与服务贸易依存度数据显示，发达国家的进口依存度高于发展中国家，而出口依存度低于发展中国家；发达国家对服务贸易的依存度大大高于发展中国家，而对货物贸易的依存度低于发展中国家。这个结果至少说明两点：第一，发达国家是文化创意产品的主要消费国。这一结论也被高收入的发展中国家和地区的进口依存度和增长趋势所证实。这再次

表明文化创意产品消费与经济发展水平和人均消费水平是正相关关系。第二，文化创意产品贸易格局基本形成，发达国家在服务贸易领域呈现出产业内贸易趋向，但在货物贸易领域则呈现产业间贸易趋向；而发展中国家和地区包括其中的高收入者则呈现出服务贸易产业间贸易格局，货物贸易产业内贸易格局。

3. 我国应提高文化创意产品的竞争力

中国的文化创意产品贸易依存度在前 10 发展中国家中处于较高水平，一直保持在 2% 以上，但呈现不断下降的发展趋势。尽管中国货物贸易出口的世界市场份额在 2008 年进一步提高到 20% 以上，排名世界第一，但是服务贸易进出口的下滑，特别是货物与服务产品进口依存度的逐年稳步下降使得中国总体依存度下降。中国文化创意产品服务贸易竞争力低下说明我国的原创能力亟待提高，同时我国居民的消费意愿更需要提高。

4. 我国文化创意产品贸易市场走向

从以上分析可以判断中国未来文化创意产品贸易市场的走向：由于发达国家的文化创意产品货物贸易市场保持继续增长趋势，使其成为我国货物贸易出口的主要渠道。高收入但经济规模较小的国家和地区的文化创意产品贸易已经在这些国家和地区的经济发展中扮演了举足轻重的作用。在所研究的 20 国中有超过 1/4 的国家和地区对文化创意产品贸易依存度超过 6%，而且还在以较快的速度增长。这个趋势使发展中国家和地区，特别是高收入水平的国家和地区也成为我国货物贸易的高增长市场。这些不断扩展的市场将为我国劳动密集型产业特别是中小型企业提供发展的新增长点。

5. 加大原创产品的创新力度

外贸依存度的提高是一国经济增长的重要源泉，因此针对我国文化创意产品出口依存度特别是服务贸易出口依存度呈现下降趋势的事实，我国企业必须加大原创产品的开发，特别是针对文化创意产品价值链中的上游部分，即创意阶段进行产品的创新开发，以促进整个产业的持续发展，实现文化创意产品出口的持久竞争力。在促进对外贸易竞争力的同时不应当忽略国内消费的提高对提高整体产业竞争力所具有的关键意义，只有内需与外需同时发展才能真正促进产业的发展。

本文发表在《国际经济合作》2013 年第 2 期。

中国——文化创意产品的出口大国 VS 消费小国

[**内容摘要**] 本文研究了世界文化创意产品进出口贸易及其与中国的比较。论文首先就文化创意产业和产品贸易方面的几个流行观点提出自己的见解，之后研究以联合国贸发会议（UNCTAD）的统计数据为依据，从货物产品与服务产品两方面客观地分析了全球文化创意产品贸易大国以及我国文化创意产品的进出口贸易格局与发展趋势，特别是从进口贸易的角度分析了我国文化创意产品的消费与国际上其他国家的比较情况，从而得出结论：中国是一个文化创意产品的出口大国，但与世界上其他文化创意产业大国相比却是一个文化创意产品进口与消费小国。

[**关 键 词**] 国际贸易；文化创意产品；出口；消费

一、导言

由于近几年来文化创意产品和服务的国际贸易发展迅猛，人们开始进一步认识到文化创意产业是21世纪开始以来一个充满活力的门类，创意产品贸易的规模和市场发展极具潜力。根据联合国贸发会议的统计文化创意产品和服务的出口总值在1996年为2274亿美元，而2005年则达到4244亿美元（不包括知识产权贸易），增长了86.63%，占2005年世界贸易总量的3.4%。2000～2005年，创意产业以年均8.7%的速度增长，这一增长趋势由于全球需求的增长将可能持续10年之久。

我国学者在谈到文化创意产品的国际贸易时，似乎形成的普遍共识是我国的文化创意产品贸易逆差巨大，国际竞争力低下。然而根据联合国贸发会议2008年全球文化创意产业国际贸易发展报告，中国已经成为世界头号文化创意产品出口大国，“2005 年中国以 19.6% 的世界市场份额成为引领世界创意产品出口增长的国家，充分说明了中国在创意产品的生产和贸易上的惊人增长速度和在该领域国际竞争力的提升”（联合国贸发会议报告，2008）。

国内外对于我国文化创意产品国际贸易如此不同的结论主要源自对文化创意产业范畴和贸易产品类别的不同理解和划分以及国际国内对文化创意产品国际贸易缺乏准确和权威的统计数据有关。国内学者所引用的数据往往来自各种零散的渠道，相互引用而缺乏可靠和全面的国际范畴的横向比较。2008 年联合国贸发会议发布的全球文化创意产业国际贸易发展报告，根据各国政府的官方上报数据，首次发表了有关文化创意产业贸易的权威统计数据，为科学研究全球及我国文化创意产业及其贸易规模提供了可靠的依据。

本文将首先阐述文化创意产业的范畴以及产品国际贸易的分类，之后重点以联合国贸发会议的统计数据为依据，客观地分析我国文化创意产业国际贸易的规模与优势以及从进口的角度分析我国对文化创意产品的消费与国际上其他国家比较的情况，从而得出的结论是，中国是一个文化创意产品的出口大国，但与世界上其他文化创意产业大国相比却是一个消费小国。

二、需要澄清的几个流行观点

目前国际上对于文化创意产业应当包含的范畴仍无定论，比较有影响的派别包括五大模式，分别是英国模式、象征性题材模式、涟漪模式、世界知识产权组织（WIPO）模式和联合国贸发会议模式（还有 UNSCO 模式，在此不作介绍）。我国学者主要受英国模式的影响，并在英国模式划定的行业范畴内增加了动漫、旅游和体育等。国内对文化创意产业的另外一个流行观点是文化创意产业限于服务业，尤其指的是版权业。根据这一思路，我国文化创意产业的规模与竞争力在国际上的确处于劣势地位。然而如果将旅游业纳入文化创意产业范畴，则我国文化创意产业的贸易规模和竞争力大大增加①，可见国内对于文化创意产业行业界定存在很大的矛盾性。

事实上，在国际上流行的五大模式中，没有哪一种模式将文化创意产业限定在服务业范畴，也没有任何一种模式将旅游业纳入文化创意产业行业范畴。文化创意产品应当既包括有形的产品，又包括服务，因此在大的产业分类上，既有属

① 旅游业是我国最大和最有竞争力的服务贸易部门，其出口额 2007 年位于全球第六位，达到 372.3 亿美元。

于制造业的部分，又有属于服务业的部分。① 从下面所列五大模式所包括的行业中可以进一步得出此结论。

英国模式：共13个产业部门，包括广告、建筑、艺术与古董市场、手工艺品、设计、时尚、电影与影像、音乐、表演艺术、出版、软件、电视与广播、视频与电脑游戏。

象征性题材模式：共分为三大类，12个产业部门。核心文化产业：广告、电影、互联网、音乐、出版、电视与广播、视频与电脑游戏；外围文化产业：创意艺术；边缘文化产业：消费者电子产品、时尚、软件、体育。

涟漪模式：共分为三大类，15个产业部门。核心创意艺术：文学、音乐、表演艺术、视觉艺术；其他核心文化产业：电影、美术馆与图书馆、遗产服务、出版、录制、电视与广播、视频与电脑游戏；相关产业：广告、建筑、设计、时尚。

世界知识产权组织模式：共分为三大类，22个产业部门。核心版权业：广告、收藏协会、电影与影像、音乐、表演艺术、出版、软件、电视与广播、视觉与绘画艺术；关联性版权产业：空白录制材料、消费者电子产品、乐器、纸张、影印机、影印器材；部分产权业：建筑、时装、鞋类、设计、时尚、居家产品、玩具。

联合国贸发会议模式：共分为四大类，35个产业部门。遗产类，又分为文化遗产和传统文化表达。文化遗产：考古遗址、美术馆、图书馆、展览馆；传统文化表达：艺术与手工艺品、节日与庆典。艺术品，又分为视觉艺术和表演艺术。视觉艺术：绘画、雕塑、摄影、古董；表演艺术：音乐播放、剧院、舞蹈、歌剧、马戏、木偶戏等。传媒，又分为出版与印刷和视听。出版与印刷：书籍、印刷和其他出版物；视听：电影、电视、广播、其他广播。功能性创意，又分为设计、新媒体和创意服务。设计：内部与绘图设计、时尚、珠宝、玩具；新媒体：软件、视频游戏、数字创意内容；创意服务：建筑、广告、文化与休闲、创意研究与研究和开发、数字及其他创意服务。

另外在处理文化产业和文化创意产业的关系时，在我国地方政府层面的提法多为文化创意产业，而国家层面的提法多为文化产业。学者的研究成果也从两个方面各有侧重。然而从国际五大模式看，有四种模式都将文化产业视为文化创意产业的一部分，特别是联合国贸发会议更是明确表示文化产业是文化创意产业的一个组成部分。

下面本文将依据联合国贸发会议的分类方法及统计数据②，分析全球主要国

① 白远．论文化创意产业投资的行业界定和发展条件［J］．国际贸易，2007，11.

② 统计数据以各国上报的可贸易产品交易额计算。

家以及我国文化创意产品的进出口贸易格局与趋势，从货物产品与服务产品两方面进行。

三、全球文化创意产品贸易出口格局与趋势分析——中国与世界的比较

1. 货物贸易出口格局分析

全球文化创意产业货物产品的出口价值在1996～2005年增长显著，到2005年出口总值已经达到3355亿美元（如图2－14所示），10年间年均增长率达到6.1%。尽管发达国家的产品仍然占据着主要市场份额，但是发展中国家的产品销量增长迅猛，从1996年的560亿美元增长到2005年的1362亿美元，增速为143%。发达国家2005年在全球文化产品出口贸易中的份额为58.45%，应当说这一比重与发展中国家相比优势依然存在，但差距在缩小。在分项产品贸易中，发达国家的实力在一些原创性强、高技术含量的行业中十分显著，例如，发达国家在音乐和视听产品的出口比重为90%，出版和印刷为80%，视觉艺术为70%。

中国在1996～2005年文化创意产业货物产品的出口额增长幅度最为抢眼，从184亿美元增长至614亿美元，增速达到233.5%，占世界比重从1996年的9.7%大幅度提升至18.3%，占发展中国家的份额从1996年的32.9%提高到2008年的45%，接近发展中国家的近一半份额。

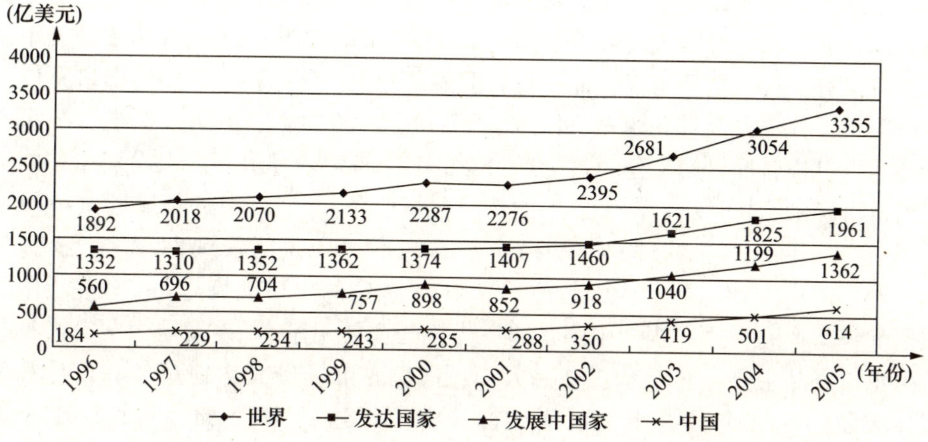

图2－14　文化创意产业货物产品出口：中国与世界的比较

表2－24列出的是全球文化创意产品的主要出口大国。世界文化创意产业货物产品出口大国的座次在1996～2005年的10年间发生了一些变化，但是进入前10的国家名单没有实质性改变。表2－24所显示的数据体现出以下几点：第一，发达国家依然占据了大部分位次，显示了主要发达国家在文化创意产业中的强势地位，其中德国的发展最为迅速。第二，中国在1996年排名第三，而在2005年则以18.3%的份额位居全球第一，是唯一市场份额和增长率超过两位数的国家。

表2－24　文化创意产业货物贸易出口前10位的国家和地区（1996年、2005年）

2005年排名	出口国家和地区	出口额（百万美元）		1996年排名	市场份额（%）	增长率（%）
		2005年	1996年		2005年	2000～2005年
1	中国	61360	18428	3	18.3	17.6
2	意大利	28008	23654	2	8.3	5.9
3	中国香港	27677	24391	1	8.2	0.8
4	美国	25544	17529	4	7.6	3.6
5	德国	24763	13976	5	7.4	14.2
6	英国	19030	12439	6	5.7	9.8
7	法国	17706	12368	7	5.3	8.6
8	加拿大	11377	9312	8	3.4	1.7
9	比利时	9343	—	—	2.8	—
10	西班牙	9138	5988	9	2.7	8.1

资料来源：UNCTAD创意产业报告，2008年。

中国不仅在文化创意产业货物出口总量上的表现出色，而且在多个产品分类中名列前茅。在联合国贸发会议总共7个大的产品分类中，中国在4项分类中占有绝对优势，其中艺术与工艺品、设计和新媒体三大产品2005年的出口都位居全球第一，分别占全球份额的24.1%、21.6%和32.7%。中国还在视觉艺术产品类的出口排名世界第三位，占全球份额的15.6%。在细化的产品分类中，中国的出口市场份额超过世界1/5以上的产品包括柳条制品（68.6）、雕塑（48.9）、电子游戏（40.2）、庆典（39.2）、绘画（31.9）、玩具（31.2）、编织物（29.9）、时尚（29.2）和内部装饰（21.8）。中国的出口优势与大多数发展中国家的优势基本上一致（当然中国是这一优势的主要贡献者）。发展中国家最具优势的出口产品主要在艺术和工艺品方面，占世界市场份额达到60%；设计和新媒体产品的出口也具有很大的潜力，其中设计达到46.94%，新媒体也接近47%。发展中国家总体份额的增长主要得益于设计行业出口的迅速增长，其出口总额从1996年的429亿美元提高到2005年的1024亿美元，增幅为138.7%。

在货物出口产品中，中国最不具竞争力的产品主要是视听（电影）、音乐和出版物。视听产品的统计目前只有电影一项，中国在 2005 年的出口为零；另外一项出口为零的产品是音乐项下的刻录产品。中国在古董一项上的出口额也很低，10 年间只从 100 万美元增长到 200 万美元。古董出口成绩不佳的主要原因是政府的控制，而此类产品出口大国英国、美国和法国则更多的是由于大量拍卖他国的文物而名列前茅。从表 2－25 得出的结论是，中国具有竞争力的文化创意产品主要集中在劳动密集型产品和需要一定的原创性但技术含量位于中、低端层次的产品上，而在原创性强、技术投入高的产品上，我国产品的竞争力的差距有冰火两重天的感觉。

表 2－25　文化创意货物产品出口：

中国与世界的比较（2005 年）　　单位：百万美元

产品分类	世界	中国	占比（%）	产品分类	世界	中国	占比（%）
艺术与工艺品	23244	5602	24.1	设计	218173	47078	21.6
地毯	4071	378	9.28	绘画、雕刻	16422	1865	11.4
庆典	3118	1221	39.2	时尚	60100	17524	29.2
纸制品	62	3	4.84	玻璃制品	6016	854	14.2
柳条制品	1640	1125	68.6	内部装饰	66597	14525	21.8
编织物	4808	1438	29.9	珠宝	38612	2819	7.3
其他	9546	1438	15.1	玩具	30425	9490	31.2
视听	664	0		新媒体	12035	3940	32.7
电影	664	0		数字录音	2282	24	1.05
音乐（CD，磁带）	14924	135	0.9	电子游戏	9752	3916	40.2
录音	14805	135	0.9	视觉艺术	22149	3459	15.6
刻录	119	0		绘画	955	305	31.9
出版物	44304	1146	2.57	摄影	1494	139	9.3
图书	12881	680	5.28	雕塑	6078	2972	48.9
报纸	15324	18	0.12	古董	2536	2	0.0007
其他	16099	447	2.78	其他	11087	40	0.36

2. *服务贸易出口格局分析*

全球文化创意产业服务产品的出口增长速度更为显著，1996～2005 年出口总值从 380 亿美元猛增至 980 亿美元，年均增长率达到 8.8%，这一增长速度超过货物产品出口增长速度的 2.7%。虽然服务产品的出口增长迅猛，但服务出口占整个文化创意产品出口的份额只有1/5强，为21%。造成这一差距的一个原因是数据统计不全，另外即使一些发达国家也没有向联合国相关部门上报一些重要服务部门的数据，例如，英国和美国的广告和建筑数据缺失。

从表2－26文化创意产业服务产品出口分类上看，发达国家在服务贸易领域占据了84.2%的份额，处于绝对领先地位。在分类项目中，发达国家除了在“其他个人、文化与休闲服务”一项上低于发展中国家外，在其他五项上均大大高于发展中国家，平均份额均超过80%。与货物产品出口所具有的优势地位形成对照的是，中国在服务产品出口所占有的市场份额仅为1.36%，全球排名仅处于第15位。中国服务贸易总量低的另外一个原因是有些项目我国的统计数据缺失，可能是由于统计口径不一致。如果加上其他来源的数据，我国文化创意产业服务贸易出口总量至少约为59.79亿美元，占相关服务贸易出口的世界比重可达到5.2%。

表2－26 文化创意产业服务贸易出口（2005年） 单位：百万美元

	总计（不含知识产权）	广告、市场调研、民意调查	建筑、工程和其他技术服务	视听和相关服务	R&D服务	个人、文化与休闲服务	其他个人、文化与休闲服务	知识产权
发达国家	92633	12418	23081	16499	17097	22838	700	119714
	84.2%	79.1%	83.26%	94.18%	95.04%	83%	19.7%	96.7%
发展中国家	12581	1397	2998	877	120	4401	2788	3698
	11.44%	8.9%	10.81%	5%	0.67%	15.99%	78.45%	2.97%
全球总计	110005	15704	27722	17518	17990	27517	3554	123842
中国	5979	1076	2593	134	1885（2003）	134	—	157

资料来源：2008年UNCTAD文化创意产业报告。中国的R&D服务为2003年数据，建筑服务数据来自商务部，这两项数据均未加入到全球总计中。总计不包括转型国家。

在联合国贸发会议有关文化创意产业贸易的统计总量中没有计入知识产权的贸易量，之所以如此是由于知识产权贸易还包括了相当一部分其他工业产权贸易在内，而在统计上还很难将两者分开。显然，如果将知识产权贸易计入文化创意产业服务贸易总额中，则其总量将增加112.6%。即便如此，如果考察知识产权贸易的情况，发达国家在知识产权的出口上具有绝对的优势，其出口额占世界知识产权出口总量的比重达到96.7%，而中国只占有0.13%。这一事实至少说明两点：第一，发达国家统治着世界创意产业价值链中最具增值价值的环节，其绝对优势毋庸置疑，而这一点也从文化创意产业服务贸易分项中的R&D服务得到印证，这一项发达国家所占的比重超过了95%（如表2－26所示）。第二，如果以国内一些学者所定义的文化创意产业为服务业，或知识产权业，则中国在文化创意产业贸易上毫无竞争力可言。如果这一结论成立，以文化创意产业如此小的规模和对经济的影响力，大力发展文化创意产业的重要性将大大降低。

四、全球文化创意产品贸易进口格局与趋势分析——中国与世界的比较

1. *货物产品贸易进口格局分析*

全球文化创意产业货物产品的进口如同出口一样保持了持续增长的势头。根据联合国贸发会议的统计，全球总进口量从 1996 年的 1905 亿美元增加到 2005 年的 3509 亿美元，年均增幅为 8.42%。发达国家依然是文化创意产品最主要的需求国家，虽然其进口份额在 2005 年有所下降，但仍然占据了 80.5% 的比重，而发展中国家和转型国家加起来不到 1/5 的份额。

中国在文化创意产业货物产品的进口与出口上形成了截然不同的局面。中国的进口在 1996 ~ 2005 年虽然稳步增长，但提升缓慢，与 18.3% 的出口份额相比，差距甚大。更能说明问题的是我国进口在世界进口总量中的比重。与出口份额大幅上升的趋势相反，我国在世界进口市场的份额呈现出逐渐下降的趋势。1996 年我国进口占世界市场份额为 1.2%，而 2005 年则下降至 1.05%，占发展中国家的份额也从 1996 年的 8.5% 下降至 2005 年的 6.1%（如图 2 – 15 所示）。

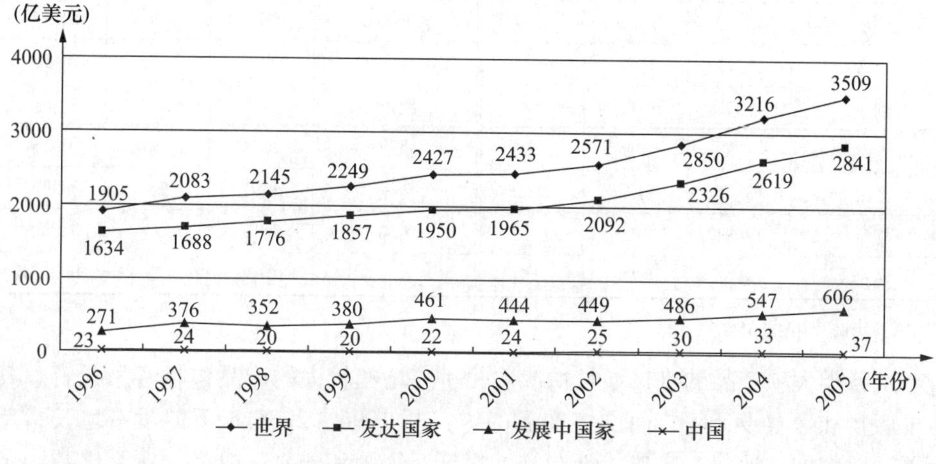

图 2 – 15　文化创意产业货物产品进口量：中国与世界的比较（1996 ~ 2005 年）

资料来源：UNCTAD 创意经济报告，2008 年。

中国在进口总量上的情况如此，那么按照产品分类看情况如何？表2－27是我国在世界进口市场上七类大项产品进口情况及各个分项产品的进口金额及其占世界进口市场的比重。在大项产品中我国进入前10名的产品只有设计和音乐两项，分别排名第七位和第四位，其他均未进入前10名。在分类产品进口中，中国进入前10位的也只有其他艺术与工艺品和录音产品，分别排名第八位和第四位。即使是按照发展中国家的排名，中国的名次多数也在前10名的第五位、第六位的位置。从全球市场份额角度看，我国只有音乐进口超过6%以上，其余都在1%上下徘徊。

表2－27　文化创意货物产品进口：中国与世界的比较（1996年，2005年）

单位：百万美元

产品分类	世界	中国	占比（%）	产品分类	世界	中国	占比（%）
艺术与工艺品	25091	400	1.59	设计	228428	1642	0.72
地毯	4033	10	0.25	绘画、雕刻	17449	43	0.25
庆典	5698	3	0.0005	时尚	60792	442	0.73
纸制品	118	2	1.69	玻璃制品	5524	50	0.91
柳条制品	1786	3	0.17	室内设计	70345	567	0.81
编织	3884	55	1.42	珠宝	31254	268	0.86
其他	9572	327	3.42	玩具	43064	271	0.63
视听	650	2	0.31	新媒体	13402	57	0.43
电影	650	2	0.31	数字录音	2436	9	0.37
音乐（CD，磁带）	16419	1052	6.41	电子游戏	10966	49	0.45
录音	16312	1052	6.41	视觉艺术	21111	35	0.17
刻录	107	0	0	绘画	963	0	0
出版物	45783	488	1.06	摄影	1674	6	0.36
图书	13836	72	0.52	雕塑	5691	25	0.44
报纸	17081	192	1.12	古董	2617	2	0.0007
其他	14866	224	1.51	其他	10166	2	0.0001

资料来源：UNCTAD。

从各类大项产品的进口增长情况看，进口增幅较大的产品包括音乐录音、其他出版物和珠宝设计等，而许多产品的进口从1996～2005年不但没有增长，反而下降，例如，地毯、庆典、纸制品、报纸、绘画和雕刻、时尚、玩具、数字录音、绘画等都出现了进口下降趋势。

中国等发展中国家在进口方面所占有的市场份额低下说明发展中国家的消费

能力低下。文化创意产品的消费属于高收入弹性产品，因而与国民的收入水平息息相关。文化产品消费需求低不仅反映了一个国家居民的收入水平，同时还反映了一个国家居民的生活质量。从以上数量分析得出的结果也证实了联合国教科文组织的结论，即国民收入与文化产品的消费量有密切的正相关关系，与这些国家文化产业竞争力也是正相关关系。高收入国家（9386美元以上，世界银行，2003）不仅是最大的文化产品出口国，同时也是世界上主要的文化产品消费国。我国从总体上讲是一个文化产品消费小国。

2. 服务产品贸易进口格局与分析

世界各经济体在文化创意产业服务产品进口方面的格局和比重没有实质性的变化，发达国家依然是服务进口市场的主宰，总份额占到83.96%。发达国家除了在其他个人、文化与休闲项目上所占比重低于发展中国家外，在所有其他项目上均高于76%以上，特别是在R&D服务项目上高达98.2%，如果考虑发达国家所占有的95%以上的出口市场份额，那么发达国家几乎统治了该行业的贸易市场，可见文化创意产业服务领域的产业内贸易主要在发达国家之间进行。知识产权领域内的贸易也说明了这一点（出于同样的原因，知识产权进口未计入到文化创意产业服务贸易进口总量中）。发达国家不仅占据了大部分出口份额（96.7%），还占据了大部分进口份额，达到77.38%，基本上统治了文化创意产业链的高端环节。中国服务产品进口总量的统计与出口存在同样问题，数据不全。如果计入从其他渠道获得的数据，进口总量应当达到60.93亿美元，占全球比例达到5.49%（如表2-28所示）。中国知识产权的进口金额虽然是出口的近34倍，但是5.1%的全球比重还是大大低于发展中国家20.7%的比重。

表2-28 发达国家、发展中国家和转型国家文化创意服务产品进口额和比重（2005年）

单位：百万美元

	总计（不含知识产权）	广告、市场调研、民意调查	建筑、工程和其他技术服务	视听和相关服务	R&D服务	个人、文化与休闲服务	其他个人、文化与休闲服务	知识产权
发达国家	88050	14791	17939	14702	19386	20462	770	104114
	83.96%	87.24%	76.85%	89.69%	98.18%	79.85%	27.38%	77.38%
发展中国家	10985	1057	2233	1256	58	4390	1991	27901
	10.47%	6.23%	9.57%	7.66%	0.29%	17.13%	70.8%	20.74%
总计	104873	16954	23344	16392	19745	25629	2812	134548
中国	6093	715	1620	154	3450	154	—	5321

资料来源：UNCTAD，中国的R&D服务为2003年数据，建筑服务数据来自商务部，这两项数据均未加入到全球总计中。总计不包括转型国家。

对文化创意产业服务产品进口排名前20位的国家组成的分析会帮助我们进一步了解各主要大国对文化创意产品的消费情况。在排名前20位的国家中发达国家有14个，占据了大多数，说明服务产品的主要消费者为发达国家，这点与货物产品的消费情况一致。德国不仅引领服务产品的出口，占据了23%以上的出口市场，同时还是最大的服务产品消费国，占据了近1/4的进口市场。美国在服务产品出口市场上排名第三，占据了7.94%的份额，但其服务产品消费水平却远不如出口，排名20而且市场份额也只有1.07%，与其发达的大国身份不相称。

中国的服务产品进口由2000年的排名第13下降到第21，市场份额也只有1.01%，这与中国在服务出口市场的情况类似（出口占1.36%）。在文化创意服务产品进口分类中，中国在广告、市场调研和民意调查一项上在全球排名第8，在视听和相关服务一项上排名第15，而在其他项目上均未进入前20名。

从以上对文化创意产业国际贸易情况的分析，可以得出以下几点结论：

第一，中国是文化创意产品贸易大国，是创意产业货物产品的世界头号供给商，特别是在具有一定原创性的中低端技术含量产品出口上具有强大的比较优势。

第二，在我国成为最大货物产品供给商的同时应当看到与庞大的出口相比，我国是一个消费小国，即使是在发展中国家中也非消费大国，说明我国对文化创意产品的消费能力与意愿十分低下，与我国的出口能力和相应的人均国内生产总值水平都不相称，出口与进口相比极度失衡。

第三，中国在文化创意产品贸易上表现出的货物产品出口竞争力强大而服务产品相对落后的局面与中国国内整体的产业结构格局相吻合。我国庞大的制造业和丰富的劳动力资源是支持文化创意产业发展的保证，但同时由于我国服务产业相对落后，因此文化创意产业服务贸易上的落后局面与国内的产业格局形成直接的因果关系。

第四，此次金融危机使国内需求对于经济增长的作用凸显，而文化创意产品的消费被认为具有巨大的潜力。文化创意产品属于高收入弹性的消费品，是典型的需求拉动发展的产业，因此一个国家居民的收入水平和消费偏好决定了一项文化产品是否具有市场潜力。一般说来，文化产品品质越高，受版权保护就越严格，价位也就越高。这样就要求消费者拥有较高的收入水平。同时，文化产品品质品位越高，对消费者鉴赏能力的要求越高，而鉴赏能力的高低取决于消费者的文化修养和受教育程度，而文化修养和受教育程度一般取决于消费者及其家庭的收入水平。然而我国对文化创意产品需求低下的事实一方面说明我国居民对文化创意产品的消费能力有待提高；另一方面说明我国居民对文化创意产品的消费偏好也有待培养，这可能是一个更为长期的过程，因为在我国人均收入不断提高的同时，改变人们的消费行为则涉及文化习俗、社会影响、教育导向、个人兴趣爱好等多方面因素，这些都需要政府、社会和个人共同做出努力。

五、对促进我国文化创意产业发展的几点思考

1. 促进国民收入是基础

我国目前的经济实力已经有目共睹，然而我国的文化“软实力”还有待提高，而发展文化创意产业是提高文化“软实力”的有效途径，同时又可以促进经济“硬实力”的提高。然而从前文的分析中可以得出的一个结论是中国居民对文化产品较低的消费能力和愿望成为制约文化创意产业发展的一个重要因素。因此提高国民收入水平是促进文化创意产业发展的基础，特别是注重提高城镇居民的可支配收入和农村居民的纯收入是促进文化创意产品消费的保障。

2. 通过产业链的开发满足不同层次消费者的需求

我国人均国内生产总值水平的提高并不一定意味着对文化产品消费需求的提高，这里还存在着消费者收入差异问题。根据中国社科院2007年《文化产业蓝皮书》的统计，2006年我国文化消费的总量是4685亿元，然而根据测算，在人均国内生产总值达到1600美元水平时，对文化产品的消费应占收入的20%，而我国目前对文化产品的消费满足度不到1/4。这个数据说明两方面问题：一方面是供给方的问题；另一方面是需求方的问题。从供给方来讲，是否能开发出民众愿意消费和消费得起的产品是一个关键因素。以英国作家J. K. 罗琳的《哈利·波特》为例，她的一只魔笔所塑造的哈利·波特激发了各类消费者的兴趣，加之高技术的投入和成功的商业运作使《哈利·波特》整个价值链中的各种产品如小说、电影、DVD、录像带、电视片、唱片、游戏等能够满足不同层次消费者的审美需求和支付能力，因而创造出了60亿美元的价值。

3. 转变国民消费观是前提

从需求方来说，我国消费者（包括个人和社会团体）如何分配所增加的收入还取决于人们的消费偏好和消费观念。例如，在包括聚餐、观看演出和电影、参观博物馆和美术展等各项消费选择中，人们更多地选择聚餐。从统计数据来看，我国居民与社会团体用于餐饮的支出与增长速度大大高于用于文化娱乐的消费。以北京市为例，2004～2007年，北京市居民人均在外餐饮支出的增长率分别为27.6%、8.4%、15.1%和12.6%。全国餐饮业零售额2004年为7486亿元，2005年为8886.8亿元，2006年突破1万亿元大关，达到10345.5亿元，而2007

年预计可达到1.2万亿元，实现了连续16年的两位数高速增长，从行业规模与发展速度来看都是其他许多行业所不及的。餐饮业的快速扩张是人们生活水平提高的一个直接证据，但它也同时说明人们倾向于将所增加的消费支出中的很大比例投入到聚餐上，这样的消费行为应当说是具有中国特色的文化行为。相比而言，在发达国家人们的选择则更倾向于具有较高文化内涵的文化娱乐消费。

下面选用图书的消费趋势做一分析。选择图书的原因：一是图书的价格可以满足不同层次消费者的需求；二是图书是最方便、传统和低廉的文化消费方式。如果将图书的销售额和增长率与餐饮业的销售额和增长率作一比较可以从一个侧面说明中国消费者的消费选择倾向。

表2-29　中国图书销售总额、人均购书量和人均购书额（1999~2007年）

项目 年份	人均购书量		人均购书额		图书销售总额	
	数量（册）	增长率（%）	金额（元）	增长率（%）	金额（亿元）	增长率（%）
1999	5.82	-5.67	28.2	1.26	825.31	10.36
2000	5.55	-4.64	29.77	5.57	847.88	2.74
2001	5.43	-2.16	32.01	7.52	920.93	8.61
2002	5.47	0.74	33.86	5.78	993.93	7.93
2003	5.26	-3.84	35.72	5.49	1070.2	7.67
2004	5.16	-1.9	37.39	4.67	1090.76	1.92
2005	4.85	-6	37.72	0.88	1176.71	7.88
2006	4.92	1.44	38.37	1.72	1236.09	5.05
2007	4.78	-2.85	38.8	1.12	1305.04	5.58

注：（1）图书销售总额数据来源：新闻出版总署《全国新闻出版业基本情况》（1999~2007年）。

（2）图书销售总额为发行销售总额，而非纯销售总额。

（3）人均购书数据是根据新闻出版总署公布的每年图书销售数据和国家统计局公布的每年末全国人口数据计算得出。

表2-29的数据表现出两大特点：一是在9年的时间内无论是图书销售总额还是人均购买图书的数量与金额都处于很低的水平，例如，人均购书支出金额一直在30元上下徘徊；二是即使在这样的低水平上，3项指标的增长率均呈现下降的趋势（如图2-16所示），特别是人均购书增长率基本上是负数。图书销量的下降自然有网络图书、电子图书等其他替代产品开发的影响，然而与快速增长的餐饮消费相比，图书消费的长期停滞徘徊也说明了我国消费者的货币选择。

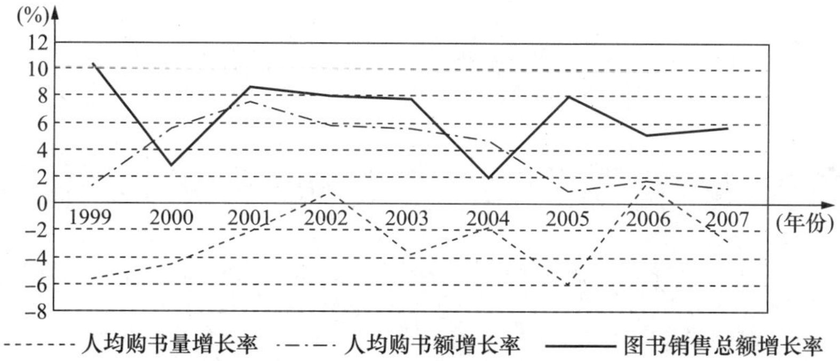

图 2－16　中国图书销售总额、人均购书量和人均购书额趋势（1999～2007 年）

以上的分析说明培养消费者的消费观念，提高人们对文化产品的欣赏能力和水平是促进我国文化创意产业发展的一个重要前提。然而转变消费者的消费观念和偏好无疑是一个大规模的消费行为的干预和价值观的塑造，这项巨大工程必须通过政府、学校、社会和家庭各个方面的努力才能实现。例如，各个不同层次的学校可以增加文化艺术类课程的选修和鉴赏的内容，鼓励有影响的艺术家进入大学课堂，如李德伦先生曾经进入大学讲解交响乐，为 20 世纪 80 年代大学生中掀起交响乐热做出了重要贡献。政府在考虑文化娱乐设施的投入时应当将重点放在普及性的设施建设上，更多地免费开放博物馆和展览馆等公共设施，并适当补贴高水平的文艺演出和艺术活动，使其价格更容易为一般的消费者所接受。此外家庭是文化活动的重要基层单位，因此通过引导性的措施如小区文化建设、环境渲染、招贴画等宣传方式，倡导文化进家庭，并以家庭文化水平和意识的提高促进整个社会文化鉴赏力的提高，进而促进对文化产品需求的提高。

本文发表于《财贸经济》2010 年第 10 期。

中国文化创意产品进口低下之原因分析

——基于贸易开放度与居民消费的国际比较研究

[内容摘要] 本文是继《中国——文化创意产品出口大国 VS 消费小国》一文之后对中国文化创意产品进口低下原因的进一步研究。本研究从影响进口的两个主要因素，即市场保护和消费需求，应用进口贸易开放度（对外贸易比率法、政府贸易政策）和居民文化消费指数与进口系数变化的方法，通过与其他发达和发展中国家中的文化创意产品贸易大国的比较，力求揭示中国文化创意产品进口低下的深层次原因。本文的研究结论是，从文化消费水平和增长速度来看，中国居民的消费符合中上等收入国家的收入水平，且增长速度较快，因而不构成进口需求低下的主要原因；而与其他文化创意贸易大国与地区相比，中国政府在文化创意货物产品贸易上的较高关税和在服务贸易领域的较低承诺是构成进口低下的一个主要原因。据此本文认为，中国居民的文化消费偏好和中国文化创意货物产品的强大竞争力使中国居民更愿意消费本国文化产品，因而成为进口低下的潜在原因。

[关 键 词] 文化创意产品进口低下；贸易开放度；居民消费；国际比较

一、研究意义与方法

我国几十年形成的依赖外需作为重要的经济增长方式的模式（出口导向发展战略）在政府、企业和学界形成了一个思维定式，即普遍重出口，轻进口；在研究领域则重出口研究，轻进口研究。同样在文化创意产品贸易领域，大量的研究成果是如何促进中国文化创意产品的出口，改善该领域贸易逆差为目的的研究。但是本文作者对中国文化创意产品贸易的前期研究揭示中国在文化创意产品国际贸易领域面临严重失衡的局面，然而此失衡并非学界一些学者（胡惠林，2004；赵有广，2006；史瑞丽，2007；张海涛等，2007）所认为的逆差，而是大量的顺差带来的失衡。如图 2－17 所示是中国与世界文化创意产品贸易额排名前五的发达国家和排名前五的发展中国家文化创意货物产品贸易差额的比较。2011 年中国文化创意货物产品贸易顺差额排名世界首位，已超过 1160 亿美元，是 2002 年顺差的近四倍，形成跳跃式增长态势。即使在国内一些历来认为中国竞争力低下的文化创意服务贸易领域，中国的逆差状况也在改善①。2002 年中国文化创意服务产品贸易额还有 14.3 亿美元的逆差，但到 2007 年便转为顺差，2011 年已有 9.7 亿美元的顺差，表现强于除巴西外的其他几个发展中国家（如图 2－18 所示）。

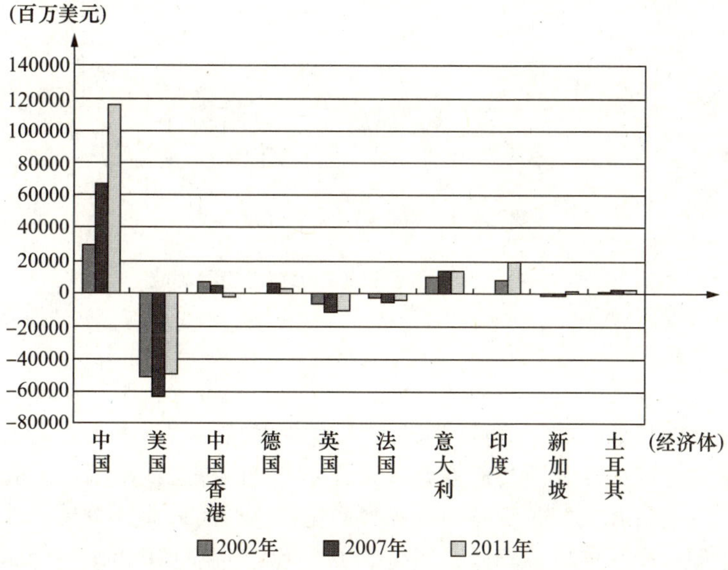

图 2－17　文化创意货物产品贸易差额的比较

中国在文化创意产品贸易上的失衡说明了我国进口需求低下的事实。一个国家居民对文化创意产品的消费量反映的不仅是该国居民的消费结构，也反映了居民的消费偏好与文化素养。发达国家的文化创意产品贸易格局显示，它们不仅是重要的文化创意产品出口国同时又是主要的文化创意产品进口国。当中国人均国内生产总值达到中等偏上水平后（人均 GDP 7485 美元，2014），中国的文化创意产品进口量与其他文化创意产品贸易大国相比却处于较低水平，与出口形成巨大反差。

① 按照联合国贸发会议的统计文化创意产品服务贸易不包括知识产权贸易，因为知识产权贸易包含了大量工业产权。

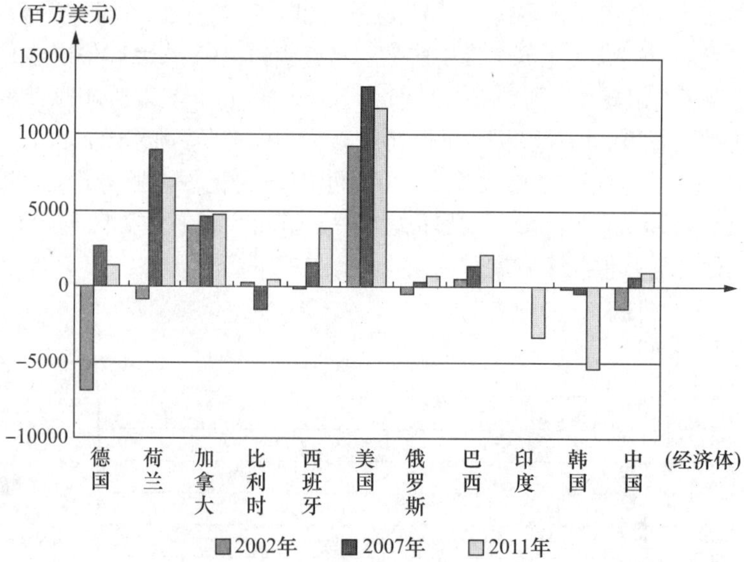

图2-18　文化创意服务产品贸易差额比较

资料来源：UNCTAD 数据库。

有鉴于此，本文作者希望从文化创意产品进口角度，特别是从影响进口的两个主要因素，即市场保护和消费需求，应用贸易开放度和居民文化消费指数变化的研究方法，力求揭示我国文化创意产品贸易失衡的深层次原因。首先，通过对文化创意产品贸易开放度的研究确定我国文化创意产品的对外贸易开放程度。由于我国文化创意产品进口量较低，因此在贸易上与其他大国相比是否属于保护度较高的国家。其次，中国文化创意产品进口量较低是否可以用国内居民的消费需求低下来解释。本文希望通过对我国居民文化消费的动态变化以及与其他高、中、低三个收入组群国家的比较来回答这一问题。

为了以上研究目的，本文使用联合国贸发会议公布的《创意经济报告》(2012) 及该组织数据库中的最新数据和联合国贸易组织公布的相关国家的关税政策以及对服务贸易的承诺，分别选取了文化创意产品货物贸易总额排名前五和服务产品贸易总额排名前五的发达国家和发展中国家（地区）进行比较与分析。

二、贸易开放度的国际比较

贸易开放度包括两层含义：一是本国产品以何种方式、何种程度和何种代价进入他国；二是他国产品以何种方式、程度和代价进入本国。本文侧重第二层含义中他国产品以何种方式、程度和代价进入本国。对于进口开放度的研究本文采用直接方法和间接方式，即对外贸易比率法（M/GDP）和政府贸易政策开放度对中国和主要文化创意产品贸易大国进行国际比较。

1. 进口贸易开放度的国际比较——对外贸易比率法的研究

本文使用对外贸易比率法对所选定的两组目标国家的进口贸易开放度进行计算后得出图 2－19 与图 2－20。两组国家的平均值显示，它们的进口开放度自 2002 年起呈现持续增长趋势，也就是说，不论是发达国家还是发展中国家，它们对外来文化创意产品的依赖程度不断加深。图 2－19 显示，5 个发达国家中，除美国 2011 年略有下降外，其他国家都处于稳步增长态势，增长最为显著的是荷兰，其进口开放度从 2002 年的 2.2% 上升到 2011 年的 4.15%，10 年间提高了近 2%，而其他经济体都增长了不到 1%。5 个发展中国家和地区中（如图 2－20 所示），中国香港对外来文化创意产品的依赖程度持续增强，并且是在世界范围内文化创意产品进口开放度最高的地区，说明文化创意产品进口需求在经济结构中的重要性；俄罗斯、韩国和印度在 2002～2011 年进口开放度都处于波动状态。中国是所有目标国家中开放度最低的，2011 年仅为 0.18%。当然经济规模庞大是造成我国直接开放度底下的一个原因，但经济规模超过中国的美国，其进口开放度也远远高于中国。由于存在着经济规模差异问题，因此不仅要看各国的开放度现状，更要看它所呈现的趋势性变化，显然中国对文化创意产品的进口开放度处于持续下降状态，是唯一一个进口开放度在 10 年间持续下降的国家，表明中国对国外文化创意产品的相对需求不断下降。

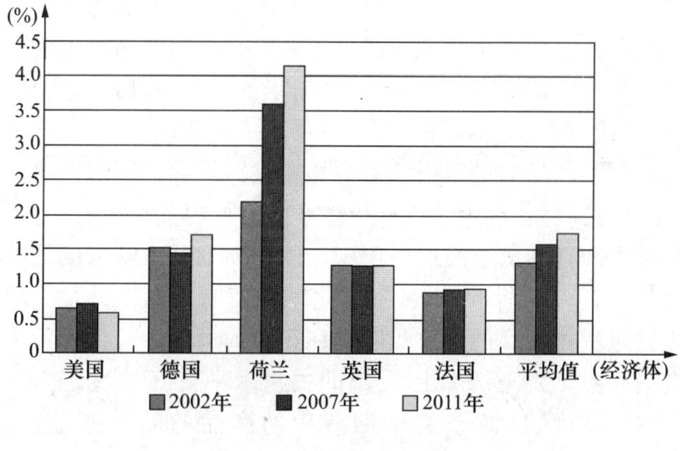

图 2－19　前五发达国家文化创意产品进口开放度

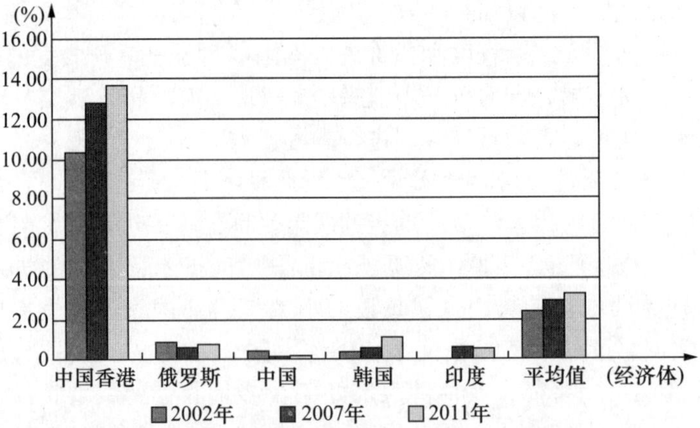

图2-20　前五发展中国家及地区文化创意产品进口开放度

资料来源：根据UNCTAD数据统计而成。

2. 进口贸易开放度的国际比较——各国贸易政策的研究

贸易政策可以反映一国政府对某一个甚至多个产业的保护程度或开放程度，它间接解释了一个国家实际发生的贸易状况。通过对研究对象国家文化创意产业相关贸易政策的评估及比较，可以进一步地观察各国政府对文化创意产品市场的政策倾向性——即保护、限制、相对开放，还是鼓励文创产品的进口。本文采用目标国家和地区文化创意产品货物贸易进口平均关税和它们在服务贸易领域对服务贸易总协定（GATS）的承诺通过统一赋值的方式进行比较。

（1）文化创意货物产品进口平均关税。由于联合国贸发会议和世界贸易组织对文化创意货物产品的统计口径不同，造成可比产品类别筛选难度增加，使本文提到的关税水平无法涵盖文化创意产品中的所有货物产品，因而本文从具有可比性角度选取了其中一部分产品，包括印刷品（书籍，报纸等）、音乐（CD，磁带等）、录音录像设备、珠宝、玩具和艺术品这六大类。

从对以上六大类产品的进口平均关税的变化趋势看，可以得出的结论是，截至2010年研究对象国对各类文化创意货物产品实行的关税均有不同程度的下降，发达国家的关税水平普遍低于发展中国家，而主要发展中国家的下降幅度大大高于发达国家（如表2-30所示）。这一变化趋势表明，无论是发达国家还是发展中国家对文化创意货物产品的开放程度都在逐年加大，在关税政策上鼓励文化创意货物产品进口。然而尽管发展中国家的关税水平下降较快，但与发达国家相比，发展中国家（地区）对于文化创意货物产品的政策开放度仍处于较低水平。

表2－30　前五发达和前五发展中国家和
地区文化创意货物产品关税水平

单位:%

项目/经济体	印刷品			音乐			录音录像设备		
	2001	2006	2010	2001	2006	2010	2001	2006	2010
美国	0.3	0	0	1.6	1.6	2.2	0.8	0.8	0.5
欧盟	0.8	0	0	2.6	2.6	2.7	7.1	8	7.8
中国香港	0	0	0	0	0	0	0	0	0
俄罗斯	5.4	—	5.3	5	—	5	19.6	—	11.5
中国	4.9	2.8	2.8	18.4	17.5	17.5	36.9	25.4	22.2
韩国	1.9	1.2	0	8	8	8	8	8	7.2
印度	17.1	7.3	5.9	35	12.5	10	35	12.5	8.9
项目/经济体	**珠宝**			**玩具**			**艺术品**		
	2001	2006	2010	2001	2006	2010	2001	2006	2010
美国	4.9	4.9	4.9	1.5	1.4	2	0	0	0
欧盟	2.3	2.3	2.3	2.8	2.1	2.3	0	0	0
中国香港	0	0	0	0	0	0	0	0	0
俄罗斯	20	—	20	15.4	—	12	0	—	0
中国	32	27.5	27.6	15	7.7	10.9	8.9	8.9	8.9
韩国	8	8	8	8	5.7	6.6	0	0	0
印度	35	12.5	10	29.9	12.5	10	30	10.7	10

注：表格中所指的欧盟包含德国、荷兰、英国和法国。

资料来源：根据WTO官方数据整理而成。

如果从对象国2010年达到的关税水平现状看（如图2－21所示），除中国香港作为自由贸易港对所有产品实行零关税外，发达国家文化创意货物产品进口关税水平大大低于发展中国家，不超过2.5%，而在发展中国家及地区中，除中国香港外，韩国关税限制相对较小，而我国成为这些国家中关税水平最高的国家，在六大类产品中我国的四大类产品（音乐、录音录像设备、珠宝和艺术品）的关税都高于其他国家。这个结果与使用对外贸易比率法计算的直接开放度完全吻合，基本上一一对应。如发展中国家和地区中的直接开放度排名为中国香港、韩国、俄罗斯、印度、中国，而关税水平体现的与这些国家的间接开放度排名完全一致。这说明尽管存在经济规模大小不一的问题，但并不影响结论的正确性。因而本文得出的一个结论是，尽管我国在“入世”后文化创意产品关税水平有了一定程度的下降，但相比较而言，其政策的开放度不高，限制较大，这从一个方面解释了我国文化创意货物产品进口较低，存在巨大失衡现象的原因。

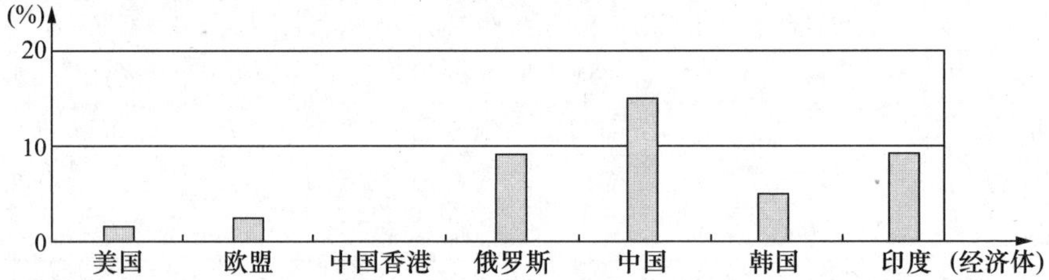

图 2-21　2010 年主要发达国家与发展中国家和地区六类文化创意产品平均关税水平

资料来源：根据 WTO 官方数据整理而成。

（2）文化创意服务产品——研究对象国对《服务贸易总协定》的承诺。在服务贸易方面，世界贸易组织各成员国都在《服务贸易总协定》（GATT）框架下对各个产业的市场准入限制、国民待遇限制和其他方面限制做出不同程度的承诺。根据联合国贸发会议关于文化创意产品中服务产品的分类，本文对 10 个国家（地区）在关贸总协定下有关文化创意产品市场准入和最惠国待遇的承诺进行了比较。基于数据的可获得性和可比性，本研究选取了 R&D、广告、市场调查和公投服务、建筑和工程相关服务、视听服务和其他文娱类服务（含图书馆、音乐会、新闻机构、体育等）六个类别。

为了便于比较，本文采用赋值量化方式，在关贸总协定框架下，按照服务贸易发生的四种方式，即①跨境交付；②境外消费；③商业存在；④自然人流动根据研究对象国（地区）的承诺，对其政策开放度进行分级量化[①]。四种服务贸易方式下限制最少的方式是境外消费，其次是跨境交付，而对商业存在和自然人流动限制较多，情况也较复杂。因此本文对跨境支付和境外消费分为 0～2 三个级别，而对商业存在和自然人流动分为 0～4 五个级别。在前两类贸易方式下，0 代表无限制，完全开放；2 为不承诺，完全不开放；1 为不同程度的部分限制。在后两类贸易方式下，0 代表无限制；4 为不承诺；1 为受某些条件约束，但不受水平承诺约束；2 为仅受水平承诺约束；3 为除水平承诺外，还受其他条件约束。在用于研究比较的六类产业中，有些国家在某些服务领域没有参加多边谈判而只是以双边谈判方式进行个案处理，或者以一体化区域方式承诺，如中国“入世”时在服务贸易领域的承诺不包括文化、娱乐和体育服务方面的内容，对此情

① 由于各国对服务贸易的承诺从文字上的表述比较简单，或者完全承诺，或者完全不承诺，或者水平承诺，而其他情况也较好归类，因此本文采用了文中的赋值方法。

况本文不作分值比较。

表2－31与图2－22是根据以上赋值方式对对象国在市场准入和国民待遇方面做出承诺的比较。第一，从开放的平均水平看，五个发达国家对文化创意服务产品承诺的限制普遍低于前五发展中国家及地区。发达国家的限制较低首先表现在这些国家都只有一个领域没有做出多边承诺，如美国是R&D，其他四国是视听服务。由于视听服务中电影产业是一个重要部门，因而这四个发达国家所表现出的强烈保护倾向主要是针对美国发达的电影产业和保护本国产业与文化。发展中国家中没有涉及的谈判领域最多的是中国和印度，分别有三个领域，而俄罗斯则是10国中唯一一个参加了所有六个领域谈判的国家。第二，从对象国在市场准入和国民待遇两方面看，发达国家的限制平均低于发展中国家（如图2－22所示）。在市场准入方面，10个国家中印度的平均开放度最低，俄罗斯的平均开放度最高；在国民待遇方面，中国香港的平均开放度最低，而美国的平均开放度最高。如果用经济学的原理来解释以上结果，限制越低的国家在文化创意产业的竞争力应当是最强的国家，因而发达国家特别是美国的情况证实了这点。在发展中国家和地区中，印度无论从何种角度考虑都属于限制最高的国家。中国香港虽然对文化创意货物产品的进口没有限制但对文化服务产业的承诺是较低的，这个结果与人们对中国香港这个自由港的印象不符。然而在文化创意产品贸易中，单纯用经济学原理还无法解释事情的全部，因为其他因素的重要性与影响力有时超过了经济因素，如政治、宗教与文化等传统影响力。

表2－31　研究对象10国对文化创意服务领域市场准入与国民待遇的承诺

经济体	4种方式	R&D		广告		市场调查和公投服务		建筑工程服务		视听服务		其他文娱类服务	
		A	N	A	N	A	N	A	N	A	N	A	N
美国	(1)			0	0	0	0	2	2	0	1	0	0
	(2)			0	0	0	0	0	0	0	0	0	0
	(3)			0	0	0	0	0	0	1	1	1	0
	(4)			2	0	2	0	3	0	3	0	2	0
Σ				2	0	2	0	5	2	4	2	3	0
德国	(1)	0	0	0	0	0	0	1	1			2	2
	(2)	0	0	0	0	0	0	1	1			0	0
	(3)	0	0	0	0	0	0	1	1			0	0
	(4)	2	2	1	2	2	2	2	2			2	2
Σ		2	2	1	2	2	2	5	5			4	4

续表

经济体	4种方式	R&D		广告		市场调查和公投服务		建筑工程服务		视听服务		其他文娱类服务	
荷兰	(1)	0	0	0	0	0	0	1	1			2	2
	(2)	0	0	0	0	0	0	1	1			0	0
	(3)	0	0	0	0	0	0	1	1			0	0
	(4)	2	2	2	2	2	2	1	2				2
Σ		2	2	2	2	2	2	4	5			4	4
英国	(1)	0	0	0	0	0	0	1	1			2	2
	(2)	0	0	0	0	0	0	1	1			0	0
	(3)	0	0	0	0	0	0	1	1			0	0
	(4)	2	2	2	2	2	2	2	2			2	2
Σ		2	2	2	2	2	2	5	5			4	4
法国	(1)	0	0	0	0	0	0	1	1			2	2
	(2)	0	0	0	0	0	0	1	1			0	0
	(3)	0	0	0	0	0	0	1	1			1	3
	(4)	2	2	2	2	2	2	1	2			1	2
Σ		2	2	2	2	2	2	4	5			4	7
中国香港	(1)			2	2	2	2	2	2	0	2	2	0
	(2)			0	2	0	2	0	2	0	2	0	0
	(3)			0	0	0	0	0	0	0	0	0	0
	(4)			3	4	4	4	4	4	4	4	4	0
Σ				5	8	6	8	6	8	4	8	6	0
俄罗斯	(1)	0	1	0	0	0	0	0	0	2	2	0	0
	(2)	0	1	0	0	0	0	0	0	0	0	0	0
	(3)	0	1	0	1	0	0	0	1	1	1	1	1
	(4)	2	2	2	2	2	3	2	3	2	2	2	2
Σ		2	5	2	3	2	3	2	4	5	5	3	3
中国	(1)			1	0			2	2	0	0		
	(2)			1	0			0	0	0	0		
	(3)			1	0			1	1	1	0		
	(4)			2	2			2	2	2	2		
Σ				5	2			5	5	3	2		

续表

经济体	4种方式	R&D		广告		市场调查和公投服务		建筑工程服务		视听服务		其他文娱类服务	
韩国	(1)	2	0	0	0	2	0	1	1	0	0		
	(2)	2	0	0	0	2	0	0	0	0	0		
	(3)	0	0	0	0	0	0	1	0	0	0		
	4)	3	3	3	3	3	3	3	3	3	3		
Σ		7	3	3	3	7	3	5	4	3	3		
印度	(1)	2	2					1	2	2	2		
	(2)	2	2					1	2	2	2		
	(3)	1	0					1	0	1	1		
	(4)	2	2					2	2	2	2		
Σ		7	6					5	6	7	7		

注：表中A代表市场准入承诺，N代表国民待遇承诺。空白处为没有涉及的谈判领域。

资料来源：根据WTO服务贸易资料库、中国“入世”法律文件和UNCTAD文化创意产业资料整理。

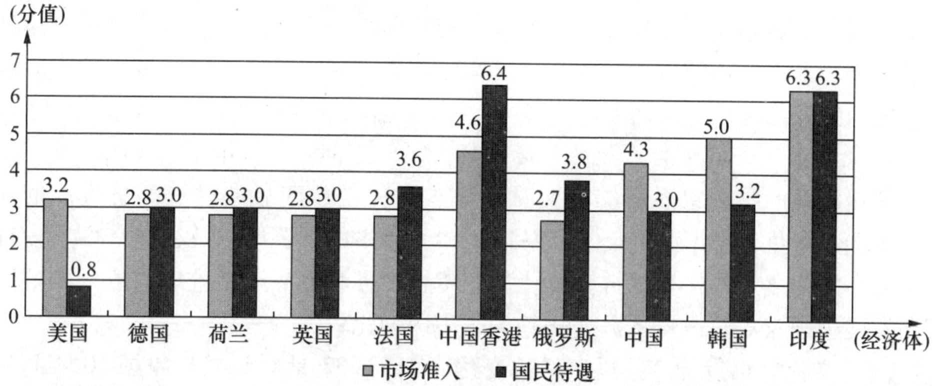

图2－22 广告、建筑工程和视听服务市场准入承诺开放度的国际比较

资料来源：根据WTO服务贸易资料和UNCTAD文化创意产业资料整理而成。

图2－22是对比几个国家（地区）在上述几个服务贸易领域承诺情况的平均分值。从图2－22可以看到，中国在做出承诺领域中的限制在所比较的国家和地区中处于中等偏上水平，但如果考虑中国“入世”谈判中没有涉及一些重要和核心文化服务领域，如第十类文化、娱乐及体育服务以及其他文娱类服务等，中国在文化创意服务领域的限制属于较高范畴。当然，在中国“入世”以后的十几年间，特别是近几年来在中国大力推动文化创意产业发展的过程中，中国通过

自贸区谈判和双边谈判方式也在逐渐开放自己的文化市场，具体的承诺情况需要在新一轮服务贸易协定签订后才能做出评估。

通过以上对贸易政策开放度的比较和分析，可以得出的一个结论是中国无论在文化创意货物产品的进口平均关税上，还是在文化创意服务产品领域的开放承诺方面，其开放程度在所比较的国家和地区中都属于较低水平的国家。由此可见，中国政府保护本国文化创意产品市场的政策倾向性显著，这个结论从政策层面解释了中国文化创意产品进口低下的原因。

三、对国外文化创意产品的需求：基于居民消费倾向变化的比较研究

前文对进口开放度的研究从一个方面解释了中国文化创意产品进口低下的原因，而另外一个影响进口的因素是居民消费需求与倾向。本文将通过国际对比从居民对文化创意产品消费的角度对中国文化创意产品贸易失衡的深层次原因做进一步探讨。消费倾向的变化可以从消费者的角度反映一国居民的消费意愿。本文将采用进口系数变化的国际比较和居民文化消费指数的国际比较对目标国家居民的文化消费变化进行对比研究。

1. 文化创意产品进口系数的国际比较

文化创意产品进口系数的变化，即一国文化创意产品进口占其总进口的比例，意味着文化创意产品的需求在一国进口贸易中的重要性以及在经济中所发挥作用大小的变化。本文分别选择文化创意货物产品和服务产品进口前五的发达国家和发展中国家对其进口系数变化趋势与中国做比较。

（1）文化创意货物产品进口系数变化。表 2 – 32 是对研究对象国 10 年间货物产品进口系数变化的计算结果。从表 2 – 32 可以得出几点结论，首先，文化创意产品货物进口在发达国家的货物进口中比发展中国家占据了更为重要的地位，这说明发达国家是文化创意货物产品的主要进口市场。其次，从发展趋势上看，在过去 10 年间除了俄罗斯（1.91% ~2.03%）和新加坡（1.62% ~1.82%）外其余国家的文化创意产品货物贸易进口比重都有不同程度的下降，说明文化创意货物产品的重要性在主要的文化创意产品进口国都处于下降趋势。由于发展中国家主要在文化创意货物产品出口上具有比较优势，因而这样的发展趋势预示着未来的市场竞争将更加剧烈。最后，对象国文化创意货物产品的进口结构同上面提到的各国实施的平均进口关税水平基本保持一致。例如，美国在文化创意货物产

品上实施的进口关税总体上低于欧盟国家，因而其文化创意产品进口比例高于同属于欧盟国家的法国和德国；中国香港地区的零关税政策使其文化创意货物产品进口比例大大高于其他国家。可见，关税水平的高低与文化创意产品的进口结构变化不无关系。

表 2-32　前五发达国家与前五发展中国家和地区文化创意货物产品进口系数变化趋势（2002～2011 年）

单位:%

年份 经济体	2002	2003	2004	2005	2006	2007	2008	2009	2010	2011
美国	5.83	5.54	5.16	4.92	4.69	4.82	4.21	4.55	4.25	3.74
英国	5.42	5.31	5.12	4.87	4.61	5.44	4.87	5.02	4.67	4.65
德国	3.03	2.75	2.51	2.58	2.18	2.28	2.18	2.57	2.18	2.07
法国	3.65	3.60	3.46	3.37	3.18	3.38	3.31	3.60	3.47	3.35
日本	3.88	3.67	3.45	3.34	3.14	3.21	2.61	3.38	2.70	2.47
中国香港	8.18	7.76	7.29	6.90	6.78	7.19	7.59	7.75	6.56	7.09
俄罗斯	1.91	2.02	1.89	1.58	1.56	1.74	1.82	2.21	2.28	2.03
墨西哥	2.27	2.19	1.96	1.94	1.91	1.98	2.11	2.19	1.80	1.60
新加坡	1.62	1.83	1.62	1.57	1.41	1.71	1.65	1.84	1.92	1.82
中国	0.95	0.80	0.65	0.61	0.56	0.62	0.57	0.64	0.57	0.58

资料来源：根据 UNCTAD 数据计算而成。

中国文化创意货物产品的进口占总货物进口的比例在所有对比国家中一直处于最低水平，并呈现逐年下降的趋势，从 2002 年的 0.95% 下降到 2011 年的 0.58%，与世界进口排名第一的美国相比，中国文化创意产品货物贸易进口系数只相当于美国的 0.155%，即使与发展中国家中排名靠后的墨西哥相比，也只相当于墨西哥的 0.36%。虽然我国的文化创意货物产品需求在绝对量上保持上升，但上升的量与速度低于其他国家货物产品进口量与增速，这个结果一方面可以从本文研究的开放度即前文所述的政府的贸易政策壁垒得到解释；另一方面的可能性是，由于我国在文化创意货物产品的多个类别上都具有较强的国际竞争力，特别是在劳动密集型和中低技术与艺术含量的产品上具有竞争力，因而本国供给商便可满足国内需求。此外，我国居民有可能更喜欢本国文化及其产品，对于外域文化的认可与接受程度较低。对于这个问题的回答需要进一步研究中国居民国内文化产品消费量与消费变化倾向。

（2）文化创意服务产品进口系数变化。表 2-33 是世界文化创意服务贸易进口排名前五的发达国家和排名前五的发展中国家的进口系数变化。显然与文化创意货物贸易进口系数持续下降的趋势相比，服务贸易的进口系数在过去九年中表现出持续上升的态势。文化创意服务产品对对象国服务贸易进口的贡献不仅占比高，而且普遍高于文化创意货物产品进口，且发展速度快，在发达国家中以荷兰为代表（1.06% ~20.20%），在发展中国家中则以韩国（0.64% ~7.36%）为代表。表2-33呈现的结果还表明各国在服务贸易领域做出的开放承诺对进口系数有直接的影响，如发达国家承诺的开放度高于发展中国家，因而其进口系数也高于发展中国家，如印度承诺的开放度最低，因而进口系数也属于最低的国家。对比文化创意货物与服务贸易进口系数的发展趋势，即两者的逆向而行，可以预计的是由于发达国家普遍在文化创意服务贸易领域具有强大的比较优势，因而发达国家在未来的文化创意产品市场上具有更大的发展空间。

表2-33　前五发达国家与前五发展中国家文化创意服务产品进口系数变化（2003~2011年）

单位:%

年份 经济体	2003	2004	2005	2006	2007	2008	2009	2010	2011
德国	9.98	9.87	10.09	10.28	9.34	9.49	10.76	10.82	11.20
荷兰	1.06	1.11	1.12	21.28	20.36	19.39	19.10	19.66	20.20
比利时	10,27	9.99	10.09	10.02	8.92	10.28	11.40	10.86	10.77
加拿大	9.05	8.72	7.91	7.95	7.61	7.75	7.47	7.03	7.52
意大利	5.99	6.55	6.83	5.65	5.94	6.99	6.38	6.00	6.62
俄罗斯	6.46	6.70	6.31	7.37	8.44	9.06	9.73	8.77	8.37
韩国	0.64	0.74	0.80	0.96	1.09	6.49	8.33	7.47	7.36
印度	—	3.35	4.26	5.87	7.87	6.13	6.03	6.22	5.84
巴西	9.33	9.72	8.86	8.20	8.75	8.67	9.51	9.04	8.43
中国	7.37	7.39	7.37	7.65	7.44	7.87	8.37	7.99	7.51

资料来源：根据UNCTAD及WTO数据计算。

表2-33显示我国文化创意服务产品进口比例在过去九年间变化不大，在波动中有小幅增长，从2003年的7.37%增长到2011年的7.51%，表明在我国服务贸易总量中，文化创意产品需求的重要性有增加趋势。与货物进口变化趋势相比，我国对文化创意服务产品的消费需求在总服务进口中处于更为重要的地位。中国文创服务产品进口占比较高除了需求因素外，还在于服务产品技术与艺术含量较高，而我国在一些文化创意服务贸易领域的竞争力还处于弱势（罗立彬，

2013），因而需要国外的供给来满足国内的需求。然而如果与其他国家比较，中国文化创意服务产品进口量和发展速度都处于中等偏下水平，这同中国对关贸总协定承诺的文化创意服务产品市场开放度较低是一致的。此外，中国对国外文化创意服务产品的需求仍然有待提高。

总之，从文化创意产品进口占比的角度看，文化创意产品在发达国家货物和服务贸易进口结构中的重要性普遍高于发展中国家，说明发达国家居民对文化创意产品的需求普遍高于发展中国家；从变化趋势上看，发达国家与发展中国家（地区）在文化创意产品进口系数上的变化趋势保持一致，即文化创意产品在货物贸易进口中的作用不断减弱，而在服务贸易进口领域不断增强。就中国而言保持了与主要文化创意产品贸易大国一致的发展趋势，但无论是货物贸易还是服务贸易，文化创意产品对总进口的贡献都大大低于主要文化创意产品贸易大国。中国对文化创意产品进口需求较低的结果除了政策因素外还需要从中国居民文化产品消费倾向与消费水平研究中找答案。

2. 居民消费需求变化趋势的国际比较

为了研究中国居民对文化创意产品的消费偏好和消费水平，本文采用文化消费指数通过与相同和不同收入国家居民的消费水平的比较更客观地确定中国居民对文化创意产品的消费水平以及消费趋势。

文化消费指数，即一国居民文化娱乐类支出在人均国民总收入（GNI）中所占的比重。通过该指标的变化，可以反映出一国居民文化消费意愿。由于可获得的国家数据有限，所以，在研究的过程中仅选取了在文化创意产品贸易中较为活跃的部分国家，并且按人均收入将其划分为三组（高等收入、中等收入、低等收入）与我国的文化消费指数变化做比较，以确定我国居民的文化娱乐类消费支出与不同收入国家相比所处的水平，以及动态变化趋势。

由于《中国统计年鉴》和联合国官方数据库中有关文化消费的统计口径不一致，即联合国官方数据库对各国的文化娱乐消费有分类数据，而我国的统计数据只有城镇居民文化消费数据，而农村居民文化娱乐产品服务的支出与教育支出合并，因此，本文参考城镇居民文化消费的增长比例以及农村居民文教类消费增长情况比例估算出我国农村居民文娱类产品服务支出。《2010年中国家庭教育消费白皮书》指出，由于低收入人群迫切希望通过教育改善或提升生活现状，致使收入越低的家庭对教育的消费支出占比反而越高，因而可以确定农村居民家庭中文化产品与服务支出占文教娱乐支出比例要低于城镇居民。本文估算农村家庭平均每人每年文化产品与服务支出比城镇家庭人均支出大约低5%。表2－34根据以上方法计算得出中国居民从2003～2012年历年的文化娱乐产品与服务消费总额。

表 2-34　中国城镇与农村文化娱乐产品与服务家庭人均现金支出（2003~2012 年）

单位：元

年份 分类	2003	2004	2005	2006	2007	2008	2009	2010	2011	2012
城镇	420.38	473.85	526.14	591.04	690.76	736.09	826.88	966.30	1101.74	1213.88
农村	94.26	101.22	126.89	134.64	143.59	154.71	174.20	199.37	216.03	243.68
全国	**514.64**	**575.07**	**653.03**	**725.68**	**834.35**	**890.80**	**1001.08**	**1165.67**	**1317.77**	**1457.56**

资料来源：根据各年《中国统计年鉴》数据计算。

表 2-35 根据以上计算结果将中国的文化消费指数与其他三个收入组群国家的指数对比，即人均文化娱乐支出占人均国民总收入的比例变化情况。从表 2-35 中不难看出，三组国家中，高等收入国家的文化消费指数最高，一般在 4%~5%；其次是中等收入国家，平均在 3% 以上，而低等收入国家的文教娱乐类支出比例最低，刚超过 1%。这一结果首先再次证明了文化消费属于高收入弹性产品，一国居民对文化创意产品的消费与人均收入密切相关，即一般情况下，人均收入越高，对文化创意产品的需求就越旺盛。其次对于不同收入水平的国家来说，如果能达到同等收入国家的平均值应当属于正常消费比例，显然印度大大低于同组的平均水平，这其中一个原因是印度属于中等低收入国家，与其他同组国家还有较大的收入差距，但同时也说明印度的文化消费的确需求不足，甚至达不到低收入国家的平均消费比例，这与印度贫富差距较大，基础教育普及率较低有直接关系。同样韩国虽然进入了高收入国家，但由于与其他几个高收入国家仍存在收入差距，因而文化消费比重与其他国家相比也有一定差距。最后从文化创意产品消费变化趋势看，2002~2012 年几乎所有高等和中等收入国家的文化消费都呈现出了相对国民总收入占比小幅下降的趋势，然而如果只观察不同收入组群国家文化创意产品消费的年均增长速度，高收入国家的增幅明显低于中等收入国家，平均只相当于它们的 50% 左右，这完全符合文化消费的发展规律，即高收入国家的消费在达到一定的比例后增幅趋缓，而中等收入国家与低收入国家的增幅将加快，然而无论是高收入国家还是低收入国家，数据表明在经济发展低迷和居民收入预期下降时期文化消费也同时下降。这个结果说明在经济不景气时人们首先要满足基本的生活开支，而满足精神需求的文化消费的下降是必然结果。

表 2－35　文化消费指数：中国与高收入、中等收入、低收入国家的国际比较

单位：%

分类	年份／国家	2002	2004	2005	2007	2009	2010	2011	2012
高收入国家	美国	6.22	6.32	6.27	6.39	6.17	6.08	6.09	5.95
	荷兰	5.29	4.84	4.81	4.74	4.76	4.64	4.46	4.05
	日本	6.21	5.96	5.87	5.74	5.85	5.85	5.62	5.23
	德国	5.38	5.19	5.14	4.89	4.98	4.85	4.72	4.62
	韩国	4.52	3.93	4.13	4.19	4.08	3.98	4.00	3.64
中等收入国家	土耳其	3.62	3.81	3.77	3.19	3.12	2.88	2.90	2.90
	墨西哥	3.50	3.40	3.37	3.36	3.39	3.29	3.26	3.17
	中国	5.28	4.67	4.64	4.13	3.92	3.90	3.78	3.79
	泰国	3.40	3.79	3.81	3.22	2.93	2.91	3.06	3.24
	印度	0.94	0.77	0.78	0.81	0.79	0.75	0.94	—
低收入国家	吉尔吉斯斯坦	1.00	1.90	1.89	—	—	—	—	—
	塞拉利昂	—	—	3.02	3.10	3.08	2.73	2.84	—
	埃塞俄比亚	0.34	0.30	0.35	0.36	0.38	0.38	0.37	0.31
	马拉维	—	—	—	0.18	0.22	0.21	—	—

资料来源：根据世界银行官方数据库和《中国统计年鉴》数据整理而成。

中国的人均文化消费占人均国民总收入的比例虽然也呈现下降趋势，但与同等收入国家相比属于正常水平，并且略高于同组国家，甚至高于韩国。如果观察中国居民文化消费支出的增长速度，可以看到与高收入和中等收入国家相比，中国的文化消费支出年均增幅是高收入国家的大约三倍，中等收入国家的将近一倍，因此中国居民的文化消费意愿随着收入的增长得到较快提升的趋势显著。

基于以上分析，本文认为中国的文化消费与中国的人均收入水平相匹配，在中等收入国家中处于领先地位。然而也应当看到，中国在 2002～2012 年的平均文化消费指数距离高收入国家仍有一定的差距。所以，虽然我国拥有世界第二的经济规模，但受制于较低的人均国民总收入，使我国对文化创意产品的消费比例低于大多数高收入国家，甚至包括一些高收入的发展中国家。

四、结论

通过以上从贸易开放度和居民消费变化趋势的国际比较，本文对中国文化创意产品进口较低的研究得出如下结论：

第一，中国在文化创意产品国际贸易中保持较高的贸易顺差，而且顺差的幅度逐年加大，即使在一向竞争力较弱的服务贸易领域也转为顺差。然而与其他文化创意产品贸易大国相比，中国的进口却十分低下，造成贸易的极度失衡。

第二，本文从文化创意产品贸易开放度的角度进行的研究发现，采用对外贸易比率法计算的中国文化创意产品的对外贸易开放程度是所有对比国家中最低的，2011 年仅为 0.18%，并且是对比国家中唯一一个 10 年间持续下降的国家。对开放度研究的另一个角度是政府的贸易政策限制情况，结果发现，中国对文化创意货物产品的进口实行了较高的平均进口关税，事实上中国是对比国家中关税水平最高的国家，在六大类产品中中国在四大类产品（音乐、录音录像设备、珠宝和艺术品）的关税都高于其他国家。在文化创意服务产品的市场开放与国民待遇方面，中国首先在一些关键和核心的文化娱乐领域没有参与多边谈判，即使在参与的谈判领域内中国的限制也属于较高范畴。

高收入国家无论在文化创意货物产品进口关税，还是在服务产品承诺方面平均开放水平都普遍高于发展中国家。但有一个例外是中国香港，它的货物产品关税为零，但服务产业的市场开放承诺和国民待遇承诺却属于最低的国家和地区。

第三，从进口需求角度进行的研究，首先通过采用进口系数变化的国际比较发现，中国文化创意货物产品的进口占总货物进口的比例在所有目标国家中一直处于最低水平，并呈现逐年下降的趋势，只相当于美国的 0.155%，即使与发展中国家中排名靠后的墨西哥相比，也只相当于墨西哥的 0.36%。在对高、中、低等收入国家居民的文化消费指数的比较研究发现，文化消费与收入形成直接的正相关关系。中国居民在文化娱乐方面的消费与中等收入国家居民的收入水平相匹配，并且略高于其他中等收入国家。中国居民在文化消费上的现金支出增长速度也高于其他高收入和中等收入国家的居民，达到年均 12.3% 的增长速度。因此，中国居民的文化消费支出与增长趋势无法解释中国文化创意产品进口较低的现象。

第四，鉴于以上研究结果，本文认为，造成中国文化创意产品贸易失衡，即进口较低下的原因首先是中国政府对本国文化市场较高的保护；其次是中国居民对本国文化的偏好使他们更倾向于消费本国的文化创意产品，这应当与中国作为文明古国具有丰富的文化遗产有关，同时中国居民对外域文化的认知度较低也是一个重要原因。仅以中国居民出境游的消费行为为例，2014 年中国居民出境游人数达到 1.17 亿人次，境外消费超万亿元，然而所购买的产品仅仅是奢侈品支出就超过 50%，中国居民用于购物的时间与兴趣普遍高于了解和欣赏国外的文化与经典文化遗产。此外，中国企业在文化创意货物产品生产上具有强大的比较优势，因而本国生产的物美价廉的文化创意产品能够较好地满足人们的文化欣赏需求。

从文化多样性的角度讲，保护本国文化固然必要，但是其他国家与民族的文化，特别是优秀的文化精品是人类文明的共同遗产，因此中国在适当保护本国文化的同时应当鼓励优秀文化产品的进口。事实上，引进先进的国外文化资源既是我国文化创意产业发展的需要也是我国居民生活质量和整体素质提升的要求。美国的文化创意产业的发展为我们提供了一个可以借鉴的例子。美国的历史短暂，但它的文化创意产业却不仅是其重要的支柱性产业，而且成为传播自己文化和价值观的重要载体，其中一个原因就是它将各国文化的精髓为我所用，走先引进再输出的路径，取得了多重的目的。

本文发表于《财贸经济》2016 年第 1 期。

A Study on Trade Reliance of Creative Products: China as Compared with Developed and Developing Economies

[**Abstract**] The paper uses data from 2002 – 2011 to make an analysis on trade reliance of top 10 developed countries and top 10 developing countries in products of creative industries from global, country groups and economies perspective respectively. The findings include: the global trade in creative industry is growing steadily in terms of both absolute volume and relative volume. The trade reliance of major countries in creative products is getting deeper. The trade pattern in creative industry is taking shape. China's future markets in creative products include developed countries and high income developing economies. In view of this development trend, China's producers should make necessary adjustment in their strategy so that they will not miss the opportunities.

[**Key words**] Creative Products; Trade Reliance; Cross Country Comparison; Developing Economies; Developed Economies

一、Introduction

In the past decade, the total trade value of creative products has increased from MYM44.46 billion in 2002 to MYM98.88 billion in 2011, reaching an annual growth rate of 24.7% (Figure 2 – 23). The growth rate of creative trade is about four times over that of the world economy. The immense vitality displayed by the creative industry and its trade has played an increasing role in driving the development of international trade and the world economy. In this process, China has contributed a lot to the global trade in creative product trade, especially export in creative goods which has maintained more than 1/3 of the total world market share (Figure 2 – 24).

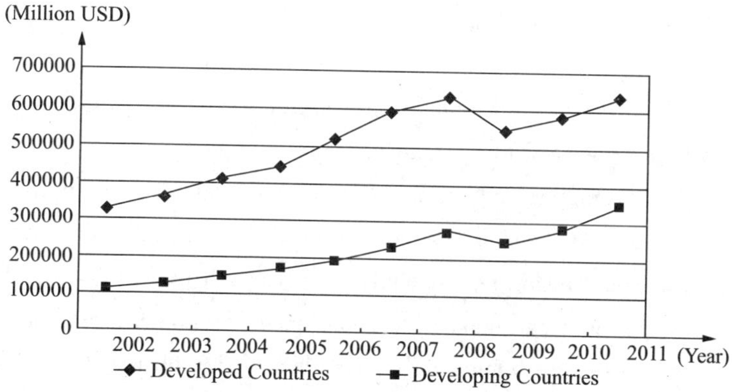

Figure 2 – 23 Total trade trend of creative products in developed and developing economies

Source: Retrieved from http: //unctad. org/en/pages/PublicationArchive. aspx? publicationid = 946.

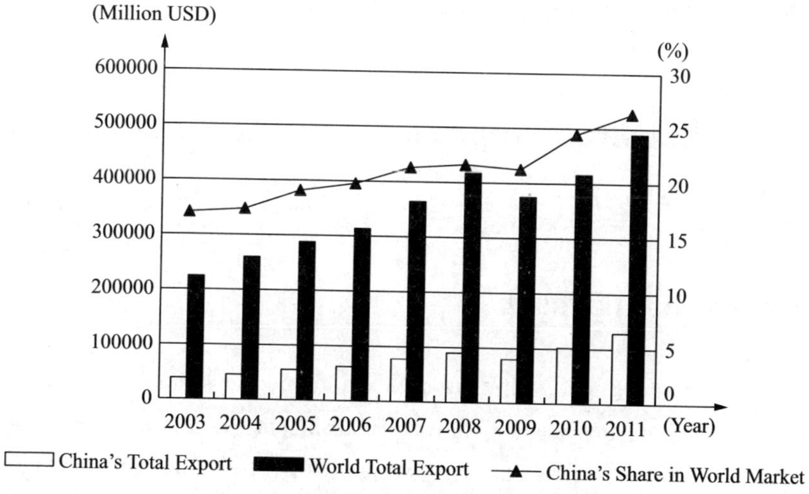

Figure 2 – 24 China's export of creative goods and its share in the world creative export of goods market

Source: Retrieved from http: //unctad. org/en/pages/PublicationArchive. aspx? publicationid = 946.

The robust growth of creative trade may provide a new chance to the world trading nations as well as China's foreign trade, since the breaking – out of global financial crisis in 2009 has deteriorated China's further expansion of exportation, which has already been bottle - necked by three problems: shrinking foreign demand affected by the continuing influence of financial crisis and European debt crisis, gradual lost of competitive edge on prices because of steady appreciation of RMB, and rising cost of labor intensive products due to soaring costs of labor and natural resources. Therefore, the study on creative trade reliance and its growth potential may help Chinese exporters to find out new market opportunity owing to the irreplaceable contribution of foreign demand to China's economic growth and the need to upgrade its export structure.

By comparing the top trading countries in cultural trade, the study intends to find out the acceptance of and demands for foreign cultural products of the target countries and the developing trend in future. Hopefully, the research may provide useful information for Chinese exporters when making decisions on production and market selection. To this end, this paper uses the import and export data of the top ten developed countries and top ten developing counties in creative product trade to do a cross - country study on the trade reliance of creative products. The total export - import volume of these 20 countries accounts for 63% of the world market, basically representing the general feature and trend of creative industry products of the world.

二、Research Approach and Data Selection

1. Research Approach

Trade reliance study aims at finding out that, firstly, how much one country relies on international market, the heavier, the more significant the international trade would be to the growth of the country's economy; secondly, how open one country to the world market, the higher the openness degree is, the broader and deeper the country would integrate into the world market. Traditionally trade reliance is measured according to International Monetary Fund's formula, that is,

$$\text{Trade Reliance} = (E_X + I_M)/GDP \quad (1)$$

In this equation, E_X and I_M represent total export and total import respectively. This index is also called foreign trade coefficient, representing the percentage one country's total export plus import relative to the country's Gross Domestic Product (GDP) or

Gross National Product (GNP). Many scholars home and abroad have adapted and modified the formula since 1990s, such as the methods of indexes, the representative-scholars including Dollars (1992) and Edwards (1989); Harrison's regression equation method (1996), Xu's adjusted ratio method (2003) and so on. Since these scholars have all explained trade reliance from different perspectives, a widely agreed formula avoiding imperfection of the traditional formula has not been established (Shi, B. T., & Zhang, Y. L., 2009). To avoid complexity, this paper chooses to apply the widely accepted traditional formula to calculate the trade reliance, albeit some of its imperfection. Therefore, based on formula (1), the paper will calculate trade reliance of creative goods [$(E_G + I_G) / GDP$], creative service [$(E_S + I_S) / GDP$], import reliance (I_M/GDP) and export reliance (E_X/GDP) of the target economies. In the formula, E_G stands for the export of goods, and I_G for the import of goods; E_S and I_S stands for the export and import of service respectively.

By comparing the trade reliance of the developed and developing countries from total creative trade, creative goods and service, and individual countries, the paper intends to analyse and forecast these countries' acceptance and demands of foreign cultural products and the market potential of creative products. The paper has selected the top 20 creative traders from both developed and developing economies ranked by United Nations Conference on Trade and Development (UNCTAD) in 2013 as target ones, whose total export – import volume accounting for 63% of the world creative trade, basically representing the general feature and trend of creative trade of the world.

2. Data Selection

Creative economy has taken shapefrom the mid 90s, therefore a comprehensive trading data base covering all products of the whole industry has been a great challenge because of the controversy over what products should be included into the account. For instance, one dispute is over whether the trade of creative products should be restricted only to service sector or expanded to manufacturing sector. Another example is whether the intellectual property should be counted as creative products. In addition, international institutions and scholars from different countries also differ in their definition of what the creative industry is. This paper will apply UNCTAD category for study purpose considering the fact that UNCTAD can provide most complete data base by way of final product and services.

UNCTAD points out a few problems for countries using service trade data exclusively as the statistics of creative trade. Firstly, the service trade data in many countries are incomplete and insufficient; secondly, it is difficult to separate intangible service values from tangible products in certain situations, thus the value of the service is hard to estimate; and thirdly, the existing service trade data cannot cover creative industry products completely, because the classification method of statistic data used today is still the one established in the early 1900s. However, in the context that the world – wide economic structure has experienced significant reformation, many industries have become less important, while some are being seriously ignored, such as service industries, especially the ones involved in creative industry. In addition, for the view that intellectual property transactions are the core of creative activities by some organizations and countries, UNCTAD holds the opinion that the problem with the data of intellectual property transactions is how to avoid double counting, because more and more intellectual properties have been detached from tangible products and calculated separately, but their value is integrated into different tangible products at the same time. Actually more complex issues have to be taken into account in collecting royalty of intellectual property, such as relevant regulations of different societies, property registration, and charges of inventors.

In consideration of the influence of UNCTAD in the world trade and development, and the much more reliable and complete statistical data provided in its report compared with other available sources, this paper uses UNCTAD computing method and data to accomplish the research goals. Considering the controversy of intellectual property data mentioned above, this part of the trade volume is not included in the service trade in creative industry. All data in this study are from UNCTAD, which provides the latest and the most comprehensive statistical data.

三、Trade Reliance of Creative Products

1. Comparison Between Developed and Developing countries

Comparison of total trade reliance and contributing factors analysis. Figure 2 – 25 shows the total trade reliance of creative products for the top ten developed economies and top ten developing economies. Results by formula (1) show that developed countries' creative trade reliance is moving up steadily from 1.73% in 2002 to 2.04% in 2011. Conversely, developing economies trade reliance is dropping steadily from 2.48% in 2002 to 2.02% in 2011. Thus, this trend may imply that the trade of creative products has become more important for developed economies than for the developing economies. Affected by the 2009 financial crisis, the trade reliance of both the developed and the developing countries experienced a drop in 2009 and recovered in the following years.

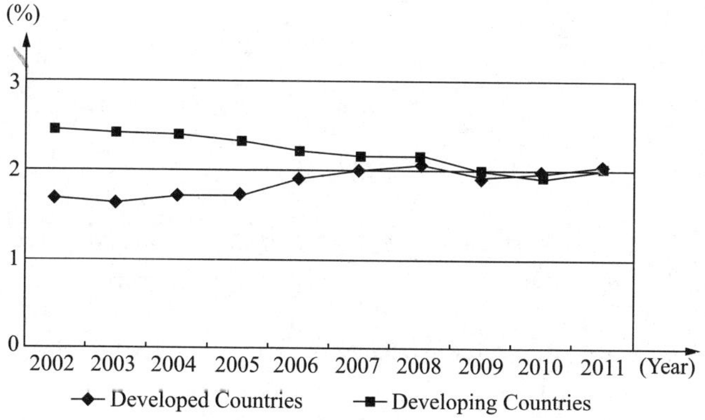

Figure 2 –25 Comparison of total trade reliance of creative products of the top 20developed and developing economies

Source: Retrieved from http://unctad.org/en/Docs/cid7_ en.pdf.

In terms of the reliance of the import and export respectively, a better idea of contributions that the import and export have made to the change of the total trade reliance can be gained. Figure 2 –26 and Figure 2 –27 illustrate the trend of import and export reliance of creative products separately for the two groups of economies, and that the export of creative products contributes more to the higher total trade reliance of developing group than that of the developed one. However, both the export and import contribute to the declining trend of the total trade reliance of the developing group. For the developed group, the improvement on the reliance of both export and import pushes up the rising of its total reliance from 2006. Further comparison of import trade reliance of the two groups reveals that the top ten developed economies (Figure 2 –27) rely more heavily on import than the other group does, a result showing that developed economies are dominant buyers of creative products. The structure of their demand has improved from basic physiological needs to more spiritual needs. Although suffering from shrinking of aggregate demand during financial crisis in 2009, developed economies keep a robust demand for creative products. As for the developing group, the import reliance has remained the trend of declining since 2003, indicating that physiological needs are still the primary demands for developing countries.

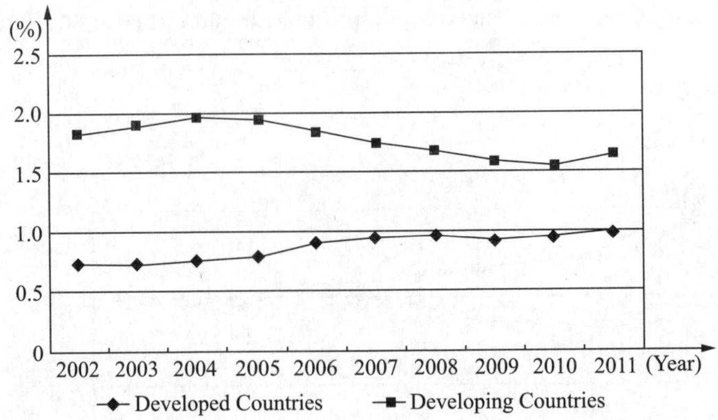

Figure 2 – 26 Export reliance of creative products of the developed and developing economies

Source: Retrieved from http: //unctad. org/en/Docs/cid7_ en. pdf.

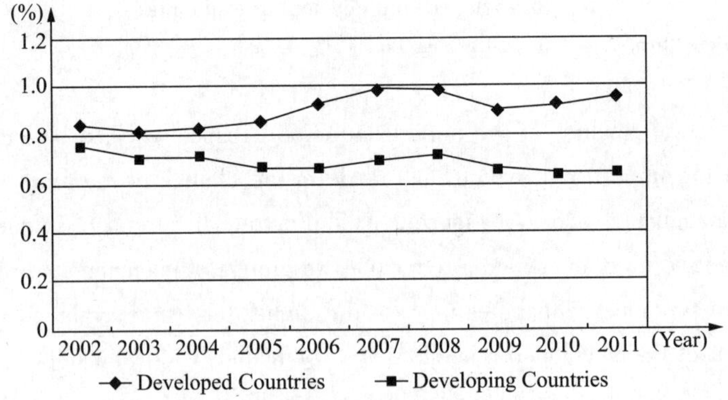

Figure 2 – 27 Import reliance of creative products of the developed and developing economies

Source: Retrieved from http: //unctad. org/en/Docs/cid7_ en. pdf.

Comparison of total trade reliance of creative goods and services. The total trade reliance of creative goods (Figure 2 – 28) shows that the developed group keeps a relatively stable trend, while the developing one sees a steady decrease. The graph also reveals that the developing group keeps a higher reliance than the developed group, indicating the fact that the trade of the creative goods plays a much more significant role in the developing economies. This phenomenon explains at least three points. Firstly, developing economies rely more heavily on the export of creative goods. Secondly, large percentage of trade volume of creative goods is labor – intensive or medium leveled technological products by nature, where the developing group enjoys more advantage. For instance, more than half of the market shares of three most important creative products are taken by the developing group, including art and crafts (64.1%), design (50.6%), and new media (52%). Thirdly, for purpose of highlighting the contribution of the developing group to the world creative industry, UNCTAD has taken the trade volume of arts and crafts in the total trade volume of creative goods, where developing economies have strong comparative advantages. This decision is regarded as an encouragement to the development of creative industries in developing economies.

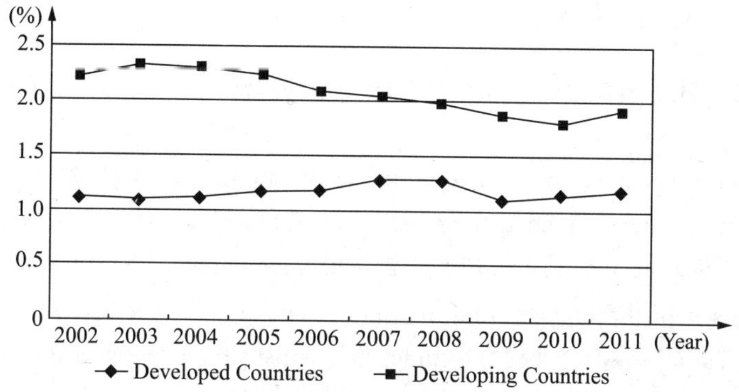

Figure 2 – 28 Comparison of trade reliance of creative goods in developed and developing economies

Source: Retrieved from http: //unctad.org/en/Docs/cid7_ en.pdf.

As reflected by the trend of total service reliance (Figure 2 – 29), a different picture is shown: The reliance of the developed economies is higher than that of the developing group and the gap has been enlarging from 2005. Before 2004, the developing economies' relative higher reliance on service trade is attributed to their higher import, however, the reason for the enlarged gap is a result of rapid rising on both import from

2004 and export from 2006 from developed economies. This change signifies prominence of creative service trade for developed economies and change of creative trade pattern from inter - industry trade to intra - industry trade.

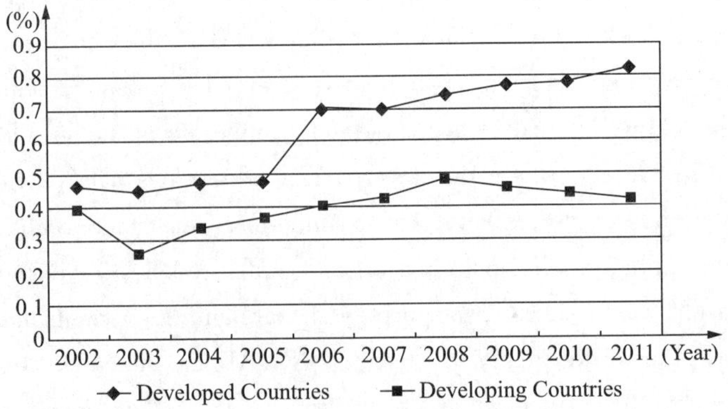

Figure 2 - 29 Comparison of trade reliance of creative service in developed and developing economies

Source: Retrieved from http: //unctad. org/en/Docs/cid7_ en. pdf.

2. Comparison of Trade Reliance by Economic Groups

Developing economies. For purpose of in - depth study, Figure 2 - 30 and Figure 2 - 31 further illustrate the total creative trade reliance of the top ten developed economies and the top ten developing economies. Figure 2 - 30 shows that among the ten economies, Hong Kong has kept the highest trade reliance, reaching an average of almost 27% all the time, indicating the fact that the trade of creative products has a dominant position in its economy. Next to Hong Kong are Singapore and Thailand, whose average trade reliance is 5. 14% and 2. 39% respectively. In the case of China, although its reliance ranks the fourth in the ten economies, and is much lower than that of the first two, considering the fact that the sizes of economies and populations of the first three are much smaller than that of China①, China's reliance of 2. 31% by average should be regarded as high compared with the other six economies, whose reliance are between 0. 75% and 1. 51% by average.

① The economist Chanari finds that coefficient of trade for countries with large population is usually low; while Kuznets reveals that there's a negative relationship between the trade coefficient and the GNP size of one country.

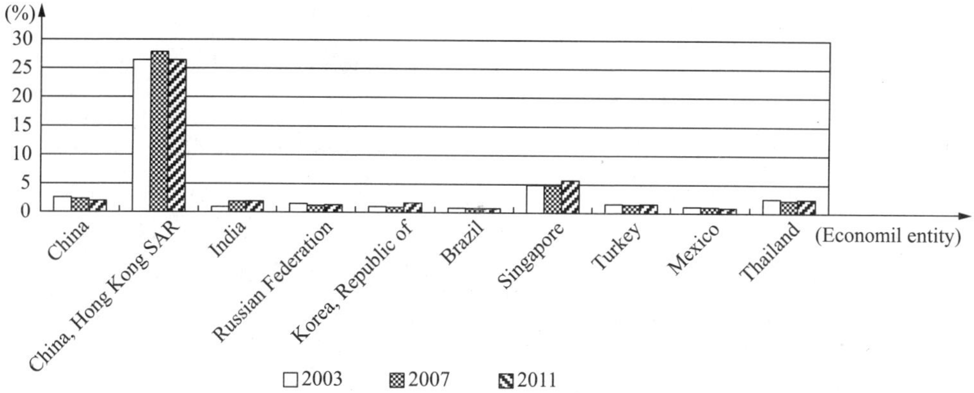

Figure 2 – 30 Total trade reliance of creative products of the top ten developing economies (2002, 2007, and 2011)

Source: Retrieved fromhttp: //unctad. org/en/Docs/cid7_ en. pdf.

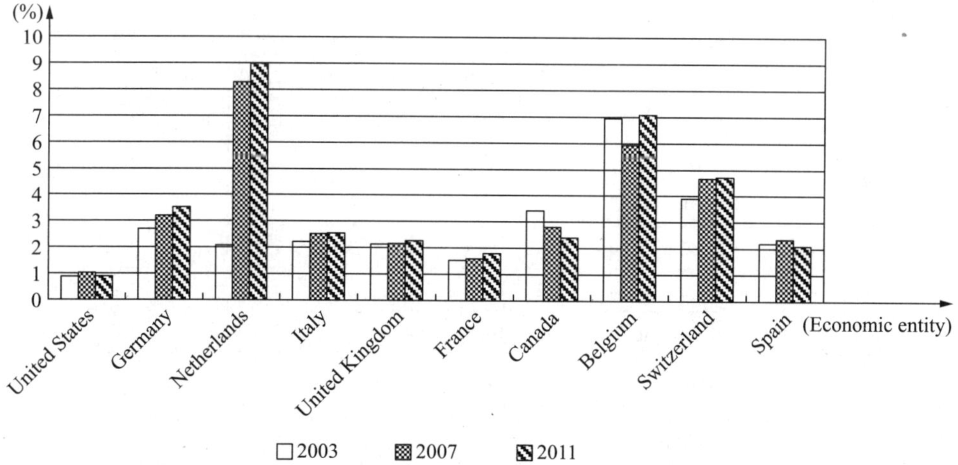

Figure 2 – 31 Total trade reliance of creative products of the top ten developed economies (2002, 2007, and 2011)

Source: Retrieved from http: //unctad. org/en/Docs/cid7_ en. pdf.

If the trade reliance of the ten developing economies is observed in terms of creative goods and service separately, some interesting findings are revealed. Table 2 – 36 is the trade reliance of creative goods of the top ten developing Economies. In the case of the top three, their service sectors are all the most important in their economies; however, their reliance on creative goods is much higher than that of service. Taking Hong Kong as an example, its reliance on creative goods is as high as 26.39% in 2011, a factor contributing most to the high average level of the developing group. As for Singapore, the trade reliance in goods is below 4% in 2002 and in 2011 it reaches 5.34%. Table 2 – 36 shows further that half of the top ten developing economies have experienced a steady climbing in the trade reliance of goods from 2002 to 2011; while the other half including China have undergone a slow drop. As a result of 2009 financial crises, the trade reliance of most of the economies after reaching the highest level in 2007 or 2008 suffered a short term of decline in the following year but resumed quickly.

Table 2 – 36 Trade Reliance of Creative Goods of the Top Ten Developing Economies (2002 ~ 2011)

Unit: %

	2002	2003	2004	2005	2006	2007	2008	2009	2010	2011
Hong Kong (China)	24.51	26.33	27.29	26.72	26.23	27.71	29.13	25.27	24.23	26.39
Singapore	3.44	4.45	4.31	4.20	3.98	4.61	5.40	4.91	5.63	5.34
Thailand	2.73	2.52	2.42	2.55	2.26	2.17	2.43	2.22	2.31	2.41
China	2.40	2.53	2.53	2.60	2.40	2.25	2.01	1.61	1.77	1.88
Taiwan (China)	0.00	0.00	1.46	1.39	1.38	1.38	1.38	1.59	1.59	1.63
India	0.00	0.91	1.07	1.04	1.11	0.95	0.88	1.46	0.95	1.34
Turkey	1.31	1.25	1.20	1.20	1.20	1.25	1.22	1.13	1.15	1.33
Mexico	1.07	1.00	0.96	0.94	0.92	0.97	1.07	1.05	0.92	0.85
South Korea	0.90	0.94	0.82	0.74	0.73	0.78	0.97	0.86	0.83	0.85
Russian	0.57	0.55	0.49	0.42	0.40	0.41	0.42	0.45	0.47	0.43

Source: Retrieved from http://unctad.org/en/Docs/cid7_en.pdf.

Developed economies. The total trade reliance of most of the top ten developed economies is in a steady increase between 2002 and 2011 (Figure 2 – 31), with Netherlands, Belgium, and Switzerland taking the lead. Similar with the developing group, the economic sizes and populations of the leading three developed countries are relatively small compared with those of the other seven countries. Since most of the countries in the developed group such as US, Japan, and Germany are major economic powers in the world, the increasing trend of the trade reliance of creative products provides clear evidence that creative trade is playing an increasing role in their economic growth.

Contrary to the lower reliance on service trade in developing group, the developed group depends more heavily on trade of creative service. The reliance of six countries in the developed group is over 1% in 2011, while none from the developing group is over 1%. In fact, the number of countries and total service trade may be much underestimated since the service trade data of US is not available after 2009 and the data of Switzerland is not at all reported. Netherlands contributes most to the average level of reliance of the group and it displays the most rapid growth rate as well.

Table 2 – 37 Trade Reliance of Creative Service of the Top Ten Developed Countries (2002 ~ 2011)

Unit: %

	2002	2003	2004	2005	2006	2007	2008	2009	2010	2011
Netherlands	2. 17	0. 25	0. 27	0. 29	6. 53	6. 26	6. 06	5. 98	6. 22	6. 71
Belgium	2. 91	3. 09	2. 90	2. 98	2. 95	2. 33	3. 14	3. 80	3. 95	3. 91
Austria	0. 21	0. 25	0. 31	0. 32	2. 48	0. 30	0. 32	2. 53	2. 45	2. 82
Germany	1. 26	1. 33	1. 43	1. 53	1. 58	1. 55	1. 67	1. 80	1. 86	1. 88
Canada	1. 33	1. 34	1. 34	1. 28	1. 19	1. 17	1. 20	1. 20	1. 15	1. 19
Spain	1. 04	1. 01	1. 05	1. 01	1. 13	1. 23	1. 17	1. 13	1. 10	1. 14
Italy	0. 66	0. 59	0. 61	0. 65	0. 65	0. 69	0. 73	0. 60	0. 63	0. 69
France	0. 25	0. 23	0. 24	0. 23	0. 20	0. 20	0. 21	0. 22	0. 27	0. 28
UK	0. 23	0. 24	0. 25	0. 24	0. 22	0. 20	0. 24	0. 19	0. 39	0. 23
US	0. 09	0. 09	0. 09	0. 09	0. 11	0. 12	0. 11	na	na	na
Switzerland	na	na	na	na	na	na	na	na	na	na

Source: Retrieved from http: //unctad. org/en/pages/PublicationArchive. aspx? publicationid = 946.

When it comes to trade reliance of creative goods, the average level of developed group is lower than that of the developing group, but the gap between the highest and the lowest is not as big as that of the developing group. When the economic sizes and populations of the group are taken into consideration, the trade reliance of the group on creative goods is of similar level (Table 2 – 38).

Table 2 – 38 Trade Reliance of Creative Goods of Top Ten Developed Countries (2002 ~ 2011)

Unit: %

	2002	2003	2004	2005	2006	2007	2008	2009	2010	2011
Switzerland	4. 29	3. 87	3. 98	4. 18	4. 25	4. 64	4. 50	4. 24	4. 76	4. 69
Belgium	3. 95	3. 87	3. 77	3. 72	3. 59	3. 61	3. 52	3. 17	3. 14	3. 17
Netherlands	1. 78	1. 83	1. 87	1. 89	1. 95	2. 02	2. 60	2. 24	2. 26	2. 28
UK	2. 02	1. 89	1. 82	1. 86	1. 86	1. 96	1. 92	1. 83	1. 97	2. 03

续表

	2002	2003	2004	2005	2006	2007	2008	2009	2010	2011
Italy	1. 84	1. 63	1. 64	1. 67	1. 77	1. 83	1. 77	1. 50	1. 72	1. 87
Germany	1. 44	1. 36	1. 36	1. 52	1. 55	1. 65	1. 69	1. 65	1. 60	1. 64
France	1. 36	1. 30	1. 28	1. 32	1. 35	1. 39	1. 41	1. 31	1. 40	1. 52
Canada	2. 30	2. 09	1. 95	1. 84	1. 70	1. 63	1. 59	1. 41	1. 32	1. 21
Spain	1. 31	1. 19	1. 17	1. 15	1. 07	1. 12	1. 05	0. 88	0. 95	0. 97
US	0. 80	0. 79	0. 81	0. 84	0. 86	0. 91	0. 87	0. 73	0. 79	0. 78

Source: Retrieved from http: //unctad. org/en/pages/PublicationArchive. aspx? publicationid = 946.

Further analysis on the contributions that export and import reliance have made to the total trade reliance separately tells that except US, UK, and France, the other seven countries all have export reliance over 1% and Netherland, Belgium, and Sweden have all exceeded 2%. If Hong Kong is excluded, the average export reliance of the developed countries is obviously higher than that of the developing economies, showing a fact that developed countries depend more heavily on international market for export of their creative products; meanwhile, it is also a showing of strong competitiveness of these countries in creative industry, particularly in service sector, because different from that of the developing economies, trade reliance of service export has contributed more than 50% to the total export reliance in more than half of the developed group.

When observing import reliance of the developed countries, seven countries except US, France, and Italy surpass 1%. Compared with low level of import reliance of the developing economies, among which only three economies exceed 1%, the developed countries exhibit much higher demand for creative products. Moreover, developed economies have shown even higher demand for creative goods, because import of creative goods contribute over 50% to their import reliance for more than 70% of these countries (Table 2 – 39).

Table 2 – 39 Export and Import Reliance of Creative Products of the Top Ten Developed Countries (2002 ~ 2011)

Unit: %

Country	2002		2003		2006		2007		2009		2011	
	EX	IM	EX	IM	EX	IM	EX	IM	EX	IM	EX	IM
Netherlands	1. 75	2. 20	0. 99	1. 09	4. 78	3. 70	4. 69	3. 58	4. 45	3. 76	4. 84	4. 15
Belgium	3. 61	3. 24	3. 75	3. 21	3. 50	3. 04	2. 88	3. 06	3. 55	3. 43	3. 61	3. 47

续表

Country	2002		2003		2006		2007		2009		2011	
	EX	IM	EX	IM	EX	IM	EX	IM	EX	IM	EX	IM
Switzerland	1.75	2.56	1.52	2.38	1.79	2.49	1.94	2.72	1.59	2.68	1.90	2.81
Germany	1.17	1.54	1.29	1.40	1.63	1.50	1.73	1.47	1.84	1.62	1.82	1.70
UK	0.98	1.26	0.95	1.18	0.91	1.17	0.90	1.26	0.87	1.15	1.00	1.27
Canada	2.05	1.58	1.89	1.54	1.54	1.35	1.40	1.40	1.22	1.39	1.14	1.26
Spain	1.17	1.19	1.04	1.16	1.03	1.17	1.08	1.26	1.04	0.97	1.11	0.99
Italy	1.70	0.80	1.47	0.76	1.57	0.85	1.61	0.91	1.27	0.83	1.58	0.97
France	0.71	0.89	0.68	0.85	0.69	0.85	0.68	0.91	0.67	0.86	0.84	0.96
USA	0.25	0.64	0.25	0.63	0.30	0.67	0.34	0.69	0.32	0.53	0.32	0.57

Source: Retrieved from http://unctad.org/en/pages/PublicationArchive.aspx? publicationid=946.

四、Conclusions

Based on the previous discussion in terms of total trade reliance, reliance of creative goods and service, and reliance of export and import, a few findings can be concluded as follows:

(1) The international trade of creative products is growing steadily in terms of both absolute volume and relative value, providing strong evidence that the dependence of countries on the trade of creative products is getting deeper, although the dependence is still at a relatively lower level, yet the steady rising tendency indicates that the worldwide demand growth for creative products has been a long-term trend. With the reliance of countries on creative products becoming deeper, trade of creative products has begun to show its prominence in the economic development of trading countries. Moreover, with the increase in per capita income in most of countries, consumer market for creative products has remained sustained growth. In view of this development trend, China's producers should make necessary adjustment in their strategy in order to take upper hand in future competition.

(2) It can be inferred from the trade reliance of creative products that the import reliance of the developed countries is higher and the export reliance is lower compared

with those of the developing economies; the service reliance of developed countries is much higher, while their reliance on creative goods is lower than those of the developing group. The analysis of trade reliance has revealed a few findings. Firstly, while the developed countries have been the main consumers of creative products, high income economies in developing group have also exhibited great potential as big consumers of creative products, which is proved true by their import reliance and its rising tendency. This phenomenon demonstrates a positive relationship between consumption of creative products and economic development level and per capita income level. Secondly, the trade pattern of creative products has taken shape, which developed countries have engaged intra – industry trade in creative service products and inter – industry trade in creative goods. Conversely, developing economies including high income ones show a trend of inter – industry trade in creative service products and a trend of intra – industry trade in creative goods. China is an exception from the developing group in the way that it shows a trend of inter – industry trade in both creative goods and services.

(3) China's trade reliance is on a higher level exceeding 2% compared with other big economies in the top ten developing group, however it shows a downward trend. Despite of the fact that China's worldwide market share in the export of creative goods has increased to more than 20%, ranking first in the world, the steady decrease in export and import of service products, especially in the import of goods and service products is the main reason explaining the decline in the total trade reliance of China. China's lower level of competitiveness in creative service trade has a direct connection with insufficient development of tertiary sector in China. Besides, Chinese citizen's low consumption desires for creative products explain reasons behind the low import reliance.

(4) In the light of the above analysis, it is estimated that Chinese creative goods will have more access to developed countries as well as high income developing economies, based on the fact that these economies have displayed high interests for creative goods. In some high income but small – scaled economies, creative trade is playing a decisive role in their economic development. In the top 20 economies of both the developed and developing groups, more than a quarter of them have a trade reliance on creative products exceeding 6%. The high growth trend on creative goods in these economies will translate into potential opportunity for labor intensive industries and small and medium sized companies in China in future.

(5) Foreign demand is an indispensible factor to a country's economic growth, par-

ticularly in case of China. Based on the fact that there's a downward trend in China's export reliance, especially the export reliance of service product, Chinese enterprises have to make greater efforts in developing products with high originality and creativity, especially creative products with high value-added so as to stimulate sustained development of the whole industry and foster lasting competitiveness on the export of creative products. Meanwhile, more attention should be paid to crucial role of domestic consumption in improving competitiveness of the whole industry. Only a simultaneous increase of both internal and external demands can truly promote the development of creative industry.

Economics World, June 2014, Vol. 2 No. 6.

A Comparative Study on the Causes of Low Importation of China's Creative Products

[**Abstract**] This paper uses trade openness and trend of consumer demand to discuss the causes of China's low importation of creative products. Through a cross comparison with the world top creative traders from the high, middle and low income groups, the results find that the Chinese inhabitants' cultural consumption matches its income level, and their expenditure on cultural products grows faster; therefore, the consumer demand cannot explain the low importation of creative products but rather the government higher tariff on creative goods and lower commitments on creative service sectors.

[**Key words**] Creative Products; Government Protection; Consumer Demand; International Comparison

一、Introduction

A widespread understanding in China's academic circle about China's creative trade is an existing large trade deficit as a result of lack of competitiveness in creative industry. However, as the data by UNCTAD (2011) shows that the current serious imbalance in China's creative trade is actually caused by large trade surplus rather than by trade deficit.

According to the data from UNCTAD, China's trade surplus in creative goods ranks the first in the world in 2011, amounting to over MYM 116 billion, nearly four times of the trade surplus in 2002, showing a soaring tendency. Even the creative service exportation, which is habitually deemed as weak in competitiveness, has shown improvement. In 2002, there was a deficit of MYM1.43 billion, but in 2007, the trade deficit changed into trade surplus. In 2011, such trade surplus reached MYM970 million, higher than the other developing countries with the exception of Brazil.

The imbalance in the creative trade in China is a result of the low import demand. The consumption of creative products reflects not only the consumption structure of a nation, but also its consumer preference and cultural interest. The trade pattern of the developed country shows that they are the world's leading importer and exporter of creative products. When China's GDP per capita (GDP MYM 6560, 2013) enters the mid high income group in the world, its import volume in creative products is rather low, which is a salient contrast with its export of creative products. In fact, the introduction of the foreign creative products to China can be a significant driving force of China's creative economy, at the same time; the increasing demand for foreign creative products reflects the improvement in the quality of people's life and self - cultivation.

In view of the meaning of importation of creative products, this paper hopes to reveal the causes of the low demand in China for creative products from the two main factors affecting importation, i. e., market protection and consumer demand. This paper is at first to study the trade openness of creative trade in China and ascertain whether it has higher market protection with comparison to other major trading nations. Secondly, the paper wishes to find out whether the low import is the caused by the low demand by analyzing the dynamic change of the consumption structure in China.

二、International Comparison on Trade Openness

The trade openness means by what way and cost your country's products enter into another country, or how and by what the other country's products enter into your country. This paper focuses on by what way and cost that other countries' creative products exported into China. For study of trade openness, a comparative analysis between China and other major players in creative trade is conducted by exploring both a direct method—foreign trade ratio (M/GDP) and an indirect method—the trade policy by the governments are used hereinafter.

The International Comparison on the Import Trade Openness—by Foreign Trade

Ratio. Fig. 2 – 32 and Fig. 2 – 33, which show the mean value of the import trade openness, are figured out by applying foreign trade ratio to the top 5 developed and top 5 developing economies in creative trade. Such mean value has kept an increasing tendency since 2002, which means both developed countries and developing countries have a growing reliance on creative products. Fig. 2 – 32 illustrates that the five developed countries have steady growth except that the United States met a little bit decline in 2011. Netherlands is gaining prominence in its growth, whose import trade openness increased from 2. 2% in 2002 to 4. 15% in 2011, 2 percentage points over the decade; while other economies increase no more than 1 percentage point. In Fig. 2 – 33, among the five developing countries and regions, Hong Kong has a continued growing dependence on importing creative products, which has resulted in the highest import trade openness in the world. The import trade openness of Russia, South Korea and Indian from 2002 to 2011 is volatile. China, however, has the lowest import trade openness, only 0. 18% in 2011. For sure the massive size of China's economy can be one direct reason of its low trade openness, but the United States, whose economic size is bigger, has much higher import trade openness than China. In consideration of the disparity of economic sizes of target economies, the changing tendency of trade openness should have more weight when looking into the trade openness. It is apparent that China's trade openness on importing creative products goes downward. Among the top 5 developing economies, China is the only country whose import trade openness has kept downward trend over the past decade, indicating the shrinking demand for creative products.

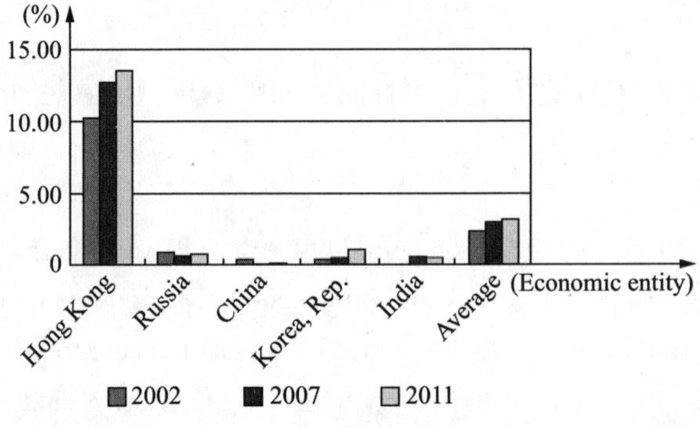

Figure 2 – 32 Top 5 developed countries' import trade openness of creative products

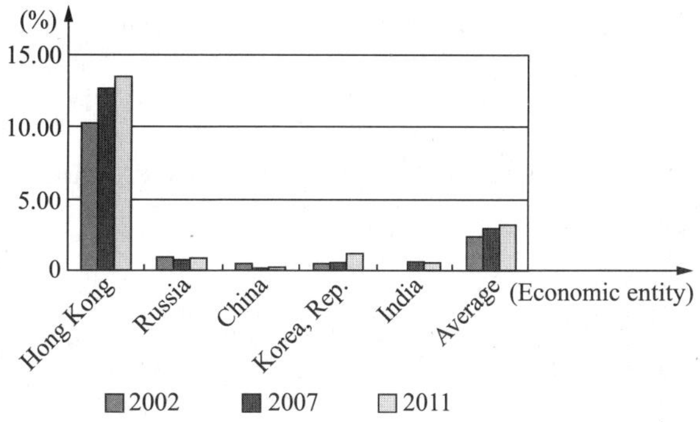

Figure 2 – 33 Top 5 developing economies' import trade openness of creativeproducts

Source: UNCTAD Database.

The International Comparison on the Import Trade Openness—by Comparing the trade Polices of Governments. Trade policies reflect the trade protection or openness of one country. Through the comparative analysis and assessment on the trade policies of the target economies, it is to determine the policy inclination of these economies, i. e., the protection, the restriction, the relative openness, or the encouragement on the importation of creative products. This paper is to make the comparative analysis across the target economies by observing the average import tariff imposed on creative goods and the commitments to GATS on creative service trade.

The Average Import Tariff on Creative Goods. Since UNCTAD and WTO have different statistical data for creative products, it becomes impossible for this study to cover all creative products. Thus, in consideration of comparability and availability of data, the paper selects six categories of products, including the publishing goods (e. g., periodicals and newspaper), the audiovisual and phonographic goods (e. g., CD, cassette, etc.), the recording or video recording goods, the jewelry, the toys and the artwork.

From the changing tendency of the average import tariff of these six categories of products, it can be concluded that by the end of 2010 all the target economies have had either bigger or smaller margin of import tariff cut on creative goods. The average tariff level of developed countries is lower than that of developing countries, but the falling range of the developing countries are conspicuously bigger than that of the developed countries (Table 2 – 40) . Such changing tendency illustrate that both developed and developing economies expand their openness on creative goods each year by encouraging tariff policies. Compared with developed countries, the policy openness of the developing economies on creative goods still remains at a lower level, but such situation is obviously getting improved in recent years.

Table 2 – 40 The tariff level of the target developed and developing economies

	Publishing Goods			Audiovisual and Phonographic			Recording or Video Recording		
	2001	2006	2010	2001	2006	2010	2001	2006	2010
USA	0.3	0	0	1.6	1.6	2.2	0.8	0.8	0.5
EU	0.8	0	0	2.6	2.6	2.7	7.1	8	7.8
Hong Kong (China)	0	0	0	0	0	0	0	0	0
Russia	5.4	—	5.3	5	—	5	19.6	—	11.5
China	4.9	2.8	2.8	18.4	17.5	17.5	36.9	25.4	22.2
South Korea	1.9	1.2	0	8	8	8	8	8	7.2
India	17.1	7.3	5.9	35	12.5	10	35	12.5	8.9
	Jewelry			Toys			Artwork		
	2001	2006	2010	2001	2006	2010	2001	2006	2010
USA	4.9	4.9	4.9	1.5	1.4	2	0	0	0
EU	2.3	2.3	2.3	2.8	2.1	2.3	0	0	0
Hong Kong (China)	0	0	0	0	0	0	0	0	0
Russia	20	—	20	15.4	—	12	0	—	0
China	32	27.5	27.6	15	7.7	10.9	8.9	8.9	8.9
South Korea	8	8	8	8	5.7	6.6	0	0	0
India	35	12.5	10	29.9	12.5	10	30	10.7	10

Note: European Union in Table 2 – 40. refers to Germany, the Netherlands, the United Kingdom and France that are ranked in the top 5 developed countries in creative goods importation.

Source: WTO official data.

From the tariff level of the target countries in 2010 (Fig. 2 – 34), it is seen that the import tariff level of creative goods in developed countries, which is below 2.5% by average, is much lower than developing countries (not including Hong Kong). Among developing countries and regions in exception of Hong Kong, the tariff restriction in

South Korea is relatively small, while the tariff level in China is the highest. Among the six categories of products, the tariffs of four categories (the recording or video recording goods, the jewelry, and the artwork) in China are higher than that of other countries. This finding perfectly matches the results calculated with the foreign trade ratio method. For example, with respect to the direct trade openness of developing economies, the ranking order is Hong Kong, South Korea, Russia, India and China, which is the same as the ranking with respect to the indirect trade openness measured by the tariff level. Thus, it can be concluded that the tariff policy openness of creative products in China is low with many restrictions, which interprets at least from one perception the reason why the import volume of creative products in China is low and why there exists such big imbalance.

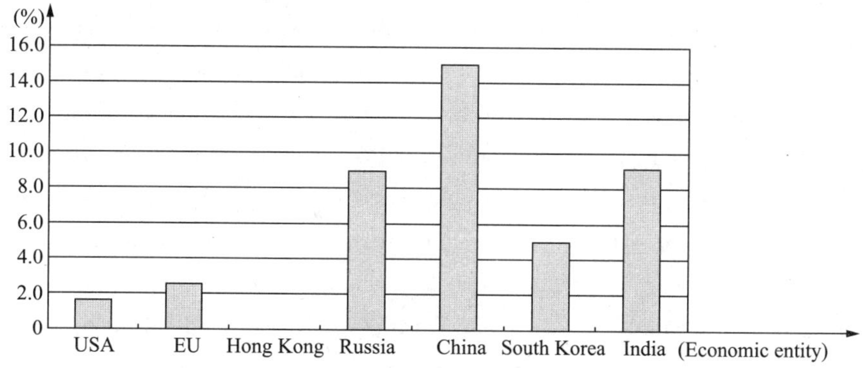

Figure 2 – 34 The average tariff of 6 categories of creative products of the target developed and developing economies (2010)

Source: WTO official data.

Creative Service—Target Economies' Commitments to GATS. In terms of the service trade, WTO members, under the framework of GATS, separately make commitments on market access limitation, the national treatment limitation and limitations on other aspects. In accordance with the UNCTAD classifications of creative products, this paper makes the comparative analysis among ten target countries on their commitments under GATS on the market access of creative products and the national treatment. Due to difficulties in comparable data collection, this paper selects six sectors of creative service: the R&D, the advertising, the market research and referendum service, the architectural service, the visual and performing arts and other recreational services (including the library, the concert, the press and the sport) .

For easy comparative purpose, this paper applies quantitative method to the measurement of policy openness based on the four modes of service trade (the cross – border supply, the consumption abroad, the commercial presence and the presence of natural persons), in accordance with the commitments made by the target economies. Commitments of each country show that the limitations placed on the consumption abroad are the least, and the next is the cross – border supply. For the commercial presence and the presence of natural persons, there are more limitations subject to varying complicated situations. Therefore, this paper makes three – level (0 – 2) measurements on the cross – border supply and the consumption abroad, and five – level (0 – 4) measurements on the commercial presence and the presence of natural persons. In the first two trade modes, 0 represents no limitation and complete openness, 2 represents no commitment and no openness, 1 represents varying degrees of limitation. In the latter two trade modes, 0 represents no limitation, 4 represents no commitment, 1 represents commitments less than horizontal commitments, 2 represents no commitment except the horizontal commitment, and 3 represents additional limitations besides the horizontal commitment. Among these six sectors, some countries do not engage in multilateral negotiations under GATTS, but rather make commitments case – by – case in bilateral negotiations or under framework of free trade areas. One such example is China, whose commitments in the service trade for its entry into WTO did not cover the field of the R&D, the market research and referendum service, and other recreations. Thus this paper does not make comparison and assessment on those sectors and leave them blank.

Table 2 – 41 and Fig. 2 – 35, based on the quantitative method mentioned above, show a comparison on the commitments that target countries undertook on the market access and the national treatment. According to the average level of trade openness, the limitations that top 5 developed countries made on the creative service sectors are generally lower than that of the top 5 developing economies. All of the five countries have made commitments in at least 5 service sectors. For example, US leaves R&D without commitments, and the other four developed countries leave the audiovisual sector without commitments. Most of the developed countries failed to make multilateral commitments on the audiovisual sector is because film service is included as a major part in the sector where America has prominent competitiveness, so it is understandable that the other four developed countries want to protect their domestic film industry as well as their own cultures. Among developing economies, China and India separately have three sectors without engaging in multilateral commitments, more than the other countries. Among ten target economies, Russia is the only one that makes commitments in all such six sectors. (Fig. 2 – 35)

Table 2 – 41 Commitments on the market access and the national treatment in creative industry of 10 target countries

		R&D		Advertising		Market Research & Referendum		Architecture and Engineering		Audio – visual		Other Recreations	
		A	N	A	N	A	N	A	N	A	N	A	N
US	(1)			0	0	0	0	2	2	0	1	0	0
	(2)			0	0	0	0	0	0	0	0	0	0
	(3)			0	0	0	0	0	0	1	1	1	0
	(4)			2	0	2	0	3	0	3	0	2	0
Σ				2	0	2	0	5	2	4	2	3	0
Germany	(1)	0	0	0	0	0	0	1	1			2	2
	(2)	0	0	0	0	0	0	1	1			0	0
	(3)	0	0	0	0	0	0	1	1			0	0
	(4)	2	2	1	2	2	2	2	2			2	2
Σ		2	2	1	2	2	2	5	5			4	4
The Netherlands	(1)	0	0	0	0	0	0	1	1			2	2
	(2)	0	0	0	0	0	0	1	1			0	0
	(3)	0	0	0	0	0	0	1	1			0	0
	(4)	2	2	2	2	2	2	1	2				2
Σ		2	2	2	2	2	2	4	5			4	4
UK	1)	0	0	0	0	0	0	1	1			2	2
	(2)	0	0	0	0	0	0	1	1			0	0
	(3)	0	0	0	0	0	0	1	1			0	0
	(4)	2	2	2	2	2	2	2	2			2	2
Σ		2	2	2	2	2	2	5	5			4	4
France	(1)	0	0	0	0	0	0	1	1			2	2
	(2)	0	0	0	0	0	0	1	1			0	0
	(3)	0	0	0	0	0	0	1	1			1	3
	(4)	2	2	2	2	2	2	1	2			1	2
Σ		2	2	2	2	2	2	4	5			4	7

续表

		R&D		Advertising		Market Research & Referendum		Architecture and Engineering		Audio - visual		Other Recreations	
		A	N	A	N	A	N	A	N	A	N	A	N
Hong Kong (China)	(1)			2	2	2	2	2	2	0	2	2	0
	(2)			0	2	0	2	0	2	0	2	0	0
	(3)			0	0	0	0	0	0	0	0	0	0
	(4)			3	4	4	4	4	4	4	4	4	0
Σ				5	8	6	8	6	8	4	8	6	0
Russia	(1)	0	1	0	0	0	0	0	0	2	2	0	0
	(2)	0	1	0	0	0	0	0	0	0	0	0	0
	(3)	0	1	0	1	0	0	0	1	1	1	1	1
	(4)	2	2	2	2	2	3	2	3	2	2	2	2
Σ		2	5	2	3	2	3	2	4	5	5	3	3
China	(1)			1	0			2	2	0	0		
	(2)			1	0			0	0	0	0		
	(3)			1	0			1	1	1	0		
	(4)			2	2			2	2	2	2		
Σ				5	2			5	5	3	2		
South Korea	(1)	2	0	0	0	2	0	1	1	0	0		
	(2)	2	0	0	0	2	0	0	0	0	0		
	(3)	0	0	0	0	0	0	1	0	0	0		
	(4)	3	3	3	3	3	3	3	3	3	3		
Σ		7	3	3	3	7	3	5	4	3	3		
India	(1)	2	2					1	2	2	2		
	(2)	2	2					1	2	2	2		
	(3)	1	0					1	0	1	1		
	(4)	2	2					2	2	2	2		
Σ		7	6					5	6	7	7		

Note: The blank space is the sector without commitments. A stands for commitments on market access, and N for commitments on national treatment.

Source: WTO service trade data and UNCTAD creative data.

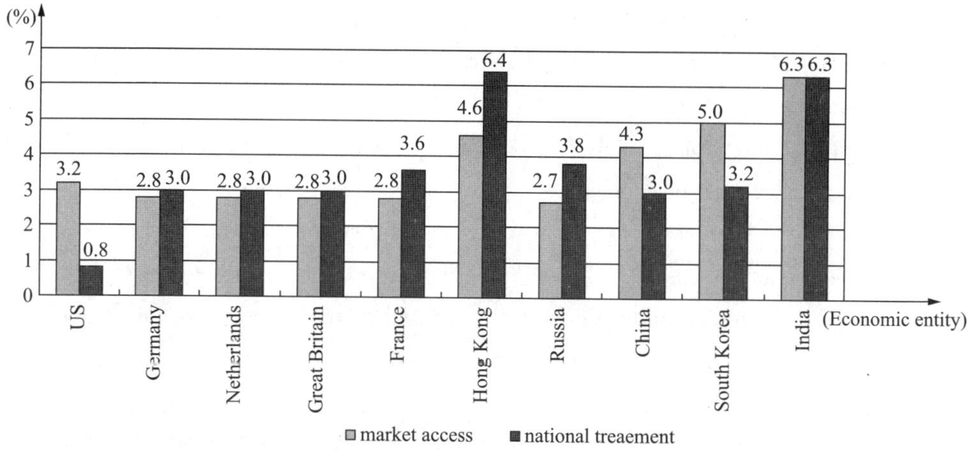

Figure 2 –35　The international comparison of commitment to openness on market access in the fields of the advertising, the architecture and engineering, and the audiovisual

Source: WTO service trade data and UNCTAD data.

In the aspect of the market access, among the ten target economies, the average trade openness of India is the lowest and Russia is the highest. In the aspect of the national treatment, Hong Kong has the lowest average trade openness and USA has the highest. When such results are explained using economic principles, the country having lowest limitations has strongest competitiveness in creative industries, which is proved true by the case of the developed countries, especially the United States. Among developing economies, India has the highest limitations from whatever perspectives. In the case of Hong Kong, although it places no tariff limitations on import of creative goods, its commitment on creative service is at a low level, which is contradictory to its title as "a free port". However, for creative industry, the economic principle is not a panacea; because other factors, such as politics, culture and tradition influences sometimes outweigh the economic factor.

The limitations in the sectors that China makes its commitments are not the highest among the target economies; however, if taking into account some important and core culture service sector, such as cultural, sports and other recreational services, which are not referred to in China's accession negotiations into the WTO, China does set relatively high limitations in creative service. However, following its entry into WTO, China has gradually opened its cultural market either by free trade area agreements or by bilateral negotiations in the context that China's cultural industry has picked up momentum in the past decade. China now has engaged in new round of negotiations in service sectors actively and new commitments will be assessed when the new commitments are made after the Doha round of negotiation is finished.

Through the comparative analysis on the openness of the trade policies, it can be concluded that among target economies, China has a relatively low level of trade openness, which can be seen both from its average import tariff on the creative products and from its commitments on creative service. In this regard, the Chinese government has conspicuous policy protection on its domestic creative market, and such conclusion explains the reason why the import of creative products in China is low in terms of policy protection.

The Consumption Demand for Foreign Creative Products: a Comparative Analysis on the Changing Tendency of Inhabitants' Consumption of Cultural Products.

As analyzed above, the comparative analysis of import trade openness, on the one hand, explains the low import volume of creative products into China, and on the other hand, the consumer demand and consumption tendency also have impacts on the import volume of creative products. This paper is to further explore the deeper reason for China's imbalance in the creative trade in terms of the consumer demand for creative products. For this purpose, this paper will apply import ratio and culture consumption index to make a comparative analyzes on the changing trend of the cultural consumption in the target economies.

The International Comparison of the Import Ratio of Creative Products. The import ratio of creative products refers to the import of creative products as a ratio of the total imports. How much percentage of cultural products taking in the total importation of a country reflects how important the demand for creative products in consumers' demand structure as well as the weightin one country's economy. Thus, this paper compares the import ratio and its changing trend of China with that of thetop 5 developed countries and the top 5 developing countries chosen from the ranking lists of creative goods and service separately.

The Import Ratio of Creative Goods. Table 2 -42 shows the changing tendency of the import ratio of creative goods in target countries between 2002 ~ 2011. Based on Table 2 -42, several conclusions can be drawn as follows: first, by contrast, the import of creative goods in the developed countries has more important position in its total imports than that in the developing countries, which proves that developed countries are the leading markets for creative goods. Second, it is seen that in the past decade, the import ratio of creative goods has declined by varying degrees except Russia (1.91% ~ 2.03%) and Singapore (1.62% ~ 1.82%), which indicates that the weight of creative goods in major import markets is of the downward tendency. Since developing countries have comparative advantages in exporting creative goods, in this regard, the competition in the future market of creative goods would be more fierce. Third, the import structures of creative goods among target countries are in conformity with their average tariff levels. For example, in the United States, the general import tariff on creative goods is lower than EU countries, so its ratio of importing creative products is higher than France and German. In China Hong Kong, duc to its zcro tariff policy, its ratio of importing creative goods is conspicuously higher than other target countries. There is no doubt that the tariff level definitely affects the import of creative products.

Table 2-42 The changing tendency of import coefficient of creative products in top 5 developed countries and top 5 developing countries (2002-2011) Unit: %

	2002	2003	2004	2005	2006	2007	2008	2009	2010	2011
USA	5.83	5.54	5.16	4.92	4.69	4.82	4.21	4.55	4.25	3.74
UK	5.42	5.31	5.12	4.87	4.61	5.44	4.87	5.02	4.67	4.65
Germany	3.03	2.75	2.51	2.58	2.18	2.28	2.18	2.57	2.18	2.07
France	3.65	3.60	3.46	3.37	3.18	3.38	3.31	3.60	3.47	3.35
Japan	3.88	3.67	3.45	3.34	3.14	3.21	2.61	3.38	2.70	2.47
Hong Kong	8.18	7.76	7.29	6.90	6.78	7.19	7.59	7.75	6.56	7.09
Russia	1.91	2.02	1.89	1.58	1.56	1.74	1.82	2.21	2.28	2.03
Mexico	2.27	2.19	1.96	1.94	1.91	1.98	2.11	2.19	1.80	1.60
Singapore	1.62	1.83	1.62	1.57	1.41	1.71	1.65	1.84	1.92	1.82
China	0.95	0.80	0.65	0.61	0.56	0.62	0.57	0.64	0.57	0.58

Source: UNCTAD Database.

The import ratio of creative goods of China is at the lowest level among target economies, and it comes down year by year, from 0.9% in 2002 to 0.5% in 2011. Compared with the world largest importer, the US, the import ratio of creative goods of China is only an equivalent of 0.155% of that of America. Even in the comparison with Mexico, whose import ratio of creative goods ranks low among the developing economies, China's such import ratio is only 0.36% of that of Mexico. Although the demand for creative goods in China keeps growing in its absolute volume, the increasing rate falls behind the import volume and growth rate of other goods. The relevant explanation of such situation, on the one hand, could be given from the aforementioned trade openness, i. e. , the trade policy barriers. On the other hand, it is likely that the domestic suppliers can directly satisfy such consumption demand on account of the strong international competitiveness of many creative goods in China, especially the goods with respect to labor intensive or medium – low technical skills. In addition, Chinese inhabitants may prefer domestic culture and its creative products owing to the low recognition and acceptance of foreign culture. It could be proved through an analysis on the domestic creative products consumption and inhabitants' consumption tendency.

The Changes of Import Ratio of Creative Service. Table 2 – 43 shows the changing import ratio of creative service trade among top 5 developed and top 5 developing economies. It is apparent that the import coefficient of creative service kept a soaring tendency in the past 9 years, which contrasts to the descending tendency of creative goods. The contribution of creative service to total import of service trade of the target economies grows not only faster but also higher than that of the import of creative goods, as represented by Netherlands (1.06 ~ 20.20) among developed economies and South Korea (0.64 ~ 7.36) among developing economies. The results shown in Table 2 – 43 indicate that each country's commitment to openness on its service trade has direct influence on its import ratio. For example, commitment to openness in developed countries is higher than in developing countries, thus the import coefficient of developed countries is higher than that of developing economies. The openness in India is the lowest, so is its import ratio. Comparing the different development tendencies of the import ratio between creative goods and creative service, it is expected to see that developed countries will have brighter future due to the fact that they enjoy much stronger advantages in the creative service sectors.

Table 2 – 43 The changes of import coefficient of top 5 developed and top 5 developing economies (2003 – 2011)

Unit: %

	2003	2004	2005	2006	2007	2008	2009	2010	2011
Germany	9.98	9.87	10.09	10.28	9.34	9.49	10.76	10.82	11.20
Netherlands	1.06	1.11	1.12	21.28	20.36	19.39	19.10	19.66	20.20
Belgium	10.27	9.99	10.09	10.02	8.92	10.28	11.40	10.86	10.77
Canada	9.05	8.72	7.91	7.95	7.61	7.75	7.47	7.03	7.52
Italy	5.99	6.55	6.83	5.65	5.94	6.99	6.38	6.00	6.62

续表

	2003	2004	2005	2006	2007	2008	2009	2010	2011
Russia	6.46	6.70	6.31	7.37	8.44	9.06	9.73	8.77	8.37
South Korea	0.64	0.74	0.80	0.96	1.09	6.49	8.33	7.47	7.36
India	—	3.35	4.26	5.87	7.87	6.13	6.03	6.22	5.84
Brazil	9.33	9.72	8.86	8.20	8.75	8.67	9.51	9.04	8.43
China	7.37	7.39	7.37	7.65	7.44	7.87	8.37	7.99	7.51

Source: Collection of UNCTAD and WTO Database.

Table 2-43 illustrates that the import ratio of creative service in China has no conspicuous fluctuation over the past 9 years, showing a small increase from 7.37% in 2003 to 7.51% in 2011, indicating that the demand for creative service has seen a growing tendency in the total service import in China. Compared with the changing ratio of creative goods, the consumer demand for creative service takes much more important position in the total service import in China. To explore the reasons for relatively higher ratio of creative service import, besides consumer demand, Chinese producers are weak in competitiveness in creative service is another reason because creative service products are of high technical skills and high art contents by nature. Therefore, foreign supply is required to satisfy the domestic demand in China. However, in comparison with other economies, the import volume and growing rate of creative service in China is below the average level, which is in consistent with its relatively lower openness of creative service market measured by the commitments of the Chinese government made to GATS.

In sum, from the point of the absolute value, both creative goods and service take more important position in the import structure of the developed countries than in the developing countries, indicating the fact that the demand for creative products in developed countries is higher than in developing countries. From the point of the changing tendency, the import ratio in both developed countries and developing countries keeps consistent, i. e., the weight of creative goods in total import of goods is diminishing, while the weight of creative service in total import of service is enhancing. For China, the changing tendency of creative import has kept pace with those major trading economies; however, the contribution of creative imports in both total goods and total service import fall far below that of the major traders in creative trade. This paper hopes to explore further, besides policy factors, if the Chinese inhabitants' consumption tendency and consumption desire for cultural products are a constraining factor.

The International Comparison of the Changing Tendency of Inhabitants' Consumption Structure. In order to study the consumption tendency and desire for cultural products, the culture consumer index (CCI) is adopted to make a cross comparison between China's inhabitants with the inhabitants of countries at different income levels. CCI refers to the culture and recreation expenditure as a proportion of GNI per capita. The changes of such index reflect inhabitants' consumption tendency and desire of one country. Given the availability of statistics, the author selects those countries from high – income, middle – income, and low – income countries with active participation in creative trade. A comparative analysis of the changes of CCI of China and the chosen countries are made, so as to ascertain the level and dynamic change tendency of the culture and recreation expenditure in China, and to judge objectively whether the consumption level and desires for creative products in China is of normal.

Since China's data for cultural consumption is related only to the urban inhabitants, for the rural inhabitants, their culture expenditure is merged with their education expenditure; therefore, this paper makes the estimation on the culture expenditure in rural areas by taking the reference of the growth percentage of the culture consumption of urban inhabitants and the growth percentage of the culture and education consumption of rural inhabitants. In White Paper of China Family Education Expenditure 2010, it points out that the education expenditure in low income families is high, which is caused by the expectation of low income people to improve their life quality through higher education. Therefore, it could be concluded that the percentage of creative goods and service in the total culture and education expenditure in rural areas is lower than such percentage in urban areas, which is estimated by 5% lower than the expenditure of the urban family per person. According to the above method, Table 2 – 44 calculates the annual consumption of cultural and recreational goods and service in China from 2003 to 2012.

Table 2 – 44 Cash expenditure per capita of the cultural and recreational products and service in urban and rural family (2002 – 2011)

Unit: RMB Yuan

	2003	2004	2005	2006	2007	2008	2009	2010	2011	2012
Urban Areas	420.38	473.85	526.14	591.04	690.76	736.09	826.88	966.30	1101.74	1213.88
Rural Areas	94.26	101.22	126.89	134.64	143.59	154.71	174.20	199.37	216.03	243.68
Nation – wide	514.64	575.07	653.03	725.68	834.35	890.80	1001.08	1165.67	1317.77	1457.56

Source: China Statistical Yearbook, 2014.

Table 2 – 45 provides China's CCI as compared with that of the other income groups. As the Table 2 – 45 indicates that CCI in high – income countries is the highest, between 4% and 5%, CCI in middle – income countries is averagely above 3%, and CCI in low – income countries is the lowest, a bit more than 1%. This result proves true once more that culture consumption is of high income – elastic products. Generally speaking, the higher per capita income, the stronger demand for creative products. Secondly, it can be said that a country has reached a normal cultural consumption level if it is at the average CCI level of the same income group. Judged by this understanding, India is obviously left far behind from the average level in the middle income group. One reason is that although India belongs to the middle income group, there is still a big income gap in comparison with other countries in the same group. In addition, it also indicates that the demand for culture consumption in India is seriously insufficient since its CCI is even lower than the average consumption level in low – income countries. India's case may find answer from the large wealth gap and low penetration of basic education. Thirdly, from the changing tendency of creative product consumption, it is seen that from 2002 to 2012 the CCIs of almost all countries in both the high – income and the middle – income groups show downward trend. However, if looking into only the annual growth rate of consumption of creative products in these two groups, it is found that such growth rate in the high – income countries is conspicuously lower than that of the middle – income countries, almost 50% of the latter group, the result of which corresponds to the normal development of culture consumption. After reaching a certain level, the increase rate of culture consumption in high – income countries should be slowing down, while the growth rate in the middle – income countries becomes faster. Moreover, for all countries of whatever income levels, there exists a negative correlation between economic development and income growth expectation, and culture consumption. This finding is in contrary with the opinions of some Chinese experts, who holds that the economic recession brings about high culture consumption.

Table 2 – 45 CCI: the international comparison among China and high, middle and low – income groups

Unit: %

		2002	2004	2005	2007	2009	2010	2011	2012
High – income Countries	USA	6.22	6.32	6.27	6.39	6.17	6.08	6.09	5.95
	Netherlands	5.29	4.84	4.81	4.74	4.76	4.64	4.46	4.05
	Japan	6.21	5.96	5.87	5.74	5.85	5.85	5.62	5.23
	Germany	5.38	5.19	5.14	4.89	4.98	4.85	4.72	4.62
	South Korea	4.52	3.93	4.13	4.19	4.08	3.98	4.00	3.64

续表

		2002	2004	2005	2007	2009	2010	2011	2012
Middle – income Countries	Turkey	3. 62	3. 81	3. 77	3. 19	3. 12	2. 88	2. 90	2. 90
	Mexico	3. 50	3. 40	3. 37	3. 36	3. 39	3. 29	3. 26	3. 17
	China	5. 28	4. 67	4. 64	4. 13	3. 92	3. 90	3. 78	3. 79
	Thailand	3. 40	3. 79	3. 81	3. 22	2. 93	2. 91	3. 06	3. 24
	India	0. 94	0. 77	0. 78	0. 81	0. 79	0. 75	0. 94	n. a.
Low – income Countries	Kyrgyzstan	1. 00	1. 90	1. 89	n. a	n. a	n. a	n. a	n. a
	Sierra leone	n. a	n. a	3. 02	3. 10	3. 08	2. 73	2. 84	n. a
	Ethiopia	0. 34	0. 30	0. 35	0. 36	0. 38	0. 38	0. 37	0. 31
	Malawi	n. a	n. a	n. a	0. 18	0. 22	0. 21	n. a	n. a

Sources: The World Bank Databank and China Statistical Yearbook.

Compared with the other countries in the same income group, China' s CCI is also experiencing downward tendency, but is above the average level of the group, and even higher than that of the South Korea. Furthermore, if the growth rate of the culture consumption in China is compared with the other high – income and middle – income countries, then the annual growth rate in China is almost three times of the growth rate in high – income countries, and doubles in middle – income countries. Therefore, it is apparent that the rising incomes have boosted demand for culture consumption of Chinese inhabitants. Based on the findings above, the paper concludes that China' s culture consumption matches its per capita income level and China takes a leading position among middle – income countries.

三、Conclusions

Through the international comparative analysis on the government policies and the changing tendency of creative products consumption, the conclusions on reasons for the low import volume of creative products in China are drawn as below:

China keeps a high trade surplus in the international trade of creative goods, and such trade surplus grows annually. Even for the creative service trade, which is deemed as weak in competitiveness, the trade deficit has changed into trade surplus. However, in comparison with the other major traders of creative products, the import of creative products in China is very low, causing the huge trade imbalance.

This paper finds that the trade openness of creative products in China, which is calculated on the basis of the foreign trade ratio, is the lowest among target countries, which is only 0.18% in 2011. Among all target economies, China is the only country whose import trade openness keeps downward over the decade. The analysis on the trade openness in China is also made from the point of the government policy limitations. It is revealed that the average import tariff on creative products is relatively high in China. In fact, China has the highest tariff level among target countries for creative goods. Among the six categories of creative goods, the tariffs of four categories (the audiovisual and phonographic goods, the recording or video recording goods, the jewelry, and the art-work) in China are higher than in the other countries. In the aspects of market access and national treatment on creative service, China did not participate in multilateral negotiations in some core cultural and recreational sectors and therefore made no commitments. With respect to the sectors that China has made commitments, relatively higher limitations are set.

In the aspects of the import tariff on creative goods and the commitments on creative service trade, the level of trade openness in the developed countries is universally higher than that of the developing countries. China Hong Kong, however, is an exception. Its import tariff on creative goods is zero, but its commitments on the market access and national treatment in the creative service is at the lowest level among all comparing economies.

The study on the import demand is done firstly in terms of the changes of the import ratio. The finding reveals that the import ratio of creative goods in China is at the lowest level among target economies, only equaling to 0.155% of that of America and 0.36% of Mexico. Moreover, the ratio exhibits the downward tendency year by year. Through the comparative analysis on the Culture Consumer Index of high – income, middle – income and low – income country groups, it is certain that there exists positive correlation between the culture consumption and the per capita income. Chinese desire and consumption for culture and recreation matches the income level of the middle – income countries, even a bit higher than some middle – income developing countries. Furthermore, the growth rate of cash expenditure on cultural products and service is faster than that of the other high – income and middle – income countries, reaching an annual growth rate of 12.3%. Therefore, both the consumption desire and the expenditure growth rate for cultural products can barely explain the low import volume of creative products in China.

Based on the comparative analysis above, the paper concludes that the trade imbalance of creative products in China, i. e. , the low import of creative products, is firstly caused by the high protection over the domestic cultural market. Secondly, Chinese inhabitants' preference to their own culture makes them choose more of the domestic creative products. Such result may have a root in the rich cultural heritage of China from its long history, and it may also be caused by the low appreciation and acceptability of foreign culture. Furthermore, the domestic producers have strong comparative advantages in creative goods production. Thus, the inexpensive creative goods supplied by domestic enterprises can well satisfy the people's demand for culture consumption.

2016 2nd International Conference on Education and Management Science (ICEMS2016), May 28 - 29, 2016, Beijing, China, Co - author: Guan - yue, Liu Wen.

下 篇

与文化创意产业研究相关的参政议政与教研成果

文化创意产品的高收入弹性属性和高艺术内涵使文化创意产业首先在高收入、高教育和艺术人才聚集的城市优先获得发展。北京市作为中国的政治和文化中心将文化创意产业作为自己的支柱产业发展是情理之中的选择。作为民建北京市经济专家委员会成员和朝阳区人大代表，笔者将文化创意产业和产品贸易方面的研究与参政议政相结合提出的调研和建议受到了民建市委和北京市政府最高领导层的批示和肯定，并且获得相关政府部门的采纳。例如，笔者在民建中央召开的五个省市自治区产业融合发展研讨会上所作的发言——“京津冀晋蒙区域合作发展文化创意产业的思考（2010）”得到与会各界的高度评价；在北京市举办的文化创意产业论坛上的发言——“北京市文化创意产业的可持续发展与经验借鉴”获得时任北京市委书记刘琦的亲自批示；笔者主笔的调研报告——“北京市旅游业带动文化创意产业融合发展的研究与对策——以朝阳区为例”获得民建朝阳区参政议政二等奖。

作为科研和教学工作者，笔者的研究成果能够产生学术影响以外的政策影响是本人做科研所追求的一个目标，其另外一个目标就是能将研究与教学相结合。对文化创意产业的研究不仅使笔者有足够的积累完成了教材《文化创意产业与产品贸易》，而且还帮助笔者将文化概念引入教学方法的改善上。笔者申报了北京市教育科学“十一五”规划课题——《国际贸易专业跨文化特色人才培养模式研究》，完成了《国际贸易专业学生跨文化商务操作能力培养模式研究》（高等教育研究，2012）和《国际贸易专业学生跨文化认知现状实证研究与结果分析》等成果。

京津冀晋蒙区域合作发展文化创意产业的思考

[**内容摘要**] 本调研报告首先简要总结了京津冀晋蒙五个省市自治区“十一五”期间对文化创意产业发展的规划，特别是五个地区在规划上的区别与共性，指出规划与实际结果之间的差距。经过调研后，从六方面提出了五个地区合作发展文化创意产业的路径，特别是通过产业链的形成，发挥各自的优势，共促文化创意产业的发展。

[**关 键 词**] 京津冀晋蒙；区域合作；文化创意产业

一、问题的提出

2008 年 11 月 4 日，首届京津冀晋蒙政协区域经济发展论坛在廊坊举行。本次论坛主题为“发挥地方优势，推动区域发展”和“以交通能源为突破口，加强区域基础设施和基础产业合作”。论坛签署了“京津冀晋蒙政协关于举办区域经济发展论坛的合作框架协议”。

应当说此次论坛开启了京津冀晋蒙地区区域经济合作发展的序幕，它拓展了京津冀经济圈，是促进以京津地区为核心，辐射和带动周边地区经济发展的一项重要战略。虽然 2008 年的论坛提出以交通能源为突破口，但是这一地区在其他产业领域的合作由于政策和产业发展的共性也存在广阔的空间，例如，文化创意产业。《国家“十一五”时期文化发展规划纲要》曾将环渤海地区规划为我国三大文化产业带之一。可见这一地区的文化创意产业具有广阔的发展前景。

文化创意产业[①]在 2005 ~ 2008 年已经先后被京津冀晋蒙地区的政府确定为本

① 有些地区称为文化产业。按照联合国贸发会议的定义，文化产业属于文化创意产业的一部分，故而在此统一称为文化创意产业。

地区经济发展的支柱性产业。鉴于文化创意产业在这个地区未来经济发展中的重要地位，本文从区域经济合作和产业一体化发展的角度，对京津冀晋蒙地区文化创意产业合作发展的可行性和路径进行分析。分析共分为三个部分：第一，京津冀晋蒙地区文化创意产业发展规划及其分析；第二，本地区文化创意产业发展存在的问题；第三，本地区文化创意产业的发展路径建议。

二、京津冀晋蒙地区文化创意产业发展规划及其分析

鉴于文化创意产业在未来经济发展中的重要性，该产业已经成为京津冀晋蒙地区政府规划的支柱性产业，这点在华北五个省市自治区的“十一五”产业规划中得到体现。下面分别简要介绍各地区“十一五”规划中的重点目标。

北京市已经明确规划建立九大创意中心——全国的文艺演出中心、出版发行和版权贸易中心、广播影视节目制作和交易中心、动漫游戏研发制作中心、广告和会展中心、古玩和艺术品交易中心、设计创意中心、文化旅游中心、文化体育休闲中心。中关村创意产业先导基地、北京数字娱乐产业示范基地、北京798艺术区、宋庄原创艺术与卡通产业集聚区等十大集聚区获政府的重点支持。到2010年，北京市级重点文化创意产业集聚区力争达到30个。

天津市创意产业发展目标是到2010年建设成为国际知名的创意人才和机构的集聚之地；创意产业化和产业创意化的转化中心；开放度高、独具特色的国际文化中心城市以及我国北方的创意产业名城，并确定了推进五大重点领域的发展，包括工业设计、咨询策划、软件服务、文化展演和动漫制作；确定了12个集聚园区建设规划。

河北省文创产业的重点是发展网络游戏、动漫制作创意、文化艺术创意、时尚消费创意、咨询策划创意等产业链条。扩大创意产业规模，提升创意产业层次，培育创意产业竞争优势，打造创意产业品牌。

山西省提出了“像挖掘煤炭一样挖掘文化！”的口号，省政府已将文化产业纳入重点培育和扶持的十大支柱产业之一，文化产业增加值总量在全国处于中上游水平，一批特色文化企业在本行业中居于全国领先地位。形成“一个中心、五大特色文化产业区”的发展格局。一个中心，就是把太原建成山西省的文化旅游服务中心、影视剧与动漫产品制作中心、新闻出版与版权贸易中心、演艺与娱乐中心、艺术品创作生产与贸易中心、文化遗产展示中心、文化创意与会展中心和文化产品与文化物资流通中心。五大特色文化产业区，即佛教与边塞文化产业

区、晋商文化产业区、根祖文化产业区、太行文化产业区和黄河文化产业区。

内蒙古自治区党委和政府2003年做出《关于进一步加快文化产业发展的决定》、《关于印发民族文化大区建设纲要的通知》、《关于支持文化事业和文化产业发展若干政策的通知》三个重要文件，明确指出今后内蒙古文化产业发展的重点是构建以文化旅游、文艺演出、新闻出版、广播电视、文博会展等文化产业为重点的文化产业体系；提出了民族大区建设的总体目标，力争在“十一五”末，使内蒙古文化建设能够先于经济建设，较早走进全国前列。

上述五个省市自治区的规划具有如下的特点：①基本上都瞄准文化创意产业的高端和原创性强的行业。②产业选择雷同率一般在50%～60%，有的地区与其他地区完全相同。③重点行业的选择完全以本地区具有优势的项目和做得较好的产品来确定。④规划确定的目标与“十一五”末实现的实情有较大差距。因为规划基本上是在2003～2007年制定的，因此2011年是检验规划成效之年。

三、本地区文化创意产业发展存在的问题

由于规划与现实之间存在较大的差距，因而有必要对此规划从区域发展的角度做出分析，找出问题所在。本文认为主要问题有如下几点：

1. 无大区域观念

行业选择只从本地区情况考虑，没有全局和大区域观念，导致产业结构自成体系、自我封闭，结构趋同加剧，相互之间争资源、争项目、争投资，过度竞争和封闭竞争严重，许多重复投资和重复建设不仅造成不必要损失，还造成整个区域资源使用浪费和经济发展水平相对滞后。

2. 目标不切实际

不切实际地选择高端产业和原创性强的行业，结果会受到人才和技术等瓶颈制约，使产业发展规划难以落实。

3. 难以形成集聚效应

仅以本地区的几个在当地有一定知名度的文化产品来规划产业集聚区或产业园区，实难形成集聚效应，由于这些以地方文化为特色的产品，例如，一些手工艺品，技术和创意含量低，无法形成上下游产业链。即使一些技术和原创含量高的产品，由于对资金和人力资本投入要求高，对规模效应要求高，因此仅以一个城市或省的力量难以形成投资规模和规模化生产，如动漫几乎成为各地区的共同选择，但都无法形成规模优势。

4. 品牌影响力小

在整个区域内真正形成全国乃至世界闻名的文化品牌数量寥寥，全国乃至世界知名的文化创意企业数量寥寥，因而无法形成完整的区域性产业链。

5. 难以形成合力

对文化创意产业的发展普遍存在政府热，消费冷；公共投资热，民间投资冷的现象。虽然政府投资在产业发展的初期是必要的，但是文化创意产业的发展只有真正形成以内生力量推动发展的局面才能真正发展起来。

四、对本地区文化创意产业发展路径的建议

文化创意产业之所以成为中国大多数省份重点发展的产业，一个重要的立论在于中国是一个具有悠久文化历史的文明古国，各省各地区都可以挖掘出独具特色的文化遗产和文化传统。这是在确定文化创意产业发展条件时首先应更正的一个观念，事实上文化历史≠文化创意产业。文化创意产业发展的最根本要素是经济实力和科学技术实力，因为文化遗产具有世界性，而科学技术却具有垄断性。文化创意产品只有依赖技术的投入才使创意人的奇思妙想成为可能，才能大大提高文化要素的附加值，且还需要通过技术的投入使高科技的文化创意产品市场化，成为具有巨大获利前景的产品。由于文化创意产业具有高知识技术含量、高投入、高附加值的特点，因此通过文化创意产业的聚集和与其他相关产业的融合，才可以扩大产业内部和外部的规模，使新思想、新技术的传播成本大大降低，获得规模经济效应。鉴于以上文化创意产业发展的条件，本文建议华北五省市自治区可以从以下几个方面合作，建立共同发展机制。

第一，建立文化创意产业区域发展协调机制，可以以民建中央为协调单位，建立由五地地方民建组成的领导班子，并获得当地政府的参与和支持。

第二，打破各地封闭式的文化创意产业发展规划框架，形成统一的五省市自治区的重点文化创意行业选择规划，从大区域的角度统筹考虑资源配置、规划产业布局。

第三，京津两市所具有的技术、人力资本优势可建立文化创意产业技术和原创高地，形成上下游产业链，确定各分区域在产业链中的位置，带动其他省、市、自治区文化创意产业的发展。

第四，形成政府间政策支持协调机制，避免政策优惠重复和叠加，鼓励民间资本进入，在融资和税收等政策上给予优惠。

第五，培植群众对文化创意产品的消费爱好，通过消费模式创新、消费行为干预和宣传引导等方式使人们愿意消费文化产品。

第六，文化创意产业的发展必须走国际化发展道路，这不仅是为了宣扬中华文化，提高我国的“软实力”，而且从产业发展的角度看，外需目前是支撑我国文化创意产业发展的重要力量（这里主要指的是货物贸易），因为我国出口到国外的文化创意产品中货物贸易 2008 年已经占到世界市场份额的 20% 以上，位居全球第一。

本文完成于2011 年。

北京市文化创意产业的可持续发展与经验借鉴

[内容摘要] 本调研报告首先从四个方面总结了北京市文化创意产业可持续发展面临的挑战，包括消费、产业规模化程度、产业链形成和人才聚集情况，之后本文提出北京市可以借鉴的一个典型例子是中关村。尽管中关村作为一个高科技园区有它不同于文化创意产业发展的特点，但是仍然有许多可以借鉴的经验，本文在所总结的五个方面经验的基础上提出了三点北京市文化创意产业发展的建议。

[关 键 词] 可持续发展；中关村；经验借鉴

一、北京市文化创意产业可持续发展面临的考验

北京市作为一个人口超级大都市，如何不断寻找经济发展的新增长点，使人民的福利水平不断提高是一个重大的课题。作为中国的政治和文化中心，文化创意产业成为必然的选择，尽管近几年来北京市文化创意产值增长很快，但影响产业可持续发展的因素也在凸显。这些因素分析起来有如下几个方面：

1. 文化消费依然是短板

创意产业发展的最终目标是“满足人民群众日益增长的精神文化需求”，文化创意产业属于典型的需求拉动的产业，消费者对文化创意产品的偏好和意愿具有决定性意义。按照《中国统计年鉴》（2008）数据，北京市虽然在文化娱乐用品与服务消费的绝对值上排在全国第一，但是如果从文化娱乐消费占人均国内生产总值的比重看，却大大低于全国平均水平。2008 年我国人均文化娱乐消费占人均国内生产总值的比重为 3.94%，而北京市人均国内生产总值 2008 年达到 63029 元，但文化娱乐消费只占人均国内生产总值的 1.6%。从总量上看，根据

北京市2008年统计报告，北京市居民当年在文化、体育与娱乐方面的消费支出只占当年地区国内生产总值的2.8%，占第三产业比重为3.8%。从动态变化角度看，我国城镇居民的文化娱乐消费比重在过去20年从未超过7.23%，而且在金融危机期间还有所下降。因而政府大力推动的文化创意产业是否得到需求方的支撑是一个不得不考虑的问题。

2. 北京市文化创意产业规模化程度低

北京市政府在“十一五”期间对文化创意产业的扶持使北京市企业数量快速提升，如2008年北京市各类文化创意企业达到五万多家（北京日报，2010－01－27），企业数量已经是世界第一大创意城市纽约的两倍，从业人数是纽约的四倍（美国50个城市创意产业报告，2008）。这样庞大的企业和从业人员数量说明北京市的企业规模普遍较小，还处于自由竞争阶段，其中也不乏有些企业是为了享受政府的优惠政策而成立，并不具有发展潜力；但从另一个方面说，北京市的某些文化创意产业处于高度垄断地位，规模大但内生增长动力不足。

3. 北京市文化创意产业链化程度低

北京市的文化创意产业还未真正形成产品的产业链，即从创意策划—核心产品—衍生产品—产品市场化运作，当然形成这一局面的原因是多方面的，但一个主要原因是北京市虽然有丰富的文化遗产而且号称拥有大量人才，但真正开发成功并具有市场化潜力的核心文化品牌却数量寥寥，因此无法形成创意的制高点，其结果是难以整合周边地区资源，且周边地区离心化趋势加重，甚至与北京形成竞争局面。以华北地区五省市自治区为例，京津冀晋蒙五省市自治区对文化创意产业的规划基本上都瞄准文化创意产业的高端和原创性强的行业，与北京的产业选择雷同率一般在50%～60%，有些规划甚至与北京基本一致。

4. 未真正形成创意人才聚集效应

创意人才多属于天马行空的性格，他们不是用政策请来的，而是靠适宜的环境聚集而来，因此开放与容忍是形成这一环境的前提。北京市自发形成和正在消失的一些创意人才聚集区都说明了这个问题。

二、可以借鉴的成功经验

北京市不乏成功的产业园区，中关村即是一例。然而中关村高科技园区的发展与北京市文化创意产业的发展有许多不同点，因此中关村的一些成功经验无法简单复制和照搬。

首先，成立于20世纪80年代末的中关村科技园区是我国成立最早、规模最大的高科技园区，由于得天独厚的条件，中关村的建园时间先于国内其他地区，因此占有先机，有概率先形成集聚区和规模效应。而文化创意产业在全国几乎是同时启动，又由于政府行为的推动，所以同时形成多个中心，如全国20多个省市都规划了动漫基地。

其次，中关村园区的产业包括电子信息产业、生物医药、新能源、新材料等，这些产业的技术主要承接的是发达国家转移过来的技术，并主要服务于制造业，具有可复制和大批量生产的特点，而文化创意产品则个性化、差异化特性突出。

再次，中关村地区的技术人才经过一定时期的专业培训即可胜任工作，但是文化创意人才则无法靠简单的集中培训，批量产生。

最后，中关村的产品技术具有广阔的市场空间，因此技术的不断更新换代和成本的降低，可以满足大多数消费者提高物质消费的需求，更重要的是，中关村产业与消费者的支付能力和消费结构基本一致，只要价格合适就有市场；然而文化创意产品属于精神消费产品，许多产品不具有直接的使用价值，因此人们的消费偏好与欣赏能力具有决定意义，况且越是艺术含量高的文化创意产品，越是无法靠技术提高来降低成本，如器乐演奏、芭蕾舞表演，等等。

尽管如此，中关村的成功发展仍然有一些可以借鉴的经验，包括以下几点内容：

1. 地理位置的选择

中关村以北大、清华、中科院等几十所著名高校和研究机构为依托，形成产学研一体化的产业链；文化创意产业链的形成不一定集中在一个区域内，可以形成开放式的区域合作，每个区域有各自的核心主题，承接产品价值链的不同阶段。

2. 人才政策与激励机制吸引大批学有所成的留学生回国创业

中关村共有1.2万名海归人才累计创办了超过5000家高新技术企业；人才也是文化创意产业发展的基础，因此建立宽松适宜文化创意人才的环境，吸引国内外人才的聚集至关重要。

3. 中关村吸引了大量的风险投资机构

中关村的创新能力吸引了大量风险投资，区内设立的创投母基金、专项资金奖励创业投资机构等解决了一些中小企业融资难问题；大部分文化创意企业为中小企业，中关村的融资方法具有借鉴意义。

4. 政府政策的支持

高新技术企业自注册之日起，所得税“三减三免”，税率15%；在企业融资方面给予支持，如设立“中关村科技园区发展专项资金”、“中小企业发展专项资金”、中关村科技园区创业投资引导专项资金等；政府政策如何支持文化创意企业也是需要认真论证的问题。

5. 中关村建立了较为完善的中介组织

中关村的中介组织，例如，成立了中关村外商协会、北京创业投资协会、北京软件行业协会等组织，并组建了协会联系会；形成了包括创业促进服务机构、知识产权专业服务机构、科技中介组织以及法律、财务、咨询等专业服务机构体系。中介组织是产业的发展的重要润滑剂，这对于文化创意产业的发展同样具有重要的借鉴意义。

三、对北京市文化创意产业发展的建议

文化创意产业的发展除了借鉴中关村经验在地点、人才、资金、政府支持等方面做出努力外，本文还建议从以下方面做出尝试：

1. 通过大力发展文化事业，促进文化创意产业的发展

文化事业属于公共或半公共产品，它的重要意义在于普及大众文化意识和提高居民对文化产品的欣赏水平。提高人们对文化产品的欣赏能力和水平是促进文化创意产业发展的一个重要前提。然而转变消费者的消费观念和偏好无疑是一个大规模的消费行为的干预和价值观的塑造，这项巨大工程必须通过政府、学校、社会和家庭各个方面的努力才能实现。例如，各个不同层次的学校可以增加文化艺术类课程的选修和鉴赏的内容，鼓励有影响的艺术家进入大学课堂，如李德伦先生曾经进入大学讲解交响乐，为20世纪80年代大学生中掀起交响乐热做出了重要贡献。政府在考虑文化娱乐设施的投入时应当将重点放在普及性的设施建设上，更多地免费开放博物馆和展览馆等公共设施，并适当补贴高水平的文艺演出和艺术活动，使其价格更容易为一般的消费者所接受。此外，家庭是文化活动的重要基层单位，因此通过引导性的措施如小区文化建设、环境渲染、招贴画等宣传方式，倡导文化进家庭，并以家庭文化水平和意识的提高促进整个社会文化鉴赏力的提高，进而促进对文化产品需求的提高。

2. 形成两头在内，中间在外的产业战略布局

北京市未来文化创意产业发展格局应当形成创意与销售在内、衍生品制造在外的产业布局。形成这样的布局首先是建立品牌优势，形成创意制高点。选择几个（不可能多）既有影响力又有产业链延伸价值的品牌，形成国内外高知名度。

北京市拥有的文化资源和人才资源是其形成国内外高知名度品牌的优势。另一端是销售，北京市具有形成国际艺术品交易市场的巨大潜力，由于历史和市场的选择，艺术品三级交易市场格局在北京市正逐渐形成，现在的问题是如何使其规范有序地发展。产业链的中端，即衍生品的制作与生产应与周边地区合作，形成以北京市为创意高地、带动周边地区发展的产业一体化结构。

3. 文化创意产业与其他产业合作发展，相互促进

文化创意产业与许多其他产业关联度紧密，相互可以产生带动作用。例如，北京市的优势产业包括旅游业、教育业等。代表现代艺术的798、代表高雅艺术的国家大剧院、代表民族艺术的长安大剧院等可以通过旅游业的发展提高其知名度，能使来北京旅游的人们以去国家大剧院观看一场演出为荣。北京市的高等教育资源丰富，国际教育服务贸易活跃，大量的外国留学生以及由他们带来的亲属、朋友等可以成为北京市文化创意产品消费的一个重要人群，其还是实现中国文化走出去的重要载体。

本文完成于2011年。

北京市旅游业带动文化创意产业融合发展的研究与建议

——以朝阳区为例

［内容摘要］本文从旅游外汇收入和国内游客在京消费的角度分析了中外游客在京文化创意产品消费对北京文化创意产业发展的贡献，同时确定了旅游消费是北京文化创意产业发展的重要动力来源。本文根据研究结论提出了旅游业与文化创意产业融合发展的几点建议。

［关 键 词］中外旅客；文化创意产品消费；融合发展

北京市作为拥有超过2000万常住人口的国际大都市，如何不断提高其国际化水平，寻找经济的新增长点，使北京的经济社会和人民的福利水平不断提高是一个重大的课题。北京作为中国的政治和文化中心，文化创意产业成为必然的选择；又由于北京拥有丰富的历史和人文遗产使其成为享誉世界的旅游胜地。北京所拥有的这些资源以及文化创意产业与旅游业的天然内在联系使两个产业协同发展，共同成为提高北京市的国际化程度、促进北京市经济发展的支柱性产业成为可能。本调研报告就是从北京市旅游业与文化创意产品消费之间的关系入手研究如何以旅游业带动文化创意产业的发展。通过调研主要回答了如下问题：旅游业对文化创意产业的发展关联度如何？旅游业对文化创意产品消费的贡献如何？国内外旅游者在北京对文化创意产品消费是否可以成为支撑该产业持续发展的动力源泉？本报告将根据调研结果提出北京市和朝阳区为了发展这两个产业可以采取的政策措施建议。

一、旅游业与文化创意产品消费的关联度分析

1. 全国旅游业发展趋势以及对文化创意产品消费的贡献

本调研首先从我国的旅游外汇收入的情况看旅游业的发展趋势，之后分析旅

游业对文化创意产品消费的关联作用。

图 3 - 1 为 2000 ~ 2011 年我国旅游外汇收入的情况。图中数据显示我国旅游外汇收入由于受国际经济形势和金融危机的影响，虽然在 2003 年、2008 年和 2009 年有小幅度的波动，但总体趋势呈现稳定上升的态势，从 2000 年的 162. 24 亿美元上升到 2011 年的 484. 64 亿美元。年均增长速度达到 18%，大大高于同期我国国内生产总值年均增长速度。可见，这十几年来，我国旅游业发展迅速。根据经济学原理，当某种产业的发展速度高于同期国内生产总值增长速度时这一产业可以成为国家的先导型产业。

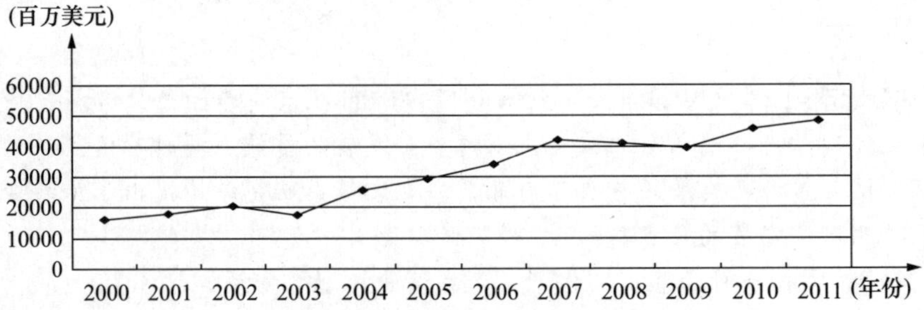

图 3 - 1　我国国际旅游外汇收入

资料来源：历年北京旅游业概况，北京市旅游发展委员会，http：//www. bjta. gov. cn.

那么旅游业与文化创意产业之间的关联度如何，通过观察旅游外汇收入构成中旅游业所带动的文化创意产品消费情况获得有关信息。在旅游外汇收入构成中与文化创意产品消费有直接关系的消费项目是文化娱乐和商品消费。图 3 - 2 显示了 2011 年我国旅游外汇收入的花费构成。其中娱乐消费为 34. 66 亿美元，商品销售为 118. 56 亿美元。

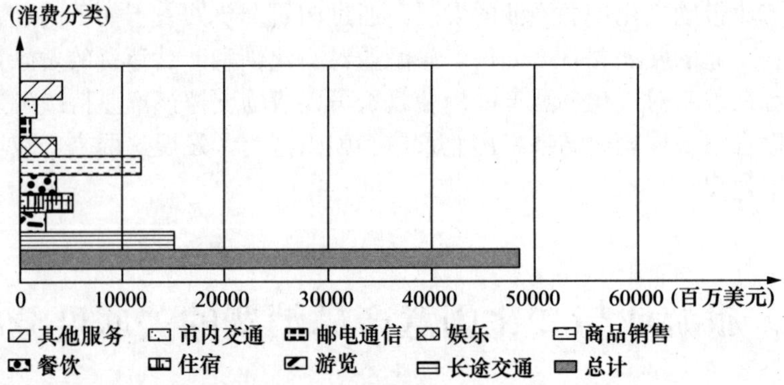

图 3 - 2　2011 年我国旅游外汇收入构成

资料来源：历年北京旅游业概况，北京市旅游发展委员会，http：//www. bjta. gov. cn.

图 3-3 进一步显示了旅游外汇收入中各项消费对旅游外汇收入的贡献。

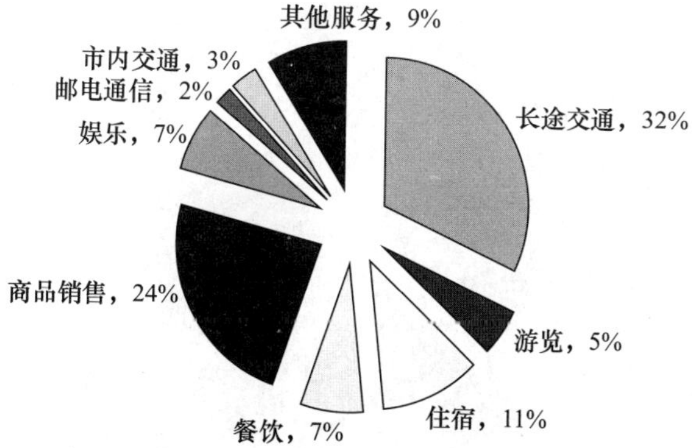

图 3-3　2011 年我国旅游外汇收入构成

资料来源：历年北京旅游业概况，北京市旅游发展委员会，http：//www.bjta.gov.cn.

由图 3-3 可知，商品销售是仅次于长途交通支出的第二大项，占 24%；娱乐消费占 7%，两项在旅游外汇收入中占比共达到 31%，接近外汇总收入的 1/3，在旅游消费中占有很重要的位置。

目前由于统计系统的不完善，还无法分离出文化创意产品消费在总的商品消费中的确切比重，然而根据对国外旅游者的调查，他们在中国的消费多以购买具有中国文化特色的纪念品包括工艺品、字画、珠宝、服饰等，而这些商品均属于文化创意产品范畴，因此即使按照保守估计，以国外游客在文化创意产品方面的消费占到总商品销售的 80% 估算，那么可以推定，文化创意产品消费占商品销售的比例可达到 19.2%。进而可以得出，旅游外汇收入每增长 1%，可以带动文化创意产品消费增长 26.2%（文化创意产品消费 19.2% + 文化娱乐消费 7%）。由此可见旅游业与文化创意产业之间的确有很高的关联度，旅游业的发展直接促进了文化创意产业的发展。

2. 旅游业发展对北京市文化创意产品消费的影响分析

全国情况如此，北京市的情况如何？图 3-4 显示的是北京市入境旅游者的花费构成。

北京市在统计入境旅游者花费构成上与我国外汇收入构成在表述上略有不同，但实质内容是一样的，而且北京市的表述更具体。基于全国数据的分析方法，此处推断购物中 80% 的比例用于文化创意产品的消费，那么可以推定，境外游客的文化创意产品消费占在北京的购物消费达到 20.24%。进而可以得出，北京市旅游外汇收入每增长 1%，可以带动文化创意产品出口消费增长 26.24%

（文化创意产品消费 20.24% + 文化娱乐消费 6%）。由此可以得出旅游业对北京市文化创意产品出口消费的带动作用超过 1/4，略高于全国 0.04% 的水平。

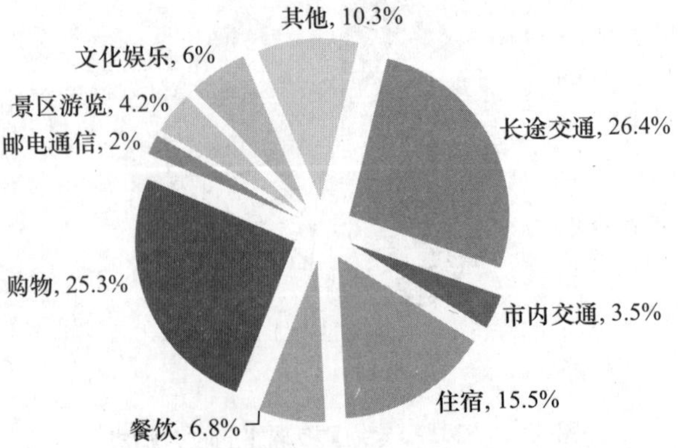

图 3-4　北京市入境旅游者花费构成

资料来源：历年北京旅游业概况，北京市旅游发展委员会，http：//www.bjta.gov.cn.

以上分析以国外游客为主，如果将国内游客在北京的消费构成情况计算在内（如图 3-5 所示），则可得出在北京外地游客带动的文化创意产品消费总的情况。由于国内游客在北京购物花费在文化创意产品上的支出低于国外游客，根据对国内游客的初步调查，外地游客在北京的消费约 50% 用于文化创意产品消费，因而国内游客对北京市文化创意产品消费的贡献在 25% 左右。国内与国外两项相加可得 51.24%，即旅游业对北京市文化创意产品消费的贡献超过一半以上。

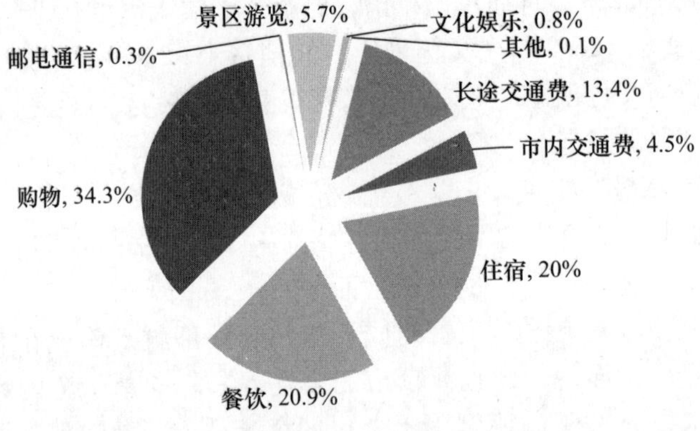

图 3-5　外地游客在北京市的花费构成（2011 年）

资料来源：历年北京旅游业概况，北京市旅游发展委员会，http：//www.bjta.gov.cn.

3. 旅游产业对朝阳区的影响分析

朝阳区作为北京市最大的一个区，蕴藏着丰富的旅游资源，但朝阳区的旅游资源有其特殊性，更确切地说，朝阳区的旅游资源特色体现的是“现代”与“时尚”。中外游客要想看现代化的北京，就得去朝阳区，因此朝阳区的旅游收入一直占北京市的1/3，约达700亿元（根据朝阳区旅游委提供的信息）。按照这样一个比例，朝阳区的中外游客在文化创意产品（购物与文化娱乐）上的消费大致应占北京市的17%。

二、对北京中外游客文化创意产品消费变化趋势的分析

文化创意产业是否可以成为北京市经济发展的支柱性产业，还取决于国内外消费者对北京市文化创意产品消费的长期变化趋势。图3－6是国外游客在京消费的变化趋势。由图3－6可见，国外游客在文化娱乐方面的支出比例保持上升态势，由2005年的4.6%上升到2010年的5%，而购物消费也从2005年的19.9%上升至2010年的25.1%。图3－7是国内来京游客在文化创意产品消费变化趋势。如图3－7所示，国内游客的购物支出从2005年的24.1%上升到2011年的34.3%，增长了10.2%，然而在文化娱乐项目上的支出则从2005年的3.1%下降至2011年的0.8%。

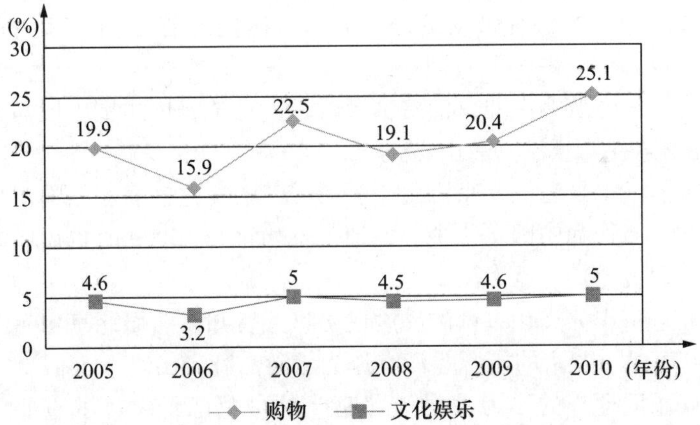

图3－6　入境旅游者在京旅游花费构成变化趋势（2005～2010年）

资料来源：历年北京旅游业概况，北京市旅游发展委员会，http：//www.bjta.gov.cn.

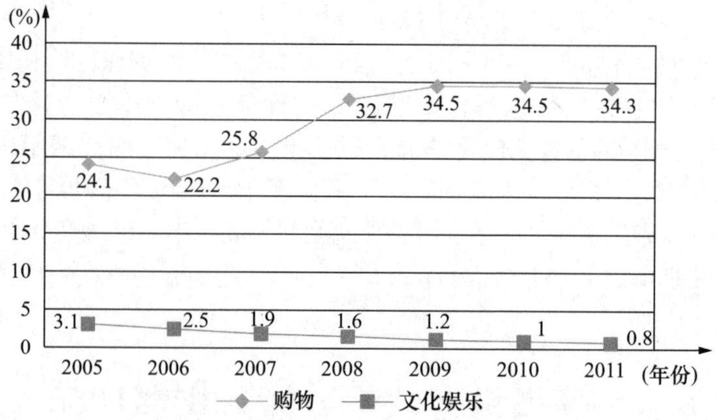

图 3－7 外地来京游客在京旅游花费构成变化趋势（2005～2011 年）

资料来源：历年北京旅游业概况，北京市旅游发展委员会，http：//www. bjta. gov. cn.

三、结论分析

从以上的数据分析可以得出以下结论：

第一，旅游业对文化创意产品消费具有显著的带动作用，从收入角度看其贡献率超过 51%，两个产业之间具有直接重要的关联度。

第二，文化创意产业与旅游业相结合已经成为北京市经济发展的支柱性产业，这点从不断增长的游客带动的外汇收入、国内外游客在北京消费支出得到证实。

第三，从国内外游客在北京消费情况看，国外游客更注重中国与北京市的文化，而国内游客更注重购物。

第四，从全国水平看，北京市由于旅游带动的文化创意产品的出口优势并不显著，这与北京市作为中国文化中心的地位不相符，当然同时也说明北京市在两个产业的融合发展上仍有巨大的潜力。

第五，北京市作为文化古都的品牌已被世人皆知，然而北京市一些区域作为“时尚”与“现代”北京的概念并没有作为旅游品牌突出。

第六，朝阳区拥有的作为“时尚北京”的角色已经发挥了重要作用，但是“时尚”与“现代”北京的概念并没有成为一个突出品牌。

四、政策建议与措施

根据以上数据分析，在政策层面，北京市政府2006年发布的“北京市促进文化创意产业发展的若干政策”从八个方面提出促进措施；此后一系列政策措施包括产业投资指导目录、产业分类、税收优惠政策等，为首都文化创意产业的发展提供了良好的政策环境。2013年北京市又出台了“外国入境游客72小时免签证”政策，这一政策的出台为“以旅游业带动文化创意产业的发展”提供了政策利好。

本文通过以上分析和与北京市一些国有大型和中小型文化企业的座谈，提出进一步以旅游业带动北京市发展文化创意产业的建议：

第一，在政策层面有关政府部门应当将旅游业的发展与文化创意产业的发展结合考虑，不要形成“两张皮”，各自出台相关政策。

第二，北京市和朝阳区的相关主管部门对游客在北京期间的路线设计和旅游内容等向旅行社提出必要的建议，并对前往参观类似文化创意产业园区的游客给予免除相关费用的优惠措施。

第三，北京市除了打造作为文化古都的地位外还应当特别宣传“时尚”北京和“现代”北京的品牌。外国游客不仅希望看到“老”北京，也希望看到北京市作为国际大都市的“时尚”与“现代”的一面；国内游客则在看过“老”北京的经典旅游景点后，因为有更多的机会来到北京，因此再次来到北京时希望有新的发现，这些需求也为不拥有经典旅游景点的区域获得了发展的机会，如北京市朝阳区就是“时尚”与“现代”北京的一个代表性区域。

第四，根据国内外游客的需求、收入水平和对文化艺术的鉴赏水平，提供不同层次的丰富的文化创意产品。国内外游客不同层次的需求也为各种类型和规模的文化创意企业的发展提供了机遇。

第五，利用好现有的政策措施，例如“外国入境游客72小时免签证”政策，在北京市打造72小时旅游、文化鉴赏和消费圈。利用北京市已有的物流中心如首都机场、奥特莱斯购物中心等，与国际、国内最有实力的文化、投资和大企业合作，按照五星级的标准和要求建造一个世界级精品文化圈，与此同时，政府则在用地、税收、人员流动等方面给予必要的政策支持。

朝阳区政府在落实一些利好的政策时应当及时出台配套措施，尽快形成与关联企业的合作，抢占先机。例如，广州市通过南方航空公司已经在大力宣传“外国入境游客在广州72小时免签证”政策。由于旅游市场的激烈竞争，如不尽早规划，则会贻误时机。

本文完成于2013年。

旅游结合文化创意产品设计带动北京市“老字号”的发展调研与建议

［内容摘要］北京市拥有一批享誉中外的“老字号”，为了宣传这些“老字号”，它们被纳入到北京市工业旅游线路中。本文了解到这些被纳入旅游线路的“老字号”大多数并没有很好地借助工业旅游实现品牌宣传的目的，并针对这些问题提出了几点解决建议，还特别提出通过文化创意设计与旅游产品的开发以及与艺术院校学生的合作，设计和现代传媒展示方式使“老字号”的品牌吸纳时尚元素，使其在更广泛的人群中得到认可。

［关 键 词］老字号；工业旅游；旅游与文化创意结合

北京市作为历史悠久的文化名城拥有一批享誉国内外的优秀品牌产品，它们主要分布在食品加工、商业、餐饮住宿、医药、服务业等部门。这些“老字号”不仅是某种产品的品牌，更具有厚重的文化积淀，是北京市相关产业发展的历史见证，这些“老字号”也是北京市的一笔财富，因为一个世界大都市不仅要有自己的历史和文化这样的无形产品，还应当有与之相匹配的有形产品，而拥有北京“老字号”品牌的产品不仅可以创造社会财富，还可以通过产品所承载的文化元素将中华文化传扬到世界。

然而在经济全球化时代，在北京市建成世界大都市的背景下，这些“老字号”在企业发展上不同程度地遇到了一些问题，甚至是生存问题。如何使这批“老字号”发扬光大，使其在保持自身文化传承的同时继续做大做强，成为北京市经济社会发展的中坚力量，是大家共同思考的一个问题。对于这样一批“老字号”的发展，北京市政府给予了很大关切并且在相关政策上给予了扶持，特别是在北京市大力发展文化创意产业和工业旅游开发兴起之后，一些“老字号”也被列入到北京市工业旅游开发线路景点中。一些“老字号”也希望借工业旅游之际宣传自己的品牌，使其成为新时代的具有高附加值的名牌产品。然而目前北京市这些被纳入到工业旅游线路中的“老字号”发展如何？存在哪些问题？本文希望对这些问题的了解提出针对性的解决建议。

一、北京市现存“老字号”

“中华老字号”是由原中华人民共和国国内贸易部认定的中国大陆的老牌企业。在1991年全行业的认定中，有1600余家老牌企业被授牌。2006年4月，国家商务部发布了《“中华老字号”认定规范（试行）》“振兴老字号工程”方案，表示在三年内由国家商务部在全国范围认定1000家“中华老字号”，并以中华人民共和国商务部名义授予牌匾和证书。

截至2015年末，经商务部组织有关机构和专家审核确定了北京市有两批企业符合“中华老字号”认定要求。这些品牌影响深远，有口皆碑，早已成为了北京市的象征符号。首批67家“老字号”企业名单如表3－1所示。

表3－1 首批入选“中华老字号”企业名单

序号	企业名称	字号	商标	所属行业
1	北京吴裕泰茶业股份有限公司	吴裕泰	吴裕泰	商业
2	北京稻香村食品有限责任公司	稻香村	稻香村	食品加工
3	北京同升和鞋店	同升和	同升和	商业
4	北京王府井百货(集团)股份有限公司东安市场	东安市场	东安	商业
5	北京盛锡福帽业有限责任公司	盛锡福	盛锡福	商业
6	北京大明眼镜股份有限公司	精益	精益	服务业
7	北京来今雨轩饭庄	来今雨轩	来今雨轩	餐饮住宿
8	北京大明眼镜股份有限公司	大明	大明	服务业
9	北京中国照相馆有限责任公司	中国照相馆	中国照相馆	服务业
10	中国茶叶股份有限公司	中茶	中茶	商业
11	北京工美集团有限责任公司王府井工美大厦	工美	工美	商业
12	北京馄饨侯餐饮有限责任公司	馄饨侯	馄饨侯	餐饮住宿
13	北京四联美发美容有限责任公司	四联	四联	服务业
14	北京六必居食品有限公司	六必居	六必居	食品加工
15	聚德华天控股有限公司北京柳泉居饭庄	柳泉居	柳泉居	餐饮住宿
16	聚德华天控股有限公司北京聚德烤肉宛饭庄	烤肉宛	烤肉宛	餐饮住宿
17	北京六必居食品有限公司	桂馨斋	桂馨斋	食品加工

续表

序号	企业名称	字号	商标	所属行业
18	北京天福号食品有限公司	天福号	天福号	食品加工
19	聚德华天控股有限公司北京砂锅居饭庄	砂锅居	砂锅居	餐饮住宿
20	北京华天饮食集团公司	同和居	同和居	餐饮住宿
21	聚德华天控股有限公司北京烤肉季饭庄	烤肉季	烤肉季	餐饮住宿
22	北京鸿宾楼餐饮有限责任公司	鸿宾楼	鸿宾楼	餐饮住宿
23	北京六必居食品有限公司天源酱园	天源	天字牌	食品加工
24	北京金象复兴医药股份有限公司白塔寺药店	白塔寺药店	白塔寺药店	商业
25	北京元长厚茶叶有限公司	元长厚	元长厚	商业
26	北京桂香村食品有限公司	桂香村	桂香村	食品加工
27	聚德华天控股有限公司北京玉华台饭庄	北京玉华台	首都玉华台	餐饮住宿
28	北京市西单商场股份有限公司	西单商场	XDSC	商业
29	北京同春园饭店	同春园	同春园	餐饮住宿
30	北京成文厚账簿卡片有限公司	成文厚	成文厚	商业
31	北京华天延吉餐厅有限责任公司	华天延吉	华天延吉	餐饮住宿
32	聚德华天控股有限公司北京又一顺饭庄	又一顺	又一顺	餐饮住宿
33	聚德华天控股有限公司北京峨嵋酒家	峨嵋	峨嵋	餐饮住宿
34	北京便宜坊烤鸭集团有限公司	便宜坊	便宜坊	餐饮住宿
35	中国北京同仁堂（集团）有限责任公司	同仁堂	同仁堂	医药
36	北京前门都一处餐饮有限公司	都一处	都一处	餐饮住宿
37	北京月盛斋清真食品有限公司	月盛斋	月盛斋	食品加工
38	北京壹条龙清真餐饮有限公司	壹条龙	壹条龙	餐饮住宿
39	北京天兴居炒肝店	天兴居	天兴居	餐饮住宿
40	北京华鹏食品有限公司	通三益	通三益	食品加工
41	北京大北服务有限责任公司大北照相馆	大北	大北	服务业
42	北京市糖业烟酒公司	京糖	京糖	商业
43	北京市珐琅厂有限责任公司	京珐	京珐牌	其他
44	北京王致和食品集团有限公司	王致和	王致和	食品加工
45	北京内联升鞋业有限公司	内联升	内联升牌	商业
46	北京一得阁墨业有限责任公司	一得阁	一得阁	其他
47	北京步瀛斋鞋帽有限责任公司	步瀛斋	步瀛斋	商业
48	中国全聚德（集团）股份有限公司	全聚德	全聚德	餐饮住宿

续表

序号	企业名称	字号	商标	所属行业
49	北京瑞蚨祥绸布店有限责任公司	瑞蚨祥	瑞蚨祥	商业
50	荣宝斋	荣宝斋	荣宝斋	商业
51	北京张一元茶叶有限责任公司	张一元	张一元	商业
52	中盐北京市盐业公司	北京盐业	京晶	食品加工
53	北京义利食品公司	义利	义利	食品加工
54	北京戴月轩湖笔徽墨有限责任公司	戴月轩	戴月轩	商业
55	北京市丰泽园饭店	丰泽园	丰泽园	餐饮住宿
56	北京王致和食品集团有限公司	龙门	龙门	食品加工
57	北京王致和食品集团有限公司	金狮	金狮	食品加工
58	北京茶叶总公司	北京茶叶	TP	商业
59	北京菜市口百货股份有限公司	菜百	菜百	商业
60	北京稻香春食品有限公司	稻香春	稻香春	食品加工
61	北京市颐和园听鹂馆饭庄	听鹂馆	听鹂馆	餐饮住宿
62	北京龙徽酿酒有限公司	龙徽	中华	食品加工
63	北京市豆制品二厂	白玉	白玉	食品加工
64	北京顺鑫农业股份有限公司牛栏山酒厂	牛栏山	牛栏山	食品加工
65	北京百花蜂产品科技发展有限责任公司	百花	百花	食品加工
66	北京红星股份有限公司	红星	红星	食品加工
67	北京东来顺集团有限责任公司	东来顺	东来顺	餐饮住宿

资料来源：京华老字号网站。

北京第二批38家入选“中华老字号”企业如表3－2所示。

表3－2　第二批38家入选“中华老字号”企业

序号	企业名称	注册商标	所属行业
1	北京市北京饭店	北京饭店	餐饮住宿
2	北京市仿膳饭庄	仿膳	餐饮住宿
3	北京谭家菜餐饮有限责任公司	谭家菜	餐饮住宿
4	聚德华天控股有限公司（护国寺小吃店）	京饮华天小吃	餐饮住宿
5	聚德华天控股有限公司（老西安饭庄）	西安饭庄	餐饮住宿
6	聚德华天控股有限公司（新路春饭庄）	新路春	餐饮住宿
7	聚德华天控股有限公司（西四大地餐厅）	华天大地	餐饮住宿

续表

序号	企业名称	注册商标	所属行业
8	聚德华天控股有限公司（西来顺饭庄）	西来顺	餐饮住宿
9	聚德华天控股有限公司（曲园酒楼）	曲园	餐饮住宿
10	北京壹条龙清真餐饮有限公司锦芳小吃店	锦芳	餐饮住宿
11	北京西德顺饭馆	顺德西	餐饮住宿
12	北京小肠陈餐饮有限责任公司	小肠陈	餐饮住宿
13	北京都一处餐饮有限公司力力豆花庄	力力	餐饮住宿
14	北京市隆福寺小吃有限公司	隆福寺	餐饮住宿
15	北京市远东饭店	远东	餐饮住宿
16	北京市爆肚冯饮食服务有限责任公司	爆肚冯	餐饮住宿
17	北京清真白魁老号饭庄有限公司	白魁老号饭庄	餐饮住宿
18	北京翔达南来顺饭庄有限公司	南来顺	餐饮住宿
19	商务印书馆	图形	商业
20	北京永安堂医药连锁有限责任公司	永安堂	医药
21	北京鹤年堂医药有限责任公司	鹤年堂	医药
22	北京栎昌王麻子工贸有限公司	王麻子	商业
23	北京红都集团公司	红都	商业
24	北京谦祥益丝绸有限责任公司	谦祥益	商业
25	新华书店总店	新华书店	商业
26	北京艺嘉仓储有限责任公司	懋隆	其他
27	北京市地毯五厂	云鹿	商业
28	北京星海钢琴集团有限公司	星海	商业
29	北京东华服装有限责任公司建华皮货服装分公司	雪花	商业
30	北京光华宝石鞋业有限公司	宝石	商业
31	北京德寿堂医药有限公司	德寿堂	医药
32	北京市龙顺成中式家具厂	龙顺成	商业
33	北京红都集团公司	蓝天	商业
34	北京步瀛斋鞋帽有限责任公司	马聚源	商业
35	北京造寸服装服饰有限公司	造寸	商业
36	北京市紫房子婚庆有限公司	紫房子	服务业
37	北京华女内衣有限责任公司	华女	商业
38	北京雪莲羊绒股份有限公司	雪莲	商业

资料来源：百度百科，http：//baike. baidu. com.

工业旅游是北京市在2000年中期推出的旅游项目，由七大部分产品组成，“老字号”是其中一个部分。北京市政府对于工业旅游项目给予了诸多政策支持，2012年宣布了“北京市关于推进工业旅游发展的指导意见”，提出了指导原则、目标与措施。在以上北京市“老字号”中被纳入到由北京市旅游局印发的工业旅游路线的有如下一些企业：北京内联升鞋业有限公司、北京六必居食品有限公司、北京红星股份有限公司、北京月盛斋清真食品有限公司、中国全聚德（集团）股份有限公司、北京王致和食品集团有限公司、北京龙徽酿酒有限公司、北京顺鑫农业股份有限公司牛栏山酒厂等，另外还有几家企业虽未被正式列入到该线路中，但也参与了工业旅游项目中，如张一元、吴裕泰、义利面包、瑞蚨祥和便宜坊等。2007年龙徽、牛栏山等“老字号”在内的14家企业被评为“全国工业旅游示范点”企业。但是“老字号”工业游在随后的发展中并非一帆风顺。下面做一个分析。

二、“老字号”工业旅游的现状及问题

第一，改革开放后，有一部分“老字号”因为市场经济的冲击已经破产，但以上这些企业在保持着历史文化精粹的同时，还保持着较好的经济活力。

第二，从进入到工业旅游名单的“老字号”的所属行业来看，以食品加工企业居多，这些企业的产品发展符合北京作为国内大型消费城市的特点，就近生产，就近消费。企业都获得了政府或多或少的资金支持。

第三，被纳入工业旅游线路的“老字号”企业都建立了自己的展厅，展品多以展示企业文化为目的，借以宣传自己的产品。也有部分企业可以体验产品的生产过程，如义利食品厂等。然而从展厅面积与展品数量来看规模一般较小，大部分企业仅仅是在营业厅划分出一片区域来进行自己品牌历史文化的展示，这些展厅通常不成规模。接待人数也有限，通常以50人为限，并且多数企业不接待散客，似乎展厅只是为了设立而设立，没有发挥很好的作用。

第四，前往“老字号”参观的游客要提前跟团预约才可以进行参观，但预约电话却没有向公众公开，一些消费者不知情。目前初具规模的展馆如龙徽葡萄酒博物馆、牛栏山和红星酒厂，同时也是酿造业的典型代表，虽然规模较大，但是旅游路线的吸引力并不大。

第五，这些“老字号”企业的宣传普遍存在问题，作为一名普通的旅游者很难得到这些“老字号”工业旅游路线的信息，即使是专门查找都很难获得更

详细的介绍。在调研的过程中，在与“老字号”的从业人员交流时发现，即使是企业自己的员工通常都不知道企业有展厅等设施。

第六，工业旅游项目的设立基本上以宣传为目的。调查发现除北京龙徽酿酒有限公司和北京月盛斋清真食品有限公司利用工业旅游部分实现了旅游项目的盈利外，其他“老字号”都以宣扬北京和企业文化为目的，属于非营利性质。

第七，是否能跟上时代，赢得未来消费者的青睐是北京市“老字号”面临的最现实问题和最大挑战。虽然“老字号”主打的是传统的文化和产品，但是如果企业缺乏创新力，跟不上时代的步伐将会失去未来的消费人群，特别是如果不能抓住年轻人的心，那么“老字号”这张牌就无法出手。

以北京义利食品公司为例。2011 年该公司邀请笔者作有关文化创意产业的讲座。在讲座之前笔者对该公司的品牌知名度与品牌形象在北京第二外国语学院本科生和研究生中作调研，结果显示义利品牌只在北京市学生中有一定的知名度，但即使是北京市的学生在提到该产品时都提到义利食品只是生活在他们的爷爷奶奶中间，爷爷奶奶辈儿的人除了留恋这些老产品的口味外，价格具有优势也是一个重要原因。然而在向义利食品厂领导提及这一调查结果时，该厂领导表现出明显的不快。企业领导热爱自己的企业很好，但如果只靠低价和一批老顾客则很难取得较高的附加值和赢得未来的消费者，而不进则必退。事实上这不仅是义利一家企业的现象。

三、借鉴与建议

鉴于北京市“老字号”工业旅游的现状，本调研提出以下建议：

第一，由于大多数“老字号”企业的展厅规模有限，又受企业生产性质的限制，如食品厂等不能进入生产车间参观。另外，这些“老字号”分布在不同的区域，如果不在热点旅游景点附近则很难吸引旅游团，因此效果较差。建议可集中建立一个规模较大的北京“老字号”展馆，馆内分成若干展厅，介绍这些“老字号”的历史、文化、产品等，各自馆内可开辟体验区，形成一站式介绍、体验与购物中心。

第二，将文化创意产品设计与“老字号”文化传承与产品宣传相结合，开发与“老字号”产品有关的旅游纪念品，在“老字号”展览馆内出售，如印制有企业品牌的钥匙链、T 恤衫、文化用品、文具、模型等，但这些有形的产品设计一定要具有特色，既要有“老字号”的文化内涵又要符合旅游者的需求，制作与用材要精良，使旅游者值得将其作为文化精品和代表该“老字号”的文化符号收藏。对于“老字号”食品厂可就地建立餐厅，出售自己的产品等，使“老字号”工业旅游不仅局限于走走看看，还有做做尝尝。

第三，要加大宣传力度，积极介绍宣传“老字号”旅游路线，首先要让大家知道北京市开展了“老字号”旅游项目，政府主管部门也可以采取一些措施有目的地引导外地和国外旅游团前往参观。

第四，“老字号”企业可以与文化创意企业和艺术类院校合作，共同开发设计具有文化内涵又有艺术魅力的产品。与艺术类院校的合作可以带动学生的学习热情，使学生如艺术设计、数字传媒等类专业的学生尽早培养专业素质，同时由于学生的思维更加活跃与超前，他们的设计思路会更具时代感，更重要的是还可以尽早在年轻人中培养对“老字号”的品牌意识和对产品的认知度。

第五，“老字号”企业的领导层自身要有发展的紧迫感。企业领导要深刻研究如果将自己的品牌知名度不仅保持在当地，还要将其做成世界品牌，自己还缺什么，还需要做什么。北京市发展文化创意产业和建立世界城市的努力给“老字号”提供了发展的机遇，作为这个城市的名片，“老字号”必须将创新放在首位，将“老的文化”以“新的形式”推崇出去。

本文完成于2016年。

国际贸易专业学生跨文化商务操作能力与能力测定研究

［内容摘要］对外贸易不仅是经济现象，更是文化现象。作为培养国际化人才的国际贸易专业，跨文化商务操作能力已经成为国际化人才知识结构中的一个核心组成部分。以往对跨文化交际的研究更多地局限于语言教育与研究，本文则在跨文化交际能力的基础上提出跨文化商务操作能力。为此目的本文首先定义何谓跨文化商务操作能力以及衡量该能力的指标模型，之后通过实验班方式将该模式付诸实施，在试验期结束时采用实证研究和专家评议方式检验模式的有效性，结果显示研究达到了预期目的。

［关 键 词］国际贸易；专业学生；跨文化商务操作能力；能力测定与检验

一、问题的提出

目前我国有100多所院校设立了国际贸易专业，已经形成了成熟的培养模式。如何对现有专业进行改革，办出特色，使其更加适应经济全球化发展的需要，满足我国对跨文化操作能力的外贸人才的迫切需求是一个具有重要意义的课题，因此研究如何培养适应全球化发展的跨文化操作人才模式具有示范性和普遍意义。

提出跨文化商务操作能力培养模式思路的出发点是基于这样的事实：第一，文化“软实力”成为继政治实力、经济实力、军事实力之后一个国家综合实力的主要组成部分。因此研究文化的影响力及经济全球化对文化融合的影响是一个前提条件。第二，在比较单一的文化环境中成长的学生对于文化差异的敏感度很低，他们习惯于以惯性思维方式处理和看待复杂的跨文化问题，因此有必要研究如何提高学生在经济全球化背景下对文化差异的敏感性，特别是提高学生在不同商务环境中的执行能力。本文认为，为实现培养适合经济全球化发展需要的跨文化商务操作能力的经贸人才目的，可以通过教学实践摸索出一条适合国际经济贸易专业学生跨文化商务操作能力的培养模式，并实现对传统专业培养模式的创新。

传统的国际贸易专业学生的知识结构由专业知识构成，以往的教学改革虽然加入了双语教学和实践环节，但依然注重的是专业知识与技能的培养。而跨文化商务操作能力的培养模式则尝试在以往的专业知识、双语能力和实践的基础上加入跨文化商务操作能力这一新元素，使其成为人才培养知识结构中的一个组成部分，建立更加适合经济全球化发展需要的国际贸易人才培养的新模式。

二、研究培养跨文化商务操作能力人才的重要意义

中国经济在改革开放30年后已经完全融入到世界经济体系中，成为经济全球化进程中的一个重要组成部分。目前中国的贸易伙伴国家和地区达到220多个，对外贸易不仅是中国经济增长的重要源泉，还是中国与世界各国交往的重要手段，因而对外贸易不仅是经济现象，更是文化现象。随着各国经济依存度的不断增加，你中有我，我中有你的局面逐渐形成，人们在通过贸易方式进行交往时越来越深刻地感觉到文化差异对于经济活动的影响。虽然国内、国外在讲授国际贸易等专业理论与实务知识时内容基本相同，但从不同文化视角对相同专业知识的理解以及在实践中的应用往往大相径庭。不同的价值观、语言表达方式、宗教信仰、风俗习惯都会对贸易活动产生直接的和间接的影响，有时是重大影响。由于文化差异导致的贸易冲突比比皆是，有时甚至影响到国家之间的关系。作为培养国际化人才的国际贸易专业，文化知识和跨文化操作能力已经成为国际化人才知识结构中的一个核心组成部分，同时培养适应全球化发展的跨文化操作能力的人才也当然成为刻不容缓的任务。

北京外国语大学胡文仲教授在《论跨文化交际的实证研究》（2005）中指出，我国研究跨文化交际的学者多侧重演绎性和思辨性的研究方法，成果主要集中于语言教学，而跨学科研究，特别是采用实证研究手段和方法的成果极其有限。因此本研究的另外一个意义就在于将跨文化研究从语言教育与教学研究深入到经济学教育领域，并采用经济学研究方法使研究的结果更具科学性和可靠性。

为了实现上述研究意义和目的，本研究首先解决如下命题：何谓跨文化商务操作能力？如何衡量跨文化商务操作能力？通过何种途径提高学生的跨文化商务操作能力？之后本研究将建立跨文化商务操作能力评价指标及其模型，并在此基

础上选定实验班级按照既定的研究路线和程序进行研究，并做出对模型检验的研究结论。

三、跨文化商务操作能力模型的建立

对于什么是跨文化商务操作能力以及如何测量跨文化商务操作能力，事实上到目前为止可供借鉴的文献极其有限。传统研究领域对跨文化能力的研究主要侧重于从语言角度研究跨文化交际能力，而跨文化商务操作能力不简单等同于跨文化交际能力，它是一个综合的、多纬度的衡量指标，不仅包括传统意义上的跨文化交际能力中的元素，还包括在不同的文化背景下从事商务活动的行为能力，如认知能力、文化差异辨别能力、谈判能力、决策能力、执行能力等。应当说由于商务活动与经济效益直接挂钩，因此跨文化商务操作能力更强调行为能力的结果和达到目的的有效性。为了更好地实现培养经贸类学生跨文化商务操作能力的目的，确定何为跨文化商务操作能力和如何测量跨文化操作商务能力是实现研究目的的必要前提。

1. 可以借鉴的研究成果

在对跨文化交际能力的考察方面比较有价值的研究结果是英国语言学家彼利(Belay)。他提出从三个角度综合测定跨文化交际能力，包括情感角度、认知角度和行为角度。他认为认知角度和行为角度为人们提供了非常重要的跨文化交际能力。认知角度的跨文化交际能力主要通过理解母文化与其他文化的异同来改变个体对环境的认知，主要包括自我意识和文化意识；行为角度的跨文化交际能力主要包括语言能力、行为的灵活性以及社交技巧等。

在商务领域对跨文化研究最有影响的是荷兰学者霍夫斯泰德（Geert Hofstede）所做的研究。他于1968年和1972年两次对IBM公司在50个国家和三个地区的职业经理人进行了大规模的问卷调查，共收回116000份调查表。调查内容围绕与商务工作相关的价值观展开，共设了四个变量，即个体主义—集体主义、对权力距离的态度、对不确定因素的回避态度和男性主义—女性主义。另一具有研究价值与IBM主题类似的研究成果出自中国香港大学的迈克尔·邦德。他邀请了一些中国社会科学家列出中国人的基本价值观。研究根据每个国家对价值观重要性的排列，同样从四个衡量纬度来考察。这个对中国人价值观的调查从来自五大洲的22个国家多种专业的1000名学生中展开，其中男生500名，女生500名，调查得出一份对22个国家中国人价值观的统计分析结果。邦德的四个变量中有两项与霍夫斯泰德变量相似，但没有“对不确定因素的回避态度”，而它的另一项变量因为具有鲜明的儒家价值观特色，因此被称为“儒家动力”。

2. 建立跨文化商务操作能力评价模型

借鉴上述研究成果和本文提出的跨文化操作能力概念，本研究认为跨文化商务操作能力包括如下三个衡量维度：跨文化认知能力、跨文化行为交际能力和跨文化执行能力。这三个能力的共同特点是能力获取的方式包括两种途径，即可通过书本知识和课堂教学来获取的能力和主要通过实践和经验来获取的能力。另外一个共同点是，三项指标中的第一个指标侧重衡量学生跨文化商务操作能力的基础性能力；第二个指标则侧重学生提高性能力的测量。这三个衡量指标的内涵与衡量变量包括以下内容：

（1）跨文化认知能力。中国文化中强调“知行合一”，而“知”乃“行”的前提。获得跨文化商务操作能力的前提是对不同文化知识和特点等文化差异的了解和掌握，特别是在不同文化背景下形成的不同的价值观。

（2）跨文化行为交际能力。这里主要强调的是跨文化交际能力中的行为能力，包括使用外语的能力和在不同文化背景中的自我调整和应变的能力。

（3）跨文化执行能力。跨文化执行能力就是在不同的文化背景下把预期的方案和设计变成行动，把行动变成结果，从而达到预期目的的能力。执行力的前提是制订合理可行的计划和方案以及实施方案的行动步骤。如何制订合理可行的计划和方案与学生的专业知识紧密相连，因而是可通过书本获取的，然而如何行动并达到预期的目的则会由于不同文化背景的人在执行方案的过程中所采取的路径而大相径庭。

以上三个变量构成衡量跨文化商务操作能力的模式。这三个变量虽然相互支撑，但是由于跨文化执行能力是跨文化操作能力的最终目的，所以在因果关系上形成以跨文化认知能力和跨文化行为交际能力服务于跨文化执行能力的关系（如图3－8所示）。

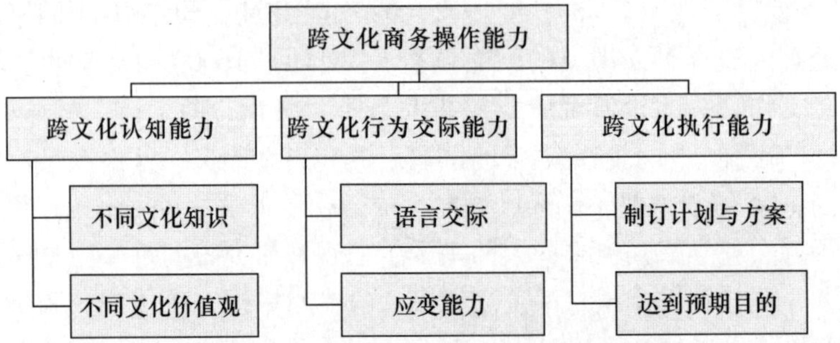

图3－8　跨文化商务操作能力评价模型

四、跨文化商务操作能力评价模型的应用

1. 研究方法与实施路径

本研究采用的方法是实验班观察法，主要是通过对实验班学生实施跨文化操作能力培养效果的观察，对学生的能力是否提高做出评估。研究选定（以下称我校）2008 级国际经济贸易专业两个班的学生作为实验对象，实验期定为两年，即大二和大三阶段。研究实施方法、步骤以及效果检验如下：

（1）基础性能力。基础性能力有以下几方面内容：

1）实施方法与路径。在大二阶段主要通过语言学习提高对各国文化知识和文化差异的认知度。我校国际贸易专业学生的英语课时占到总课时的 1/3 以上，另有部分学生选修其他外语，因此可以充分利用外语课堂进行文化差异的比较和教育。大二下半学期和大三阶段通过专业课程的教学，提高专业知识与文化知识的融合，在教学手段上采用全英语和双语授课方式。目前我校国际贸易专业已经实现全英语教学和双语教学的课程包括世界经济、国际商务谈判、国际贸易理论、市场营销、外贸函电、宏观经济学、微观经济学、人力资源管理、公司财务、企业管理、国际投资等。

在整个实验期通过与其他专业、语言院系和研究单位的合作提高学生对不同文化知识的掌握。主要做法是邀请本校跨文化研究所、外语院系教授进行各国文化知识讲座；利用本校外国留学生较多的条件，通过课上、课下等联谊活动增加中外学生交流的机会；通过国际交流如互派留学生、参加国际商务活动、国际文化交流与体育赛事等活动提高与外界接触的机会。以往的交流更多注重参与，而本研究的实施促使学生有意识地利用所学的知识，获得真实的体验，进而提高在不同文化环境下处理问题的能力。

通过讲座的形式，以其他人跨文化从事商务活动的成就、经验和教训教育学生。项目实施期间先后邀请了北京市长城杯优秀外国专家、美籍华人福田汽车集团副总经理、法国会计师事务所执行总裁、商务部国际经济合作学会理事等具有长期、多国从商经历的跨国公司高管、专家和中外人士，以自己的亲身经历现身说法，给学生留下了深刻印象。

2）效果检验。实验班学生在完成第一阶段的学习后（大二学年结束），针对学生跨文化基础知识的掌握情况对他们做了一个问卷调查。问卷调查所涉及问题归结为四大类：常见文化背景知识；东、西方思维方式倾向；跨文化专业技能

掌握情况；国际商务惯例了解程度。有效调查问卷回收了100份，下面是对每项问题的综合分析。

常见文化背景知识。从回收的问卷调查看，比较了解的学生超过90%，达到91%；了解的学生为8%；只有1%的学生不了解。这个结果说明经过一段时间的努力，学生们对不同文化的基本知识都有了一定程度的了解。

东、西方思维方式倾向。调查结果显示，超过半数的学生（59%）的思维方式仍然受传统文化影响较深，具有较强的东方思维倾向；有37%的学生倾向于西方思维方式；而有4%的学生介于两者之间。这个结果说明通过教育，特别是改革开放和各国文化交流的深入，学生在思维方式上逐渐接受或者理解西方文化。

跨文化专业技能掌握情况。专业技能包括跨文化交际和国际商务活动要具备的基本技能，包括运用外语在不同场合如何表达自己、国际交往礼仪和禁忌的熟知程度等。数据显示，较强、一般、较弱的比例分别为：25.40%、43.70%和30.90%，说明学生在如何运用所学知识方面还有较大的差距。

对国际商务惯例了解程度。对这项问题的调查分为较了解、一般和不了解，比例分别为42%、31%和27%。这个结果表明国际贸易专业学生对于国际商务惯例有一定程度的了解，然而距离专业要求还有一定距离，27%的人对于国际惯例不甚了解。

从总体上说，四项调查结果都在预计的范围内，对第一项内容的肯定回答比例达到90%以上是预期应当达到的比例，第四项肯定答复没有超过40%是由于学生们的专业课程集中于大三阶段，因此在完成大三阶段的学习后会有显著提高；而对第三项内容持肯定答复的只有1/4的学生，这说明学生们的确还需要提高在跨文化行为能力方面做出努力，这个结果也进一步凸显了本研究第二阶段实施的重要意义和实施目标。

（2）提高性能力。提高性能力含有以下几方面：

1）实施方法与路径。提高性能力注重学生应用所学知识完成和达到预定目标的能力。这项能力主要通过实践和经验来获取，是学生应用基础性能力，并使其在能力水平上得到升华的过程。因此在研究实施过程中需要为学生创造应用所学知识和检验其能力的机会。在这方面所作的努力包括国内外项目合作、参加国内商务谈判大赛、与政府部门合作派遣学生参加国际商务节做志愿者等。例如，我们与美国北佛罗里达大学商学院的教授合作，在双方比较相同的课程中共同拟订科研课题，双方学生在教授的指导下，通过网络方式共同完成课题设计，并各自承担本国的数据调查，之后美国学生还利用海外学习实践的机会，与我们的学生面对面交流，完成课题结论部分。组织学生参加各种级别的商务谈判比赛，并有目的地组织校内留学生参加比赛，通过与不同国际学生的直接交流体会各自达到谈判目的的方式与方法。

2）效果检验。在检验学生提高性能力方面所作的一项最有效的方式是以科研课题方式给学生布置任务，由学生自行设计研究方法、研究路径并获得合理的结论。实验班的学生分别就国际贸易专业学生商务价值观倾向、在华外国留学生文化适应、在华国际商务人士应对文化冲突的实践和国际贸易专业学生与国外同类专业学生在学习方法上的对比研究等议题实施调查并得出结论。这个过程既是学习也是实践的过程，学生们通过制定合理的研究方法和实施方案，并通过可行的方式取得了较好的结果。

以学生所完成的两项研究为例，一项是有关东西方文化价值观的调研；另外一项是有关在华外国留学生文化差异感受与应对的研究。在两项研究中，学生们根据研究的命题分别采用了问卷调查和面对面访谈的方式，在广泛调研现有文献的基础上，拟订调研题目，得出了合理而有价值的分析结论。下面就这两项研究做一个简单介绍。

对文化价值观倾向的研究根据霍夫斯泰德和邦德提出的五个衡量纬度，在国际经济贸易学院学生范围内展开，共收回200份有效调查问卷，调查结果如表3-3所示。

表3-3　国际经济贸易学院学生文化价值观调查　　单位:%

集体主义	个人主义	中立
44	40	16
权力的集中	权力的分散	中立
30.13	39.63	30.24
稳定的环境	变化的环境	中立
41.88	14	44.12
男性主义	女性主义	中立
30.20	42.80	27
多受儒家思想影响	少受儒家思想影响	中立
56	12	32

对于以上的调查结果，学生们做出了自己的合理解释。例如对权力距离的态度，项目组学生认为结果显示学生更倾向于权力分散是一种比较特殊的情况，因为调查问卷的对象集中在大学里面。而中国大学的环境相对自由，学生相对厌恶老师权威的管制。所以，倾向权力分散的学生比例较高。但他们同时认为在学生

步入社会参加工作，有过一定的工作经验之后，会更倾向于选择权力的集中。对儒家思想影响的调查，学生们先定义了儒家思想的含义，之后进一步引申到儒家思想对现代的意义及价值。问卷中，学生们的问题涉及了娱乐、心态、性格、宗教、道德、政府等问题，注意到了儒家思想在不同领域的影响。学生们认为自己很小就接受了中国的传统教育，不仅来自于父母，也来自于学校和老师等。这些教导已经潜移默化地影响了他们，因此调查结果也证实了这点。

学生们经过一段时间的学习，认识到作为国际经济与贸易专业的学生，将来很有可能与来自世界各地的人打交道，因此，超越文化局限的眼光和意识，拥有跨文化交流的知识和技能，并学会与来自不同文化背景的人交往，是他们必须具备的素质，也是将来成为国际化人才的核心能力。目前他们由于是在校大学生，不能亲身体验不同的文化环境以及如何应对文化差异所带来的挑战，但学生们认为他们身边有许多值得他们学习和借鉴的经验，例如，周围的外国留学生等，他们来到中国，在进行交流时势必会出现一些对文化差异的不适问题。因此，为了找出在交流中所遇到的问题以及他们应对这些问题的办法，学生们做了一份有关文化差异与应对的英文调查问卷，问卷包括七个问题，被调查主体是北京第二外国语学院和北京语言大学汉语学院的留学生，收回有效问卷100份，如表3－4所示。

表3－4　在华留学生文化差异感受与行为调查

是否感觉到文化冲击			是否易受冲击影响			引起文化冲击的原因			学习当地语言的态度		
很少	有时	经常	很少	有时	经常	语言障碍	工作学习	异乡孤独感	愿意	不愿意	中立
22.9	62.9	14.2	33.4	49.5	17.1	55.6	21.7	21.7	77.1	17.1	5.8

适应中餐的态度			是否愿意了解当地人			舒缓文化差异压力的方法			
愿意	不愿意	中立	愿意	不愿意	中立	喝酒，游戏	购物，运动	找人倾诉	什么都不做
77.2	17	5.8	46.7	2.9	51.4	10.2	28.6	51	10.2

学生们对于调查结果进行了认真的分析，得出的结论是大多数留学生都有文化不适感，而语言障碍是重要原因，留学生们对于通过语言学习和饮食等作为了解中国文化的途径态度积极，但当调查进一步深入的时候，结果显示，与学习语言和饮食相比持肯定的人下降，只有46.7%的人愿意去理解和适应另一种文化的思维和行为方式，而且选择中立人的比例明显上升。这表明大部分留学生了解和适应不同文化容易从表层做起，当深入到思想文化层面时，调查结果并不乐观。在问卷调查的基础上，学生们又进一步通过面对面采访了解在华工作和学习的外国人以及商务领域打拼的外国人应对文化差异和冲突的体会和经验。其中一个结

论是每人平时生活的交际圈在文化适应中扮演着重要的角色，解决文化差异的最好办法是积极融入到当地文化中；而面对企业中的文化冲突问题，最好的应对方式是加强交流，如一些跨国公司和企业所建立的交流制度，如公开交流（Opening Conversation）等起到了积极的作用。

通过这样的调查学生们得出结论：文化差异给不同文化背景的人们之间的相互理解与和睦相处带来极大的困难，会使人产生不愉快、苦闷和失落的感觉。所以跨文化交际的研究具有理论意义，而跨文化商务操作能力的培养更有实际价值。跨文化交际能力的培养是造就全球化高素质公民的必然选择，因为培养跨文化操作能力的过程可以帮助他们对不同文化进行比较，对异域文化有一个全面的理解，并促使他们重新审度和欣赏自己的文化，因此无论是对职业发展还是对个人素质来讲，培养和提高跨文化商务操作能力都有十分重要的意义。

2. 对学生跨文化商务操作能力培养模式效果的评价

本研究所建立的跨文化商务操作能力培养模式是否有效并且具有示范效应是关键，其主要采用客观标准与主观标准相结合的方式做出评定。客观标准包括对基础性能力和提高性能力的测试，其结果前文已经做了详细介绍。主观性标准主要是组织专家进行评定，包括两部分内容，一是模式指标的确定和客观性标准获得的结论是否合理；二是由专家确定学生的提高性能力是否达到预期效果。主要的检测方法是对学生所做的研究项目设计、实现目标的方法和路径、结论的合理性等做出评价。

专家们首先肯定了客观标准获得的结论的可信度，之后重点对第二部分学生提高性能力的效果进行了考察。专家们按照计划制定、实施方法、完成预期目标的效果等提出较好、一般和较差三个层次，对每个小组所作的项目进行了认真的评阅和对比，结果显示 88% 的小组获得较好评价，10% 的小组一般，较差的占 2%。

对学生跨文化商务操作能力培养模式的可行性通过教学实践得到证实，然而本文的一个真实感受是提高学生的基础性能力比较容易做到，而如何更好地增强学生的提高性能力仍然是一个难点，正如专家们指出的，学生们所作的项目还不是真正的商务任务，因此学生们在真实的跨文化商务环境中是否能很好地体现和提高自己的能力还需要大量和长期的商务实践的锻炼，但是本研究的一个最有价值的方面是学生们通过在校学习和对他们有目的的培养与锻炼能够尽可能地缩短跨文化商务操作能力的获取过程，并且尽可能地降低因缺少跨文化商务操作能力所带来的成本。

本文发表于《高等教育研究》2012 年 2 月。

国际贸易专业学生跨文化认知现状实证研究与结果分析

[内容摘要] 本文是对国际贸易专业学生跨文化现状所做的实证研究。本文采用问卷调查方式，以2008级国际经济贸易专业学生为主要对象，对其跨文化认知现状从基本跨文化知识和文化行为以及文化价值观两个方面进行了调查，调查显示学生们对于基本的识记性知识掌握较好，但对于操作性较强的实践活动尤其是商务沟通惯例了解较少，认识上存在着较大的误区，对非典型性文化差异认知水平较低。文化价值观的调查显示，大学生更倾向于集体主义、权利的集中、确定的环境、男性主义和儒家思想。

[关 键 词] 基线调查；跨文化认知现状；文化价值观

一、引言

当今世界，伴随着经济全球化和一体化的发展，各国之间经济交往活动日益频繁，国际贸易规模不断扩大。除了互通有无，实现世界范围内的资源配置之外，贸易往来还带动了不同国家、不同民族之间的文化交往，而不断深化的文化交流又在一定程度上促进了国际商务活动的发展。因此，要成为顺应潮流的合格劳动者，大学生应当树立自己的跨文化意识，提高自身对于文化差异的敏感度，在实践中不断提升自身跨文化操作能力。尤其对于国际贸易专业的学生，因为专业和未来工作的要求，更应该时时刻刻注意增强跨文化意识，熟练运用外语，熟悉国际事务，懂得并遵守国际惯例和国际礼仪，使自己具有较强的跨文化操作能力，能够直接参与国际合作与竞争，在国际交往中既能与外国人和睦相处，尊重外国的风俗和宗教信仰，又能维护中华民族和中国人的尊严。

为了培养国际贸易专业学生跨文化商务操作能力，2008级国际贸易专业的学生不仅积极参与旨在提高学生跨文化商务操作能力的课程，而且在指导教师的领导下组成了课题小组，亲身参与对学生跨文化商务操作能力培养的科研课题和实证研究，学生们的参与对于探寻通过教学手段为学生跨文化商务操作能力培养模式的建立做出了积极贡献。学生课题组采用问卷调查方式对本届学生的跨文化操作能力的认知状况以及文化价值观等做了充分的调查，获得样本量200份，并根据数据分析做出了有价值的结论。

二、国际贸易专业学生跨文化操作能力的认知状况

作为培养学生跨文化商务操作能力的第一步是基线调查，即了解学生跨文化意识与知识的状况。为此目的，学生课题组的同学首先在本校国际经济贸易学生中以问卷调查方式进行了调查。问卷分为两部分：第一部分侧重于对学生基本文化知识和文化行为的考察；第二部分则侧重于学生文化价值观的调查。课题组根据回收的问卷调查统计数据对各项问题进行了分析。

在第一部分调查中，问卷从四个方面进行了调查，包括：①常见文化背景知识。②思维方式倾向。③专业技能掌握情况。④国际商务惯例了解程度（因为本项目偏重于国际贸易专业学生，因此在行为上更强调商务活动），结合每一项的比例综合分析学生的跨文化基础知识掌握情况。如表3－5所示是四项调查结果的占比情况。

表3－5 基本文化知识和文化行为调查 单位:%

常见文化背景知识		思维方式倾向		跨文化专业技能掌握		国际商务惯例了解	
较了解	91	东方	59	较强	25.4	较了解	42
了解	8	西方	37	一般	43.7	一般	31
不知道	1	两者之间	4	较弱	30.9	不了解	27

1. 常见文化背景知识

从表3－5的第一部分“常见文化背景知识”可以看出，大部分学生对于常见的文化背景知识掌握比较好。超过90%的学生对基本文化常识了解，远远大于一般了解和不知道的比重，说明了在校学生在基本知识方面有较好的基础，对于不同文化的显性差异有较好的认知水平。这可能得益于中国学生良好的基础教

育和比较关注国际实务的习惯。

2. 思维方式倾向

“思维方式倾向”结果显示，有近 60% 的学生思维取向受传统文化影响较深，具有较强的东方思维倾向，但同时也有将近四成的学生在思维方式上逐渐接受或者理解西方文化，这样的结果说明经济全球化不仅使各国经济不断融合，同时也使各国的文化交流不断深入，人们的思维方式也不断受到其他文化的影响，这对于培养学生的跨文化意识具有积极意义。

3. 跨文化专业技能掌握

第三项是跨文化专业技能掌握情况。专业技能包括在跨文化环境中从事国际商务活动要具备的基本技能，有外语掌握程度，国际交往礼仪和禁忌的熟知程度等。表中数据显示，具备较强专业技能的学生只有 1/4，而一般和较弱的则占了绝大多数，远远不能满足进行跨文化商务操作的要求，其中技能掌握一般的同学占了很大比重。这项调查结果提示在培养学生跨文化商务操作能力时，通过加大对学生专业技能方面的课时和教育资源投入，着力提高学生的跨文化从事商务活动的专业技能。

4. 对国际商务惯例了解

第四项调查表明国际贸易专业学生对于国际商务惯例有一定程度的了解，然而距离有效地进行跨文化商务操作要求还有一定的距离，因为有 27% 的学生对于国际惯例不了解，对此应当加大教学和时间投入，使学生尽快掌握有关的知识。

5. 结论

通过以上四项问题的问卷调查，可以得出以下结论：

（1）学生对于基本的识记性知识掌握较好，但对于操作性较强的实践活动尤其是商务沟通惯例了解较少，认识上存在着较大的误区。

（2）学生对常见的文化知识能够熟练掌握，但是对于稍显生僻或者不是很典型的异域文化反应不敏感，对非典型性文化差异认知能力较差。

三、国际贸易专业学生文化价值观倾向性调查

价值观倾向是文化差异最重要的一项表现，通过对在校学生文化价值取向的调查，判断学生进行跨文化操作能力培养的难易程度。对学生文化价值观研究的变量有四个来自荷兰学者霍夫斯泰德所做的研究。他于 1968 年和 1972 年两次对

IBM 公司在 50 个国家和三个地区的职业经理人进行了大规模的问卷调查，共收回 116000 份调查表。调查内容围绕与商务工作相关的价值观展开，共设了四个变量，即个体主义—集体主义、对权力距离的态度、对不确定因素的回避态度和男性主义—女性主义。另外一个来自中国香港大学的迈克尔·邦德。他邀请了一些中国社会科学家列出中国人的基本价值观。研究根据每个国家对价值观重要性的排列，同样从四个衡量纬度来考察。对中国人价值观的调查从来自五大洲的 22 个国家多种专业的 1000 名学生中展开，其中男生 500 名，女生 500 名，调查得出一份对 22 个国家中国人价值观的统计分析结果。邦德的四个变量中有两项与霍夫斯泰德变量相似，但没有"对不确定因素的回避态度"，而它的另一项变量因为具有鲜明的儒家价值观特色，因此被称为"儒家动力"。对文化价值观倾向的研究就根据霍夫斯泰德和邦德提出的五个衡量纬度，在国际经济贸易学院学生范围内展开，共收回 200 份有效调查问卷，调查结果如表 3－6 所示。

表 3－6　国际经济贸易学院学生文化价值观调查　　单位:%

集体主义	个人主义	中立
44	40	16
权力的集中	权力的分散	中立
30. 13	39. 63	30. 24
稳定的环境	变化的环境	中立
41. 88	14	44. 12
男性主义	女性主义	中立
30. 20	42. 80	27
多受儒家思想影响	少受儒家思想影响	中立
56	12	32

1. 集体主义 VS 个人主义

由统计结果分析可知，学生更倾向于集体主义，在接受调查的 200 个学生中，有 44% 的学生认为团体比个人更重要，集体的利益高于个人的利益。其产生这样的原因之一是学生的成长环境。学生在成长的过程中不断被教育集体利益在先，个人利益在后，要牺牲小我来成就大我。另一个原因是中国"以和为贵"的思想，促使人们倾向于建立一个和谐的社会大集体，即促使人们向集体靠拢，向集体主义倾斜。

有40%的学生选择了个人主义，很可能是因为随着中国的开放，越来越多的西方个人主义的思想传播到了中国，并且有一些思想得到了人们的认可。同时这些个人主义思想不断冲击着中国传统的集体主义，使学生充分了解到集体主义和个人主义的优缺点，并在比较集体主义与个人主义的过程中，进一步平衡集体主义和个人主义，最大化实现集体利益和个人价值。

只有16%的学生选择了中立态度，可能是因为这些学生认为集体主义存在一些弊端（比如束缚多，个人价值无法实现），使得他们更倾向于中立态度。但总的来说，选择中立态度学生的比例是很少的，说明中国学生还是更倾向于维护集体利益，或者实现集体利益和个人价值的有机统一。

2. 权利集中VS权力分散

由表3-6的统计结果可知，学生更倾向于权力的分散，在接受调查的200个学生中，有39.63%的学生更倾向于权力分散。这种情况比较特殊，因为调查问卷的对象集中在大学里面。而中国大学的环境相对自由，学生相对厌恶老师权威的管制。所以，倾向权力分散的学生的比例较高。但在学生步入社会参加工作的时候，有过一定的工作经验之后，会更倾向于选择权力的集中。

荷兰学者霍夫斯泰德曾对来自40多个国家和地区的调查表进行分析，调查结果显示，在权力差距下排名中，菲律宾、印度、中国香港、新加坡、日本排名最前，排名在后的是奥地利、丹麦、英国、澳大利亚、加拿大、新西兰、荷兰和美国。这充分说明东西方对社会阶级和权力分配的不同态度。西方人尊重个人权利，向往自由，崇尚平等，他们心目中理想的社会是任何一个人，无论出身贫贱，都能站在同一起跑线上进行公平竞争，也就是美国文化中的“美国梦”。按照目的性价值观的划分，平等（Equality）与自由（Freedom）是他们生存的最终目标。这一“平等”观念体现在行为模式中常表现为对陌生人甚至是家人的过分客气和礼貌，如对任何服务都说“谢谢”，做完报告也要说声“谢谢”，对待家庭成员和晚辈也是常将“谢谢”挂在嘴边，连打个喷嚏也要说声“对不起”。

东方文化相对而言更加维护等级制度，顺从权威，尊重长辈，强调做事情要符合自己的身份。汉语中很多复合词的排列顺序就充分展现了中国人的尊卑观念：天地、日月、老少、夫妇、国家、君臣、父子、兄弟、长幼、男女、官兵、干群、师生等，这种尊卑观很可能深受中国古代的祖先崇拜和社稷崇拜的影响。为了追求社会秩序的稳定和社会关系的和谐，人们可以压抑自己对自由的向往，循规蹈矩，自我压缩，可以说这种对安定团结，良好秩序的向往，也深受儒家思想的影响。

3. 确定环境VS不确定环境

由统计结果分析可知，学生更倾向于确定的环境，在接受调查的200个学生中，有41.88%倾向于确定环境，而只有14%倾向于不确定的环境。

从社会认知系统上讲，东西方不同的哲学和认识论在社会历史背景中建构了不同的心理学理论，这直接影响了东西方人对环境的不同态度。中国人生活中复杂的社会关系使得他们不得不把自己的注意力用来关注外部世界，所以中国人的自我结构是依赖性的；相反，西方人生活的社会关系比较简单，所以他们更有可能把自己的注意力放在客体和自身的目标之上。在这个社会认知系统中，社会组织对认知过程有着直接的影响，辩证和逻辑思维就是这种认知过程的特性。更为重要的是这种特性一直保持下来，对生活在现在的人们的心理和行为产生了广泛的影响：中国人的认知以情境为中心，西方人则以个人为中心；中国人以被动的态度看待世界，西方人以主动的态度征服世界。

从生态背景上讲，中国文化基于农业社会，这是一个复杂的等级分明的社会，强调等级与和谐；而西方文明则不完全依赖于农业，由于生态环境的原因，他们对狩猎和捕鱼的依赖较大，这些产业对个人特质的要求更高，所以产生与生态环境相适应的价值观，西方人的思维取向是个人式的，与中国人人际式的取向截然不同。

4. 男性主义 VS 女性主义

由统计结果分析可知，在调查的200个学生中有42.80%有女性主义的倾向，女性主义倾向比例较高，男性主义为30.20%，持中立态度的学生为27%。首先，女性主义倾向比例较高，一方面是因为在调查的200人中女生占到82%，而男生只有18%，这在一定程度上给统计结果造成了影响；另一方面是因为中国的女性地位还算较高。在很多的中国家庭中，经济管理权掌握在女性（一般是母亲）手中。在事业上，女性同样能打拼出一片天地，甚至有些做得比男性更好。同时，国家也在为女性的发展创造良好的条件。所以，新时代的女性有很强的自我意识，即自己不依赖男性而生存。因此，接受问卷调查的女大学生表现出一定的女权主义倾向也就不足为奇了。其次，男性主义的倾向占到了统计人数的30.2%，说明还有不少的人认同“男主外，女主内”的思想。这可能和中国传统的“男性能够创造更大价值的理念，女性在事业等各个方面不如男性”的思想有关。但是这一比例并不高，说明中国的男性在很大程度上认同女性为社会创造的价值和女性的地位。

此外，接受调查的人群中，还有27%的学生持中立观点，说明这部分学生并不认为男性主义和女性主义在生活中体现特别明显，而是男女双方平等，这种观念已经深入了一部分人的心中。

5. 儒家思想的影响程度

由统计结果分析可知，在调查的200个学生中有56%受儒家思想的影响较深；32%对儒家思想持中立态度；12%受儒家思想的影响较浅。

东、西方文化思想的差异，很大因素取决于所处地理环境的不同，应为地理差异，不同的区域逐渐形成了各自的思想文化。中国以“礼仪之邦”著名，中国人以礼待人，做事谨慎，为人谦虚。在面对一个问题时，我们的看法、思考方式等都与西方国家有很大的差异。针对思想文化方面，我们也进一步做了调查。需要说明的是，这里面所指的儒家思想是基于以“仁”为核心和“和为贵”的思想体系，进一步引申到儒家思想对现代的意义及价值，它代表着一种中国的传统思想。问卷中，我们涉及了娱乐、心态、性格、宗教、道德、政府等问题，注意到了儒家思想在不同领域的影响。

数据显示，在接受调查问卷的学生中，深受儒家思想影响的占了56%，其主要原因是，我们自小就接受了中国的传统教育，不仅来自于父母，也来自于学校老师等。《三字经》、《百家姓》这些传统的中国文化我们早已熟记于心。从小学开始，老师就教导我们要谦让，懂礼貌，尊敬长辈，爱护幼小。这些教导已经潜移默化地影响了我们，促使我们逐渐成为了一个懂礼貌，谦逊的人。

受儒家思想影响较深的占了32%，对于这个现象，可能是因为在一些大城市例如政治中心北京，对于学生思想的教育很重视，但是同时，近几年随着我国的社会结构不断调整，我们的城市变得越来越开放，与国外友人的沟通也逐渐加深。因此，一定程度上也使我们逐渐接纳西方的思想文化。

在200份问卷中，受儒家思想影响较浅的学生只占了12%，这些学生可能是从小在国外长大的海外华裔，抑或是父母、亲戚是外国人。他们接触国外文化的机会远远大于国内长大的孩子。在不同的环境成长，他们受儒家思想的熏陶与中国孩子相比少很多。因此，他们思想更开放，对于同一事物的看法也和中国的大学生有很大的差异。

毋庸置疑，儒家思想给现代人提供了很丰富的资源。面对这些资源，现代人具有一个选择的自由，取其精华弃其糟粕。但是不管人们做出什么选择，儒家思想属于全人类的文化遗产宝库，了解这个极其丰富多彩的传统一定会使人们的生活更加丰富多彩。

问卷调查结果确定了国际贸易专业学生对五个价值观维度的倾向性。大学生更倾向于：①集体主义；②权利的集中；③确定的环境；④男性主义；⑤儒家思想。这将为中国大学生进行跨文化交流的意识提供有效的参考，同时也为更好地提高大学生跨文化交流的能力奠定基础。

学生们通过亲身参与对跨文化认知现状基线调查的研究，使其进一步认识到文化差异给不同文化背景的人们之间的相互理解与和睦相处带来极大的困难，会使人们产生不愉快、苦闷和失落的感觉。所以跨文化交际的研究具有理论意义，而跨文化操作能力的培养更有实际价值。跨文化操作能力的培养是造就全球化高素质公民的必然选择。因为跨文化操作能力的掌握可以帮助我们对不同文化进行比较，对异域文化有一个全面的理解，促使我们重新审度并欣赏自己的文化。因此无论是对职业发展还是个人素质来讲，培养和提高跨文化素质都有十分重要的意义。通过本次研究，学生们明白了真正符合国际商务往来的跨文化人才所需要具备的素质，这对于跨文化商务操作能力特色人才的培养模式的建立具有重要的借鉴意义。

本文发表在《北京第二外国语学院学报》2012 年 7 月，第二作者程方。

参考文献

[1] Abraham, H. Maslow. A Theory of Human Motivation [J] . Psychological Review, 1943, 50.

[2] Geert Hofstede. Dimensions of National Cultures in Fifty Countries and Three Regions [J] . Immunology and Cell Biology, 1983, 90 (4): 335 -355.

[3] Bond, M. H. , Forgas, J. . Linking Person Perception to Behavior Intention across Cultures, the Role of Collectivism [J] . Journal of Cross – Cultural Psychology, 1984, 15 (3): 337 -352.

[4] Dollars, D. . Outward – oriented Developing Economies Really do Grow More rapidly: Evidence from 95 LDCs [J] . Economic Development and Culture Change, 1992, 40 (3), 523 -544.

[5] Edwards, E. Leaner. Measures of Openness [A] . R. E. Baklvin (Ed.). Trade Policy Issues and Empirical Analysis[C] . Chicago: University of Chicago Press, 1992.

[6] G. R. Mettam, L. B. Adams. How to Prepare an Electronic Version of Your Article [A] . B. S. Jones, R. Z. Smith (Eds.) . Introduction to the Electronic Age [C] . New York: E – Publishing Inc. , 1999.

[7] Harrison, A. . Openness and Growth: A Time Series Cross Country Analysis for Developing Countries [J] . Journal of Development Economics, 1996, 48 (2): 419 -447.

[8] Patricia Higino Schneider, International Trade. Economic Growth and Intellectual Property Rights: A Panel Data Study of Developed and Developing Countries [J] . Journal of Development Economics, 2005, 78 (2): 529 -547.

[9] Shi, B. T. , Zhang, Y. L. . Review on China's foreign trade dependency [J] . Journal of Yunnan University of Finance and Economics, 2009, 6: 43 -50.

[10] Xu, T. S. . Assessment and Cross Country Comparison of the Real Trade Re-

liance in China [J]. Economics Information, 2003, 8: 17-19.

[11] Creative Economy Report [R]. UNCTAD, 2010.

[12] United Nations Conference on Trade and Development. Successful trade and Development Strategies for Mitigating the Impact of the Global Economic and Financial Crises [EB/OL]. http://unctad.org/en/Docs/cid7_en.pdf, 2010/2016.

[13] United Nations Conference on Trade and Development. Creative Economy Report in 2010 [EB/OL]. http://unctad.org/en/pages/PublicationArchive.aspx?publicationid=946, 2013/2016.

[14] 陈少峰. 文化产业战略与商业模式 [M]. 长沙: 湖南文艺出版社, 2006.

[15] 戴翔. 创意产品贸易决定因素及对双边总贸易的影响 [J]. 世界经济研究, 2010, 5.

[16] 杜俊芳, 尹维新. 需求引领文化创意产业的发展 [J]. 科技进步与对策, 2006, 8.

[17] 崔旭, 张晓旭, 邵力军. 美国版权制度与版权产业: 发展、特征、关系 [M]. 南京: 新世纪图书馆, 2004, 1.

[18] 丛海彬. 中日韩三国创意产品和创意服务贸易国际竞争力比较研究 [J], 浙江万里学院学报, 2011, 1.

[19] 方英, 李怀亮. 中国文化贸易结构和贸易竞争力分析 [J]. 商业研究, 2012, 1.

[20] 胡文仲. 论跨文化交际的实证研究 [J]. 外语教学与研究, 2005, 9.

[21] 胡惠林. 论中国文化产业发展的"走出去"战略 [J]. 思想战线, 2004, 3.

[22] 胡晓鹏. 创意产品的价值结构与价值开发——源自"哈利·波特"经济的启示 [J]. 现代传播, 2008, 4: 110.

[23] 花建. 中国文化产业园区发展报告 [R]. 2010年第七届中国文化产业新年论坛, 2010.

[24] 黄海天. 上海迪士尼对长三角旅游业的拉动效应研究 [J]. 特区经济, 2011, 1.

[25] 何春华. 美国创意产品贸易发展研究及对我国的启示 [J]. 特区经济, 2009, 12.

[26] 贾英. 中国六大热点城市入境旅游消费结构比较研究 [J]. 旅游科学, 2008, 6.

[27] 蒋茂凝. 国际版权贸易的理论与实践基础 [J]. 时代法学, 2004, 6.

[28] 蒋宏宾．美国文化产业的印象与借鉴［J］．社会纵横，2010，11.

[29] 孔明安．从物的消费到符号消费——鲍德里亚的消费文化理论研究［J］．哲学研究，2002，11.

[30] 聂聆．全球创意产业贸易的现状、趋势及对策［J］．亚太经济，2012，1.

[31] 李明德．版权产业与知识经济［J］．知识产权，2000，1.

[32] 李薇．美国文化产业发展经验探析［J］．新闻界，2007，1.

[33] 李宁．“自由市场”还是“文化例外”——美国与法—加文化产业政策比较及其对中国的启示［J］．世界经济与政治论坛，2006，5.

[34] 罗立彬．中国文化产品贸易与文化服务贸易竞争力对比与趋势［J］．财贸经济，2013，2.

[35] 吕新．美国旅游业拉动消费作用明显［J］．中国经济信息，2000，6.

[36] 苏建军．旅游发展对我国投资—消费和出口需求的拉动效应研究［J］．旅游学刊，2014，2.

[37] 史瑞丽．推动文化产业“走出去”问题研究［J］．国际贸易，2007，12.

[38] 尚永．美国的版权产业和版权贸易［J］．知识产权，2004，6.

[39] 石壁涛，张艳丽．对外贸易依存度研究综述［J］．云南财经大学学报，2009，6.

[40] 武洪滨．从赛会到当代艺术博览会——中国艺术博览会的成因与演进［J］．美术观察，2010，4.

[41] 吴沙．美国创意产业出口贸易影响因素研究及对我国的启示［J］．北方经济，2013，2.

[42] 吴佳娴．旅游纪念品应重创意推品牌担“标识城市文化”重任[J]．2011，7.

[43] 西沐．中国画廊业发展态势及其评价报告［J］．艺术市场，2009，4.

[44] 熊澄宇．3G与新媒体［R］．荆楚网，2009.

[45] 谢晋洋．关于版权贸易方面的一些基础知识［J］．出版视野，2005，6.

[46] 许统生．我国实际贸易依存度的评估与国际比较［J］．经济学动态，2003，8.

[47] 叶成云．哈利·波特魔法产业链十年创造60亿美元市场［N］．广州日报，2007-08-26.

[48] 曾亚玲．博物馆旅游与文化创意产业的融合发展［J］．中国商贸，

2008，12.

［49］赵有广．我国对外文化贸易逆差及其原因分析［J］．国际贸易，2006，10.

［50］强永昌．产业内贸易论——国际贸易最新理论［M］．上海：复旦大学出版社，2002.

［51］（美）迈克尔·波特．国家竞争优势［M］．北京：华夏出版社，2002.

［52］史蒂芬·E. 希维克．美国经济中的版权产业：2002 年度报告［R］．日内瓦：国际知识产权联盟，2002.

［53］日下公人．新文化产业论［M］．北京：东方出版社，1989.

［54］（英）约翰·霍金斯．创意经济如何点石成金［M］．洪庆福，孙薇薇，刘茂铃译．上海：上海三联文化出版社，2006.

［55］2005 年中国文化产业发展报告［R］．北京：中国社科院，2006.

［56］叶朗．中国文化产业年度发展报告（2009）［M］．北京：金城出版社，2009.

［57］创意经济报告（2012）联合国贸发了会议［EB/OL］. http://unctad. org/en/pages/publicationArchive. aspex.

［58］文化产品与服务的国际流动（1994—2003），联合国教科文组织，2006.

［59］文化部文化市场发展中心（中国动漫集团）. 2009 年中国艺术品市场白皮书［M］．北京：中国书店出版，2010.